编委会

普通高等学校"十四五"规划旅游管理类精品教材
教育部旅游管理专业本科综合改革试点项目配套规划教材

总主编

马　勇　教育部高等学校旅游管理类专业教学指导委员会副主任
　　　　中国旅游协会教育分会副会长
　　　　中组部国家"万人计划"教学名师
　　　　湖北大学旅游发展研究院院长，教授、博士生导师

编　委（排名不分先后）

田　里　教育部高等学校旅游管理类专业教学指导委员会主任
　　　　云南大学工商管理与旅游管理学院原院长，教授、博士生导师
高　峻　教育部高等学校旅游管理类专业教学指导委员会副主任
　　　　上海师范大学环境与地理学院院长，教授、博士生导师
韩玉灵　北京第二外国语学院旅游管理学院教授
罗兹柏　中国旅游未来研究会副会长，重庆旅游发展研究中心主任，教授
郑耀星　中国旅游协会理事，福建师范大学旅游学院教授、博士生导师
董观志　暨南大学旅游规划设计研究院副院长，教授、博士生导师
薛兵旺　武汉商学院旅游与酒店管理学院院长，教授
姜　红　上海商学院酒店管理学院院长，教授
舒伯阳　中南财经政法大学工商管理学院教授、博士生导师
朱运海　湖北文理学院资源环境与旅游学院副院长
罗伊玲　昆明学院旅游学院教授
杨振之　四川大学中国休闲与旅游研究中心主任，四川大学旅游学院教授、博士生导师
黄安民　华侨大学城市建设与经济发展研究院常务副院长，教授
张胜男　首都师范大学资源环境与旅游学院教授
魏　卫　华南理工大学旅游管理系教授、博士生导师
毕斗斗　华南理工大学旅游管理系副教授
蒋　昕　湖北经济学院旅游与酒店管理学院副院长，副教授
窦志萍　昆明学院旅游学院教授，《旅游研究》杂志主编
李　玺　澳门城市大学国际旅游与管理学院执行副院长，教授、博士生导师
王春雷　上海对外经贸大学会展与传播学院院长，教授
朱　伟　天津农学院人文学院副院长，副教授
邓爱民　中南财经政法大学旅游发展研究院院长，教授、博士生导师
程丛喜　武汉轻工大学旅游管理系主任，教授
周　霄　武汉轻工大学旅游研究中心主任，副教授
黄其新　江汉大学商学院副院长，副教授
何　彪　海南大学旅游学院副院长，教授

普通高等学校"十四五"规划旅游管理类精品教材
教育部旅游管理专业本科综合改革试点项目配套规划教材

总主编 ◎ 马 勇

乡村旅游运营与管理

Operation and Management of Rural Tourism

主　编 ◎ 薛兵旺　尹立杰　俞钰凡
副主编 ◎ 张千红　胡　璟　黄逸云

华中科技大学出版社
http://press.hust.edu.cn
中国·武汉

图书在版编目(CIP)数据

乡村旅游运营与管理/薛兵旺,尹立杰,俞钰凡主编.—武汉:华中科技大学出版社,2024.5(2025.3重印)
普通高等学校"十四五"规划旅游管理类精品教材
教育部旅游管理专业本科综合改革试点项目配套规划教材
ISBN 978-7-5772-0481-9

Ⅰ.①乡… Ⅱ.①薛… ②尹… ③俞… Ⅲ.①乡村旅游-经济管理-中国-高等学校-教材 ②乡村旅游-旅游资源开发-中国-高等学校-教材 Ⅳ.①F592.3

中国国家版本馆 CIP 数据核字(2024)第 094683 号

乡村旅游运营与管理

薛兵旺　尹立杰　俞钰凡　主编

Xiangcun Lüyou Yunying yu Guanli

总 策 划:	李　欢
策划编辑:	李　欢　王雅琪
责任编辑:	李家乐　安　欣
封面设计:	原色设计
责任校对:	刘　竣
责任监印:	周治超
出版发行:	华中科技大学出版社(中国·武汉)　电话:(027)81321913
	武汉市东湖新技术开发区华工科技园　邮编:430223
录　　排:	华中科技大学惠友文印中心
印　　刷:	武汉市籍缘印刷厂
开　　本:	787mm×1092mm　1/16
印　　张:	14.75
字　　数:	355 千字
版　　次:	2025 年 3 月第 1 版第 2 次印刷
定　　价:	49.80 元

本书若有印装质量问题,请向出版社营销中心调换
全国免费服务热线:400-6679-118　竭诚为您服务
版权所有　侵权必究

Abstract 内容提要

在乡村振兴战略实施和乡村旅游蓬勃发展的背景下，乡村旅游产品与产业、市场营销与管理等方面均呈现多元化、差异化、个性化的发展态势。在此背景下，本书汲取区域乡村旅游发展经典案例的成功经验，从乡村旅游产业发展实际和乡村旅游管理人才培养目标出发，从概念体系、要素体系、管理体系三大维度出发构建本书内容，旨在让读者掌握乡村旅游产品策划、乡村旅游社区管理、乡村旅游生产管理、乡村旅游景区运营等一系列运营管理的知识与技能。

本书内容丰富，针对性强，旨在为乡村旅游从业者提供一套全面且实用的操作指南，也为相关研究者和政策制定者提供丰富的实践参考。

本书在撰写过程中注重将乡村旅游发展政策、乡村旅游发展新形势和乡村旅游发展新业态相结合，分析了乡村旅游未来发展趋势，以期读者可以从长远的、可持续的乡村旅游发展视角研究问题，为乡村振兴培养高素质人才。本书可作为旅游管理类本科生学习教材，也可作为高等职业院校旅游管理类专业学生的学习教材和乡村旅游职业培训教材。

总 序
Introduction

习近平总书记在党的二十大报告中深刻指出,要实施科教兴国战略,强化现代化建设人才支撑。要坚持教育优先发展、科技自立自强、人才引领驱动,开辟发展新领域新赛道,不断塑造新动能新优势。这为高等教育中国式现代化实现新的跨越指明了时代坐标和历史航向。

同时,我国的旅游业在疫情后全面复苏并再次迎来蓬勃发展高潮,客观上对现代化高质量旅游人才提出了更高的需求。因此,出版一套融入党的二十大精神、把握数字化时代新趋势的高水准教材成为我国旅游高等教育和人才培养的迫切需要。

基于此,在教育部高等学校旅游管理类专业教学指导委员会的大力支持和指导下,教育部直属的全国重点大学出版社——华中科技大学出版社,在党的二十大精神的指引下,主动创新出版理念和方式方法,汇聚一大批国内高水平旅游院校的国家教学名师、资深教授及中青年旅游学科带头人,在已成功组编出版的"普通高等院校旅游管理专业类'十三五'规划教材"基础之上,进行升级,编撰出版"普通高等学校'十四五'规划旅游管理类精品教材"。本套教材具有以下特点:

一、深刻融入党的二十大报告精神,落实立德树人根本任务

党的二十大报告中强调:"坚持和加强党的全面领导。"党的领导是我国高等教育最鲜明的特征,是新时代中国特色社会主义教育事业高质量发展的根本保证。因此,本套教材在编写过程中注重提高政治站位,全面贯彻党的教育方针,融入课程思政,融入中华优秀传统文化和现代化发展新成就,将正确政治方向和价值导向作为本套教材的顶层设计并贯彻到具体章节和教学资源中,不仅仅培养学生的专业素养,更注重引导学生坚定理想信念、厚植爱国情怀、加强品德修养,以期落实"立德树人"这一教育的根本任务。

二、基于新国标下精品教材沉淀改版,权威性与时新性兼具

教育部2018年颁布《普通高等学校本科专业类教学质量国家标准》后,华中科技大学出版社特邀教育部高等学校旅游管理类专业教学指导委员会副主任、国家"万人计划"教学名师马勇教授担任总主编,同时邀请了全国近百所高校知名教授、博导、学科带头人和一线骨干教师,以及旅游行业专家、海外专业师资联合编撰了"普通高等院校旅游管理专业类'十三五'规划教材"。该套教材紧扣新国标要点,融合数字科技新技术,配套立体化教学资源,于新国标颁布后在全国率先出版,被全国数百所高等学校选用后获得良好反响。其中《旅游规划与开发》《酒店管理概论》《酒店督导管理》等教材已成为教育部授予的首批国家级一流本科课程的配套教材,《节事活动策划与管理》等教材获得省级教学类奖项。

此外,编委会积极研判"双万计划"对旅游管理类专业课程的建设要求,对标国家级一流本科课程,积极收集各院校的一线教学反馈,在此基础上对"十三五"规划系列教材进行更新升级,最终形成"普通高等学校'十四五'规划旅游管理类精品教材"。

三、全面配套教学资源,打造立体化互动教材

华中科技大学出版社为本套教材建设了内容全面的线上教材课程资源服务平台:在横向资源配套上,提供全系列教学计划书、教学课件、习题库、案例库、参考答案、教学视频等配套教学资源;在纵向资源开发上,构建了覆盖课程开发、习题管理、学生评论、班级管理等集开发、使用、管理、评价于一体的教学生态链,打造了线上线下、课内课外的新形态立体化互动教材。

在旅游教育发展的新时代,主编出版一套高质量规划教材是一项重要的教学出版工程,更是一份重要的责任。本套教材在组织策划及编写出版过程中,得到了全国广大院校旅游管理类专家教授、企业精英,以及华中科技大学出版社的大力支持,在此一并致谢!衷心希望本套教材能够为全国旅游学界、业界和对旅游知识充满渴望的社会大众带来真正的精神和知识营养,为我国旅游教育教材建设贡献力量。也希望并诚挚邀请更多高等院校旅游管理专业的学者加入我们的编者和读者队伍,为我们共同的事业——我国高等旅游教育高质量发展——而奋斗!

总主编
2023 年 7 月

Preface 前 言

《乡村旅游运营与管理》是一部深度聚焦我国乡村旅游发展现状，探索其运营管理之道的力作。它既是对我国广袤乡村丰富旅游资源的一次深情回望，也是对新时代下乡村旅游转型升级、创新发展的一次深入探讨。

乡村旅游作为连接城乡、融合一二三产业的重要载体，在乡村振兴战略中占据着举足轻重的地位。近年来，随着国家政策的引导和市场需求的推动，我国乡村旅游呈现蓬勃发展的态势，但也面临着诸多挑战与困惑，如何科学运营，如何高效管理，如何在保护与开发中找到平衡，成为亟待解决的关键问题。

本书以实践为导向，理论与实践紧密结合，系统梳理了乡村旅游运营与管理的理论框架，详尽剖析了国内外乡村旅游的成功案例，同时针对当前乡村旅游发展中遇到的问题提出了富有前瞻性和操作性的解决方案。全书涵盖了乡村旅游资源开发、产品设计、品牌塑造、市场营销、服务质量提升及社区参与等多个重要环节，旨在为乡村旅游从业者提供一套全面且实用的操作指南，也为相关研究者和政策制定者提供丰富的实践参考。

本书共有九章：政策解读——乡村振兴战略实施、理论基础——乡村旅游发展概述、规划引领——乡村旅游顶层设计、主客共享——乡村旅游目的地打造、内容为王——乡村旅游创意策划、运筹帷幄——乡村旅游市场开拓、产业振兴——乡村旅游产业发展、运营保障——乡村旅游经营管理、以人为本——乡村旅游优质服务。

我们期待每一位阅读此书的朋友，无论是乡村旅游的实践者、研究者，还是关心乡村旅游发展、热爱田园生活的广大读者，都能从中获得启示，共同为推动我国乡村旅游的健康发展贡献力量，让乡村旅游真正成为实现乡村振兴、促进城乡融合、提升人民生活品质的有效途径。

最后，愿《乡村旅游运营与管理》能伴随您的探索之旅，点亮乡村旅游的美好未来！

教育部高等学校旅游管理类专业教学指导委员会委员

2024 年 2 月 10 日于武汉

目录
Contents

第一篇 理论篇

2 第一章 政策解读——乡村振兴战略实施
  第一节 乡村振兴战略解读 /3
  第二节 乡村振兴战略意义 /11
  第三节 乡村振兴战略与乡村旅游 /15

18 第二章 理论基础——乡村旅游发展概述
  第一节 乡村旅游概念认知 /19
  第二节 乡村旅游发展类型 /27
  第三节 乡村旅游发展理念 /35
  第四节 乡村旅游发展历程 /45

第二篇 实务篇

54 第三章 规划引领——乡村旅游顶层设计
  第一节 乡村旅游资源认知 /55
  第二节 乡村旅游规划概述 /69
  第三节 乡村旅游规划原理 /74
  第四节 乡村旅游空间布局 /79
  第五节 乡村旅游规划内容 /82

85 第四章 主客共享——乡村旅游目的地打造
  第一节 主客共享乡村旅游目的地 /86
  第二节 乡村旅游目的地景观打造 /88

　　　　第三节　乡村旅游目的地服务体系　　　　　　　　　　　　　　/96

105　第五章　内容为王——乡村旅游创意策划
　　　　第一节　乡村旅游策划认知　　　　　　　　　　　　　　　/106
　　　　第二节　乡村旅游产品设计　　　　　　　　　　　　　　　/108
　　　　第三节　乡村旅游活动策划　　　　　　　　　　　　　　　/117
　　　　第四节　乡村旅游商品策划　　　　　　　　　　　　　　　/120
　　　　第五节　乡村旅游形象策划　　　　　　　　　　　　　　　/124

134　第六章　运筹帷幄——乡村旅游市场开拓
　　　　第一节　乡村旅游市场概述　　　　　　　　　　　　　　　/135
　　　　第二节　乡村旅游市场营销　　　　　　　　　　　　　　　/140
　　　　第三节　乡村旅游市场销售　　　　　　　　　　　　　　　/151

159　第七章　产业振兴——乡村旅游产业发展
　　　　第一节　乡村旅游产业业态　　　　　　　　　　　　　　　/159
　　　　第二节　乡村旅游产业融合　　　　　　　　　　　　　　　/164
　　　　第三节　乡村旅游创客空间　　　　　　　　　　　　　　　/168
　　　　第四节　乡村旅游产业扶贫　　　　　　　　　　　　　　　/172

第三篇　管理篇

180　第八章　运营保障——乡村旅游经营管理
　　　　第一节　乡村旅游经营策略　　　　　　　　　　　　　　　/181
　　　　第二节　乡村旅游业务管理　　　　　　　　　　　　　　　/183
　　　　第三节　乡村旅游运营管理　　　　　　　　　　　　　　　/185
　　　　第四节　乡村旅游游客管理　　　　　　　　　　　　　　　/189

200　第九章　以人为本——乡村旅游优质服务
　　　　第一节　乡村旅游优质服务概述　　　　　　　　　　　　　/200
　　　　第二节　乡村旅游服务质量保障　　　　　　　　　　　　　/204
　　　　第三节　乡村旅游从业人员培训　　　　　　　　　　　　　/210

217　**参考文献**

第一篇

理论篇

LILUN PIAN

第一章

政策解读——乡村振兴战略实施

学习引导

自党的十九大报告提出实施乡村振兴战略以来,国家出台多项相关政策文件进行落实与部署,指明未来工作重点与关注领域,推动政治、经济、文化、民生、生态等方面的全面发展,努力实现农业强、农村美、农民富的目标,谱写新时代乡村全面振兴新篇章。乡村振兴战略的实施为乡村旅游发展提供新的历史机遇,为乡村旅游产业发展、产品升级、模式创新指明方向,同时乡村旅游成为乡村振兴的有力抓手,在带动村民就业、推动当地经济发展等方面具有重要意义。在此背景下,解读乡村振兴战略对厘清乡村旅游未来发展要求具有重要意义。

学习重点

(1) 乡村振兴战略的相关政策。
(2) 乡村振兴战略的总体要求。
(3) 乡村振兴战略实施的意义。
(4) 乡村振兴战略与乡村旅游的关系。

第一节 乡村振兴战略解读

一、乡村振兴战略相关政策

习近平总书记于2017年10月18日在党的十九大报告中指出,农业农村农民问题是关系国计民生的根本性问题,必须始终把解决好"三农"问题作为全党工作的重中之重。在此报告中,国家首次把乡村振兴战略作为党和国家的重大发展战略。

乡村振兴战略不仅是推动农业农村发展繁荣的重大决策,也是推动新型城镇化发展的重要内容,与深入推进市场经济持续健康发展和建设富强、民主、文明、和谐、美丽的社会主义现代化强国紧密相连。在中央的统一领导下,各地各部门从全局和长远的高度,把推进实施乡村振兴战略作为重要目标、重要任务和重要抓手,切实解决这项战略在组织实施中面临的各种问题,为决胜全面建成小康社会和夺取新时代中国特色社会主义伟大胜利提供支撑和做出贡献。

(一)国务院相关政策

乡村振兴战略作为国家战略,是关乎全局性、长远性、前瞻性的国家总布局,自党的十九大以来,国家多次出台政策文件,推进部署乡村振兴战略的相关工作。

2018年1月,中央一号文件《中共中央 国务院关于实施乡村振兴战略的意见》对新发展阶段优先发展农业农村、全面推进乡村振兴做出总体部署,为做好当前和今后"三农"工作指明了方向。

2018年9月,中共中央、国务院印发《乡村振兴战略规划(2018—2022年)》指导各地各部门有序分类推进乡村振兴战略,要求各地区各部门结合实际认真贯彻落实。

2019年5月,中共中央办公厅、国务院办公厅印发《数字乡村发展战略纲要》要求提高网络化、信息化和数字化在农业农村经济社会中的应用,以及提高农民现代信息技能,实现农业农村现代化发展和转型。

2019年6月,国务院印发《关于促进乡村产业振兴的指导意见》,提出以农业供给侧结构性改革为主线,围绕农村一二三产业融合,构建现代农业产业体系、生产体系和经营体系,推动形成城乡融合发展格局,为农业农村现代化奠定坚实基础。

2020年12月,中共中央、国务院发布了《关于实现巩固拓展脱贫攻坚成果同乡村振兴有效衔接的意见》,提出坚持以人民为中心的发展思想,坚持共同富裕方向,将巩固拓展脱贫攻坚成果放在突出位置,建立农村低收入人口和欠发达地区帮扶机制,健全乡村振兴领导体制和工作体系,加快推进脱贫地区乡村产业、人才、文化、生态、组织等全面振兴,为全面建设社会主义现代化国家开好局、起好步奠定坚实基础。

2021年1月,中央一号文件《中共中央 国务院关于全面推进乡村振兴加快农业农村现代化的意见》围绕实现巩固拓展脱贫攻坚成果同乡村振兴有效衔接提升粮食和重要农产品供给保障能力、推动农业农村现代化、加强党对"三农"工作的全面领导提出相应要求。

2021年2月,为做好乡村振兴这篇"大文章",国务院直属机构国家乡村振兴局正式挂牌。

2021年4月，第十三届全国人民代表大会常务委员会第二十八次会议表决通过《中华人民共和国乡村振兴促进法》，围绕产业发展、人才支撑、文化繁荣、生态保护、组织建设、城乡融合、扶持措施、监督检查等方面制定本法。

2021年9月，国务院批复了《"十四五"特殊类型地区振兴发展规划》，指出特殊类型地区是"十四五"推进高质量发展的重点区域，承担特殊功能，是解决不平衡不充分突出问题的主战场。《"十四五"特殊类型地区振兴发展规划》明确了特殊类型地区的规划范围、发展目标、重点任务和支持政策，为进一步支持特殊类型地区振兴发展，推动巩固拓展脱贫攻坚成果同乡村振兴有效衔接、持续缩小城乡区域发展差距、优化区域经济布局提供了纲领性指导和重要依据。

2021年11月，国务院印发的《"十四五"推进农业农村现代化规划》明确，到2025年农业基础更加稳固，乡村振兴战略全面推进，农业农村现代化取得重要进展；梯次推进有条件的地区率先基本实现农业农村现代化，脱贫地区实现巩固拓展脱贫攻坚成果同乡村振兴有效衔接。

2022年1月，中央一号文件《中共中央 国务院关于做好2022年全面推进乡村振兴重点工作的意见》出台，指出牢牢守住保障国家粮食安全和发生规模性返贫两条底线，扎实推进乡村发展、乡村建设、乡村治理重点工作。

2022年5月，中共中央办公厅、国务院办公厅出台《乡村建设行动实施方案》，指出乡村建设是实施乡村振兴战略的重要任务，是国家现代化建设的重要内容，应把乡村建设摆在社会主义现代化建设的重要位置，顺应农民群众对美好生活的向往，以普惠性、基础性、兜底性民生建设为重点，加强农村基础设施和公共服务体系建设，建设宜居宜业美丽乡村。

2022年11月，中共中央办公厅、国务院办公厅出台《乡村振兴责任制实施办法》，指出实行中央统筹、省负总责、市县乡抓落实的乡村振兴工作机制，构建职责清晰、各负其责、合力推进的乡村振兴责任体系，举全党全社会之力全面推进乡村振兴，加快农业农村现代化。

2023年1月，中央一号文件《中共中央 国务院关于做好2023年全面推进乡村振兴重点工作的意见》指出，全面建设社会主义现代化国家，最艰巨最繁重的任务仍然在农村，必须坚持不懈把解决好"三农"问题作为全党工作重中之重，举全党全社会之力全面推进乡村振兴，加快农业农村现代化。

（二）各部委相关文件

在国务院出台相关政策文件的基础上，各部委围绕乡村振兴战略在产业发展、卫生健康、交通运输、资金来源、司法保障、生态环境等方面出台相关政策文件，形成自上而下的政策合力，积极鼓励引导各方力量参与，深入推进乡村振兴战略在纵深方向得到落实。

1. 产业发展

在产业发展方面，国家各部门要求发掘乡村功能价值，强化创新引领，突出集群成链，培育发展新动能，聚集资源要素，加快发展乡村产业，为农业农村现代化和乡村全面振兴奠定坚实基础。部分部委关于乡村振兴产业发展方面的主要文件如图1-1所示。

2. 资金保障

财政补贴和金融贷款是主要资金来源。财政部、国家发展改革委、农业农村部、中国银

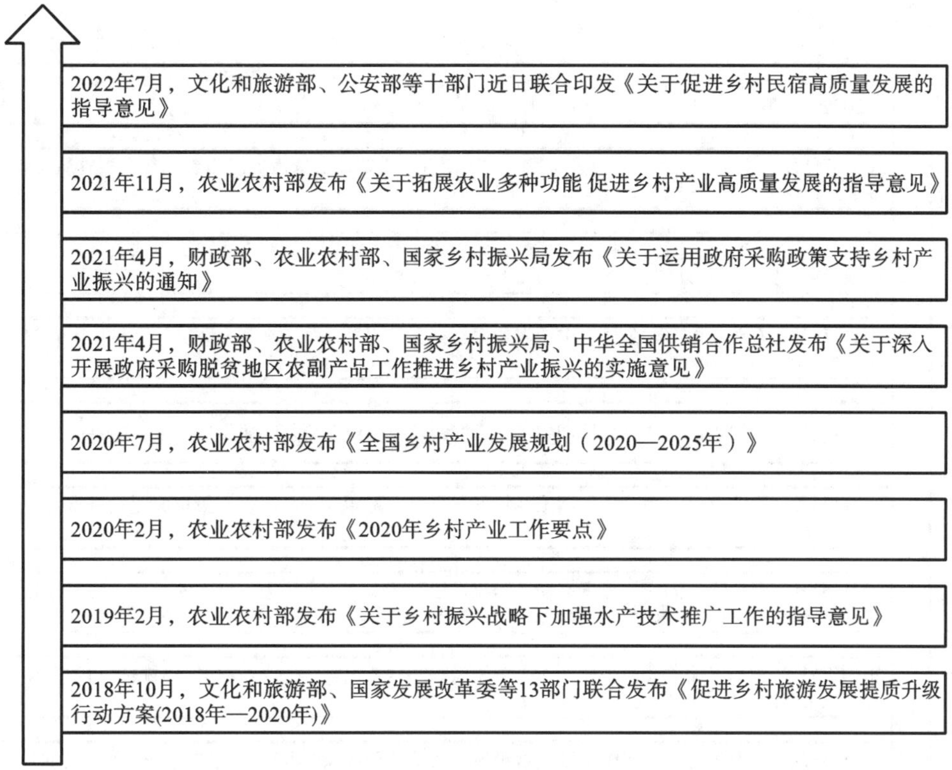

2022年7月，文化和旅游部、公安部等十部门近日联合印发《关于促进乡村民宿高质量发展的指导意见》

2021年11月，农业农村部发布《关于拓展农业多种功能 促进乡村产业高质量发展的指导意见》

2021年4月，财政部、农业农村部、国家乡村振兴局发布《关于运用政府采购政策支持乡村产业振兴的通知》

2021年4月，财政部、农业农村部、国家乡村振兴局、中华全国供销合作总社发布《关于深入开展政府采购脱贫地区农副产品工作推进乡村产业振兴的实施意见》

2020年7月，农业农村部发布《全国乡村产业发展规划（2020—2025年）》

2020年2月，农业农村部发布《2020年乡村产业工作要点》

2019年2月，农业农村部发布《关于乡村振兴战略下加强水产技术推广工作的指导意见》

2018年10月，文化和旅游部、国家发展改革委等13部门联合发布《促进乡村旅游发展提质升级行动方案(2018年—2020年)》

图 1-1　部分部委关于乡村振兴产业发展方面的主要文件

保监会等部门高度重视乡村振兴中的资金保障工作，对扶贫、人才、文化、生态、乡村建设等领域提出金融支持，主要文件如图 1-2 所示。

3. 民生服务

在卫生健康、人力保障、创业就业、教育事业、邮政交通等领域为实施乡村振兴战略提供支撑。部分部委关于乡村振兴民生服务方面的主要文件如图 1-3 所示。

4. 乡村人居环境

乡村人居环境整治是实施乡村振兴战略和全面建成小康社会和农村生态文明建设的重要内容。根据乡村地理位置、自然禀赋、生态环境状况、产业发展需求等不同情况，进行村庄建设、环境治理、设施建设等，打造生态宜居美丽乡村。部分部委关于乡村振兴人居环境方面的主要文件如图 1-4 所示。

二、乡村振兴战略政策解读

（一）战略部署

2018 年 1 月，中共中央、国务院发布《关于实施乡村振兴战略的意见》，战略中从"五句话，二十个字"概述乡村振兴战略实施的总要求，分别是产业兴旺、生态宜居、乡风文明、治理有效、生活富裕。相较于党的十六届五中全会提出的"五句话，二十个字"的新农村建设总要求，即生产发展、生活宽裕、乡风文明、村容整洁、管理民主，在内涵上有明显的深化与提升。

图1-2 部分部委关于乡村振兴资金保障方面的主要文件

社会主义新农村建设方针和乡村振兴战略总要求表述比较如图1-5所示。

乡村振兴战略的三个阶段目标节点分别是2020年、2035年和2050年,目标任务如图1-6所示。

到2020年,乡村振兴取得重要进展,制度框架和政策体系基本形成。农业综合生产能力稳步提升,农业供给体系质量明显提高,农村一二三产业融合发展水平进一步提升;农民增收渠道进一步拓宽,城乡居民生活水平差距不断缩小;现行标准下,农村贫困人口全部脱贫,贫困县全部摘帽,解决区域整体贫困;农村基础设施建设进一步推进,农村人居环境明显改善,美丽宜居乡村建设扎实推进;城乡基本公共服务均等化水平进一步提高,城乡融合发展体制机制初步建立;农村对人才吸引力逐渐增强;农村生态环境明显改善,农业生态服务能力进一步提高;以党组织为核心的农村基层组织建设进一步加强,乡村治理体系进一步完善;党的农村工作领导体制机制进一步健全;各地区各部门推进乡村振兴的思路举措得以确立。

到2035年,乡村振兴取得决定性进展,农业农村现代化基本实现。农业结构得到根本性改善,农民就业质量显著提高,相对贫困进一步缓解,共同富裕迈出坚实步伐;城乡基本公共服务均等化基本实现,城乡融合发展体制机制更加完善;乡风文明达到新高度,乡村治理体系更加完善;农村生态环境根本好转,美丽宜居乡村基本实现。

卫生健康

- 2021年2月，卫生健康委、发展改革委等13部委联合发布《关于印发巩固拓展健康扶贫成果同乡村振兴有效衔接的实施意见的通知》
- 2020年7月，卫生健康委发布《关于允许医学专业高校毕业生免试申请乡村医生执业注册的意见》

人力保障

- 2021年11月，人力资源社会保障部、国家乡村振兴局发布《关于加强国家乡村振兴重点帮扶县人力资源社会保障帮扶工作的意见》
- 2021年8月，退役军人事务部等16部门发布《关于促进退役军人投身乡村振兴的指导意见》

创业就业

- 2018年4月，农村农业部发布《关于大力实施乡村就业创业促进行动的通知》

教育事业

- 2020年9月，教育部、中央组织部、中央编办、国家发展改革委、财政部和人力资源社会保障部六部门印发《关于加强新时代乡村教师队伍建设的意见》
- 2020年11月，农业农村部办公厅、教育部办公厅发布《关于推介乡村振兴人才培养优质校的通知》

邮政交通

- 2019年4月，国家邮政局与国家发展改革委、财政部、农业农村部、商务部、文化和旅游部、供销合作总社联合印发《关于推进邮政业服务乡村振兴的意见》
- 2021年8月，交通运输部会同公安部、财政部、自然资源部、农业农村部、文化和旅游部、国家乡村振兴局、国家邮政局、中华全国供销合作总社联合印发《关于推动农村客运高质量发展的指导意见》

图1-3 部分部委关于乡村振兴民生服务方面的主要文件

到2050年，乡村全面振兴，农业强、农村美、农民富全面实现。

在城乡二元结构仍较为明显的背景下，要促进农业农村现代化跟上国家现代化步伐，必须补齐农业现代化这个"新四化"同步的短板。为此，必须深化对农业农村农民问题是关系国计民生的根本性问题这一重大论断的认识，真正做到坚持把解决好"三农"问题作为全党工作重中之重。确定乡村振兴战略实施的七大基本原则：坚持党管农村工作；坚持农业农村优先发展；坚持农民主体地位；坚持乡村全面振兴；坚持城乡融合发展；坚持人与自然和谐共生；坚持因地制宜、循序渐进。

乡村振兴战略实施的主要举措包括：提升农业发展质量，培育乡村发展新动能；推进乡村绿色发展，打造人与自然和谐共生发展新格局；繁荣兴盛农村文化，焕发乡风文明新气象；加强农村基层基础工作，构建乡村治理新体系；提高农村民生保障水平，塑造美丽乡村新风

图 1-4 部分部委关于乡村振兴人居环境方面的主要文件

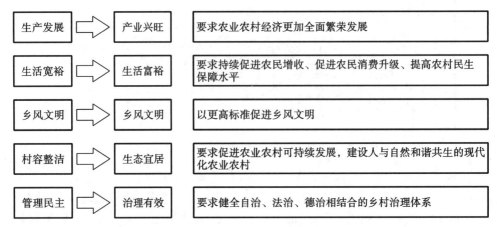

图 1-5 社会主义新农村建设方针和乡村振兴战略总要求表述比较

貌;打好精准脱贫攻坚战,增强贫困群众获得感;推进体制机制创新,强化乡村振兴制度性供给;汇聚全社会力量,强化乡村振兴人才支撑;开拓投融资渠道,强化乡村振兴投入保障;坚持和完善党对"三农"工作的领导。

(二)规划指导

《乡村振兴战略规划(2018—2022年)》作为乡村振兴战略实施的第一个五年计划,是统

图1-6 乡村振兴战略实施的阶段性目标

筹谋划和科学推进乡村振兴战略的行动纲领。乡村振兴战略规划也是乡村振兴规划体系的上位规划,是各省市、各地区编制乡村振兴规划的纲领与依据。

按照产业兴旺、生态宜居、乡风文明、治理有效、生活富裕的总要求,对实施乡村振兴战略做出阶段性谋划,分别明确至2020年全面建成小康社会和2022年召开党的二十大时的目标任务,细化、实化工作重点和政策措施,部署重大工程、重大计划、重大行动,确保乡村振兴战略落实落地,是指导各地区各部门分类有序推进乡村振兴的重要依据。

《乡村振兴战略规划(2018—2022年)》中提出近五年乡村振兴的总体要求是让农业成为有奔头的产业,让农民成为有吸引力的职业,让农村成为安居乐业的美丽家园。

《乡村振兴战略规划(2018—2022年)》首次建立了乡村振兴指标体系,提出了22项具体指标,其中约束性指标3项、预期性指标19项,具体见表1-1。

表1-1 乡村振兴战略规划主要指标

分类	序号	主要指标	单位	2016年基期值	2020年目标值	2022年目标值	2022年比2016年增加〔累计提高百分比〕	属性
产业兴旺	1	粮食综合生产能力	亿吨	>6	>6	>6	—	约束性
	2	农业科技进步贡献率	%	56.7	60	61.5	〔4.8〕	预期性
	3	农业劳动生产率	万元/人	3.1	4.7	5.5	2.4	预期性
	4	农产品加工产值与农业总产值比	—	2.2	2.4	2.5	0.3	预期性
	5	休闲农业和乡村旅游接待人次	亿人次	21	28	32	11	预期性
生态宜居	6	畜禽粪污综合利用率	%	60	75	78	〔18〕	约束性
	7	村庄绿化覆盖率	%	20	30	32	〔12〕	预期性
	8	对生活垃圾进行处理的村占比	%	65	90	>90	〔>25〕	预期性

续表

分类	序号	主要指标	单位	2016年基期值	2020年目标值	2022年目标值	2022年比2016年增加〔累计提高百分比〕	属性
生态宜居	9	农村卫生厕所普及率	%	80.3	85	＞85	〔＞4.7〕	预期性
乡风文明	10	村综合性文化服务中心覆盖率	%	—	95	98	—	预期性
	11	县级以上文明村和乡镇占比	%	21.2	50	＞50	〔＞28.8〕	预期性
	12	农村义务教育学校专任教师本科以上学历比例	%	55.9	65	68	〔＞12.1〕	预期性
	13	农村居民教育文化娱乐支出比例	%	10.6	12.6	13.6	〔3〕	预期性
治理有效	14	村庄规划管理覆盖率	%	—	80	90	—	预期性
	15	建有综合服务站的村占比	%	14.3	50	53	〔38.7〕	预期性
	16	村党组织书记兼任村委会主任的村占比	%	30	35	50	〔20〕	预期性
	17	有村规民约的村占比	%	98	100	100	〔2〕	预期性
	18	集体经济强村比重	%	5.3	8	9	〔3.7〕	预期性
生活保障	19	农村居民恩格尔系数	%	32.2	30.2	29.2	〔−3〕	预期性
	20	城乡居民收入比	—	2.72	2.69	2.67	−0.05	预期性
	21	农村自来水普及率	%	79	83	85	〔6〕	预期性
	22	具备条件的建制村通硬化路比例	%	96.7	100	100	〔3.3〕	约束性

（资料来源：中国政府网发布《乡村振兴战略规划（2018—2022年）》）

《乡村振兴战略规划（2018—2022年）》中指出各级党委和政府要提高思想认识，把实施乡村振兴摆在优先位置，把党管农村工作和坚持农业农村优先发展的要求落到实处。各地区各部门要树立城乡融合、一体设计、多规合一的理念，因地制宜地编制乡村振兴地方规划和专项规划和方案,针对不同类型地区采取不同办法,做到顺应村情民意,科学规划,注重质量,稳步推进,让广大农民有更多获得感、幸福感、安全感。

《乡村振兴战略规划(2018—2022年)》进一步明确了阶段性重点任务主要有以下五方面。

一是,以农业供给侧结构性改革为主线,促进乡村产业兴旺。坚持质量兴农、品牌强农,构建现代农业产业体系、生产体系、经营体系,推动乡村产业振兴。

二是,践行"绿水青山就是金山银山"的理念,促进乡村生态宜居。统筹山水林田湖草系统治理,加快转变生产生活方式,推动乡村生态振兴。

三是,以社会主义核心价值观为引领,促进乡村乡风文明。传承发展乡村优秀传统文化,培育文明乡风、良好家风、淳朴民风,建设邻里守望、诚信重礼、勤俭节约的文明乡村,推动乡村文化振兴。

四是,以构建农村基层党组织为核心、自治法治德治"三治结合"的现代乡村社会治理体系为重点,促进乡村治理有效。把夯实基层基础作为固本之策,建立健全党委领导、政府负责、社会协同、公众参与、法治保障的现代乡村社会治理体制,推动乡村组织振兴,打造充满活力、和谐有序的善治乡村。

五是,以确保实现全面小康为目标,促进乡村生活富裕。加快补齐农村民生短板,让农民群众有更多实实在在的获得感、幸福感、安全感。

第二节 乡村振兴战略意义

一、乡村振兴战略实施的时代背景

进入21世纪以来,我国始终将全面建成小康社会作为国家经济社会发展的首要任务。中国共产党第十六次、十七次、十八次全国代表大会,均聚焦于"到2020年实现全面建成小康社会"的战略蓝图,对"三农"领域工作提出了详尽的要求与长远规划,且在保持政策延续性和目标一致性的同时,与时俱进地拓宽和提升"三农"工作的思路和目标。从战略思路上看,尤其强调了建立和完善城乡融合发展体制机制和政策体系的重要性,这意味着解决"三农"问题的视角不再孤立,而是强调城乡一体化发展,让城市和乡村形成相互支持、协同发展的紧密关系,城市资源和优势要服务于乡村发展,而乡村的价值与潜力也要反哺城市进步,二者之间应水乳交融般相互渗透、互动融合。在发展目标上,突出加快农业农村现代化进程,相较于过去着重农业现代化及新农村建设的单一维度,这次提出了涵盖农村整体层面的现代化目标。这一目标不仅包含了物质层面如产业优化升级、基础设施建设等硬实力的提升,而且涵盖了人的现代化,即农民素质提高、生活品质改善,以及社会参与能力增强等软实力的发展。乡村振兴战略在此背景下被赋予了新的历史使命,它作为未来国家现代化进程中农业农村发展的总纲领,引领着中国农村向更高层次、更宽领域的现代化迈进。

(一)实施乡村振兴战略,是解决发展不平衡不充分问题的需要

自中华人民共和国成立以来,特别是改革开放以来,我国城乡发展取得了显著进步,但

不容忽视的是,城乡二元结构问题依旧是我国面临的突出的结构性难题。当前,农业农村的发展水平明显滞后于城市,成为我国发展不平衡不充分的核心。尽管农村居民收入和消费支出增长速度有所加快,但与城镇居民相比仍存在较大差距,城乡居民在耐用消费品拥有率、劳动生产率等方面存在的鸿沟尤为明显。从基础设施建设角度看,农村地区普遍存在厕所设施落后、生活垃圾及污水处理不到位、村内道路照明不足等问题。而在基本公共服务领域,相当比例的村庄缺乏幼儿园、卫生室等基础服务设施,以及合格的医疗人才资源。此外,农村的社会保障体系在保障标准和质量上均低于城镇,这不仅体现在数量层面上,更反映在服务质量上。此种状况若得不到根本性改变,将严重阻碍我国全面实现现代化建设目标的步伐。因此,解决城乡发展不平衡问题,推动城乡融合发展,提升农村基础设施、公共服务和社会保障水平是当前我国迈向全面现代化进程中亟待解决的重大问题。

(二)实施乡村振兴战略,是满足人民日益增长的美好生活需要的现实要求

随着我国社会主要矛盾从人民日益增长的物质文化需要同落后的社会生产之间的矛盾转变为人民日益增长的美好生活需要和不平衡不充分的发展之间的矛盾,人们对农业农村发展的需求呈现出新的特点与层次。对城镇居民而言,在农产品数量上的满足已不再是唯一追求,而是更加关注农产品的质量安全、生态友好以及农业文化的传承。他们期待农村能提供高品质、无污染的农产品,同时能够保护和提供优质的生态环境资源,如清洁的空气、清澈的水源、宜人的田园风光,以及富有地方特色的农耕文化体验等,以满足城市居民的精神寄托和乡愁情怀。而对农村居民来说,他们的需求也由单一的农业经济发展扩展至整个乡村经济的全面繁荣。农村居民不仅期望在本地有稳定的工作和收入来源,还希望农村的基础设施现代化,包括交通、教育、医疗等公共服务设施的完善,社会保障制度的健全,以及拥有丰富的文化娱乐活动,以实现生活品质的全面提升,享受现代化的生活。此外,他们同样向往在良好的自然环境中生活,即在好山好水间构建宜居家园,既满足物质生活的富裕,又追求精神世界的富足。因此,无论是满足城镇居民对优质农产品和优美生态环境的需求,还是回应农村居民对全面发展和美好生活的向往,都指向了一个共同的目标——必须全面推进乡村振兴战略,实现城乡融合发展,提升农业农村现代化水平,从而切实解决我国当前发展中的不平衡不充分问题。

(三)乡村振兴战略具备启动实施条件

自党的十六大以来,我国在城乡统筹和新农村建设方面取得了显著成效。农村基础设施建设得到极大改善,水电、道路交通等基本生活设施条件明显提升,极大地便利了农民的生产生活。同时,在教育、医疗、养老和社会保障等方面实现了从无到有的重大突破,免费义务教育政策覆盖乡村,新农合、新农保,以及低保制度的建立和完善为农村居民提供了基本的生活保障。近年来,各地通过美丽乡村建设的成功实践,积极探索出了一条符合中国国情的乡村振兴路径,使农业产业更加绿色可持续,农村环境日益美化,大大提升了乡村的宜居性和吸引力。这些积极的变化,无疑为实施乡村振兴战略奠定了坚实的基础。从国家整体发展能力来看,随着工业化和城镇化的快速推进,我国乡村人口占比不断下降,第一产业就业人口比例与国内生产总值比重相应减少,标志着我国经济结构正在发生深刻变化,城市化水平提高,工业实力增强,具备了以城市带动乡村、以工业反哺农业的强大能力。这种结构

性优势为实施乡村振兴战略提供了良好的外部环境和内在动力,有利于形成城乡互补、工农互促、共同繁荣的良好格局。党的报告中关于农业农村发展工作的部署如图1-7所示。

> 党的十九大报告:实施乡村振兴战略
>> 展现从城乡统筹、城乡发展一体化到乡村振兴的清晰脉络
>
> 党的十八大报告:推动城乡发展一体化
>> 城乡发展一体化是解决"三农"问题的根本途径,要加大统筹城乡发展力度,增强农村发展活力,逐步缩小城乡差距,促进城乡共同繁荣
>
> 党的十七大报告:统筹城乡发展,推进社会主义新农村建设
>> 要加强农业基础地位,走中国特色农业现代化道路,建立以工促农、以城带乡长效机制,形成城乡经济社会发展一体化新格局
>
> 党的十六大报告:全面繁荣农村经济,加快城镇化进程
>> 统筹城乡经济社会发展,建设现代农业,发展农村经济,增加农民收入,是全面建设小康社会的重大任务

图1-7 党的报告中关于农业农村发展工作的部署

(四)实施乡村振兴战略,是对其他国家经验教训的借鉴

欧洲的部分国家在农业发展的早期阶段,曾采取过以价格干预为主的单一农业政策,旨在保障农业生产、提高农民收入。然而,随着环境问题的日益严峻以及乡村地区年轻人口流失导致的衰落现象加剧,这些国家逐渐认识到仅依靠传统农业政策无法解决农村全面振兴的问题,于是转向实施综合性的乡村发展政策,将农业生产、环境保护、社区建设、农民福利等多方面内容统筹考虑和一体化推进。日本与韩国在工业化和城镇化达到一定水平后,也深刻意识到乡村振兴的重要性,相继推出了各自的乡村振兴计划,通过整合资源、强化基础设施、优化产业结构、提升农民生活质量等手段,有效促进了乡村地区的可持续发展和社会稳定。相比之下,拉美和南亚一些国家由于经济条件限制或政治意愿不足,未能及时有效地推行乡村振兴战略,大量农村剩余劳动力涌入城市,导致城市贫民窟增多,社会矛盾激化等问题,这也是他们陷入"中等收入陷阱"的重要原因之一。当前,我国正处于中等收入发展阶段,能否如部分专家预测那样,在2024年前后成功跨越到高收入发展阶段,并稳健地迈向现代化,关键在于如何妥善处理好农业、农村和农民("三农")这一系列复杂而重要的问题。只有实现乡村振兴,推动城乡均衡发展,才能为整个国家的持续繁荣和现代化进程奠定坚实基础。

二、乡村振兴战略实施的重大意义

(一)实施乡村振兴战略,核心是从根本上解决"三农"问题

中央制定并实施乡村振兴战略,是要从根本上解决我国的"三农"问题。该战略强调以

创新、协调、绿色、开放、共享五大发展理念为指导,推动农业生产方式的现代化转型,发展高效、生态、绿色的现代农业,推动农业、加工业、现代服务业深度融合,全方位提升农业生产力和农业附加值,实现农业产业现代化发展。实施乡村振兴战略能加快农村基础设施建设步伐,完善农村教育、医疗、养老等公共服务供给,加强农村基层组织体系建设,强化社会治理能力,改善农村人居环境,提高农民生活质量。实施新型职业农民培训计划能够鼓励各类人才投身乡村振兴事业,引导农民工返乡创业就业,培养一批懂技术、善经营、会管理的新型农业经营主体,壮大农村实用人才队伍,最终推动农村经济社会全面进步。

（二）实施乡村振兴战略,是把中国人的饭碗牢牢端在自己手上的有力抓手

习近平总书记关于粮食安全的论述充分体现了中国对确保国家粮食安全、维护国家安全与稳定战略的高度重视。中国人的饭碗牢牢端在自己手上,首先要通过自力更生,提升国内粮食生产能力。依靠科技创新发展科技农业,提升农业生产力水平。倡导生态农业实现绿色生产方式能够在保障粮食生产质量的同时,保护和改善耕地质量,加强农田生态保护,确保土地资源永续利用。借助物联网、大数据、人工智能等信息技术发展智慧农业,实现农业精细化管理、智能化决策和服务,优化农业资源配置,提高粮食生产的经济效益和环境效益。乡村振兴战略实施就是要强化科技农业、生态农业、智慧农业,确保18亿亩耕地红线不被突破,从根本上解决中国粮食安全问题,使中国不受国际粮食市场的左右和支配,把中国人的饭碗牢牢端在自己手上。

（三）实施乡村振兴战略,是我国全面迈向社会主义现代化强国的需要

党的十九大报告将乡村振兴战略上升为党和国家的重大战略,充分反映了中国共产党对新时代中国特色社会主义建设全局性、长远性的深刻把握。我国是农业大国,乡村地区面积广大,农民人口众多,乡村的经济社会发展状况直接影响国家的整体实力和现代化进程,只有全面实现乡村振兴,才能确保全国各区域均衡发展,避免出现因城乡差距过大导致的社会不稳定因素。小康社会的理想状态不仅仅是城市的发展繁荣,更包括乡村的振兴和农民生活的改善,没有农村的小康,就无法真正意义上实现全社会的共同富裕和全面小康建设目标。所以,振兴乡村对振兴中华、实现中华民族伟大复兴的中国梦都有着重要的意义。

（四）实施乡村振兴战略,本质在于回归并超越乡土中国

中国自古以来的农耕文明深深植根于乡村,中华文化的根脉深深植根于乡村,乡土文化承载了中华民族的集体记忆、生活智慧和道德伦理,诸如乡土风情(乡风)、自然景观(乡景)、人情世故(乡情)、方言(乡音)、邻里关系(乡邻),以及乡村社会特有的道德规范和价值观(乡德),这些都是中国乡土文化的核心元素,构成了中华优秀传统文化的丰富内涵和独特魅力。早在20世纪"乡村建设运动"的发起者晏阳初、梁漱溟、卢作孚等人就已经深刻认识到在工业化进程中乡村面临的衰败与危机,他们提倡并实践了一系列旨在改良农村经济、教育、卫生等社会条件,以及恢复和发扬乡土文化的措施。实施乡村振兴战略不仅仅是一项关乎农业发展、农民增收和农村现代化的任务,更是一个深层次的文化自觉与文化振兴工程,它将对中国乡土文化进行全面而深入的重构,进而弘扬和光大中华优秀传统文化,实现乡村全面可持续发展的同时,也确保中华民族文化基因得以延续和发展。

第三节 乡村振兴战略与乡村旅游

一、乡村振兴与乡村旅游的关系

(一) 乡村旅游是乡村振兴事业的重要组成部分

《乡村振兴战略规划(2018—2022年)》对乡村旅游做出了明确的安排,乡村旅游是乡村振兴事业的重要组成部分。乡村振兴战略的提出,为乡村旅游发展提供了前所未有的机遇,为乡村旅游的发展指明了前进的方向。

《乡村振兴战略规划(2018—2022年)》第五篇提出,实施休闲农业和乡村旅游精品工程,发展乡村共享经济等新业态,推动科技、人文等元素融入农业;顺应城乡居民消费拓展升级趋势,结合各地资源禀赋,深入发掘农业农村的生态涵养、休闲观光、文化体验、健康养老等多种功能和多重价值。第六篇提出,大力发展生态旅游、生态种养等产业,打造乡村生态产业链。第七篇提出,推动文化、旅游与其他产业深度融合、创新发展。其中,包括实施农耕文化传承保护工程,深入挖掘农耕文化中蕴含的优秀思想观念、人文精神、道德规范,充分发挥其在凝聚人心、教化群众、淳化民风中的重要作用。划定乡村建设的历史文化保护线,保护好文物古迹、传统村落、民族村寨、传统建筑、农业遗迹、灌溉工程遗产。传承传统建筑文化,使历史记忆、地域特色、民族特点融入乡村建设与维护。以形神兼备为导向,保护乡村原有建筑风貌和村落格局,把民族民间文化元素融入乡村建设,深挖历史古韵,弘扬人文之美,重塑诗意闲适的人文环境和田绿草青的居住环境,重现原生田园风光和原本乡情乡愁。建设一批特色鲜明、优势突出的农耕文化产业展示区,打造一批特色文化产业乡镇、文化产业特色村和文化产业群。大力推动农村地区实施传统工艺振兴计划,培育形成具有民族和地域特色的传统工艺产品,促进传统工艺提高品质、形成品牌、带动就业。积极开发传统节日文化用品和武术、戏曲、舞龙、舞狮、锣鼓等民间艺术、民俗表演项目,促进文化资源与现代消费需求有效对接。

(二) 乡村旅游提供乡村振兴新动能

乡村振兴战略作为党和国家的战略决策,具有战略性、全局性、长期性的特点,乡村旅游发展必须服务于乡村振兴战略的总要求。乡村旅游是乡村振兴的重要动力,大力发展乡村旅游是实施乡村振兴战略的重要抓手。发展乡村旅游,有利于实现产业兴旺,有利于打造生态宜居空间,有助于实现乡村的乡风文明,有助于形成治理有效格局,有利于实现村民生活富裕。乡村旅游对于乡村振兴能够发挥自己的独特优势,做出应有且特殊的贡献。

乡村旅游是文旅产业的一个重要分支,是推动乡村经济繁荣的新兴产业手段,能够在乡村振兴战略中发挥新引擎作用。

1. 发展乡村旅游能有效激活农村产业

在乡村振兴中,产业兴旺是基础和关键。旅游业作为我国国民经济的战略性支柱产业,是乡村产业振兴的重要选择。旅游业作为扶贫产业、综合产业、美丽产业、幸福产业,能在乡

村产业振兴方面发挥引擎作用。乡村旅游为农村产业转型发展提供了新的方向,能够挖掘农业产业的附加价值,促进三产融合发展,丰富并激活农村产业潜力,延伸产业链,实现农业现代化。发展乡村旅游和休闲农业可以盘活农村土地,是提高农村土地资源利用效率和产出附加价值的较佳途径之一。

2. 发展乡村旅游有助于居民脱贫致富

发展乡村旅游能增加农民收入,促进农民在家门口就业,让农民通过参与乡村旅游产业脱贫致富,帮助他们实现小康生活梦想,这既是我国乡村振兴战略的出发点,也是落脚点。

3. 发展乡村旅游能增加居民就业机会

发展乡村旅游能够吸引农民工返乡创业、城市创客下乡创业、游客来乡旅游,进一步凝聚乡村人气,为乡村振兴发展汇聚急需的人力资源。

4. 发展乡村旅游能传承乡村文化

发展乡村旅游能更好地传承乡土文化,改善农村教育落后状况。乡村旅游发展传承乡村农耕、村俗、服饰、餐饮、宗祠、建筑、民约等物质和非物质乡土文化,不断促进我国乡村地区的繁荣昌盛。

5. 发展乡村旅游可以打造生态宜居乡村

"绿水青山就是金山银山",乡村旅游需要以良好生态环境为前提条件。如果没有良好的自然生态,如污水横流、空气污染,那么乡村就找不到那一片诗情画意,找不到那一片田园风光。同时,发展乡村旅游、乡村全域旅游化能提升乡村生态品质,对于营造生态宜居环境,将乡村建设成为现代版的富春山居图,也能发挥美容师的作用。

二、乡村振兴背景下乡村旅游发展思路

乡村旅游在脱贫攻坚、全面建成小康社会征程中发挥了不可或缺的重要作用。现如今,我国已全面建成小康社会,"三农"工作的重心转为乡村振兴的大背景下,乡村旅游的发展思路应该随着发展环境的变化而有所创新,以更好地服务乡村振兴大局。建议从以下三方面创新乡村旅游发展思路。

首先,乡村旅游地的目标市场应从城市居民扩展为城乡居民。从 20 世纪 80 年代我国乡村旅游起步至今,城市居民一直被视为乡村旅游地主要的目标客户。现在这种认识要有所改变,农村居民也应被视为乡村旅游地的重要目标客户,主要原因有三:其一,伴随我国全面小康社会的建成,农村家庭普遍具备了一定的旅游消费能力,而且他们的旅游消费能力会随着乡村振兴的推进而不断增强;其二,我国乡村人口数量决定了乡村居民整体的旅游消费规模较大;其三,为促进乡村文化振兴,乡村旅游应积极回应乡村居民的旅游与休闲需求。

其次,乡村旅游地的旅游产品结构应从乡村旅游一枝独秀向各类旅游产品异彩纷呈转变。目前,我国乡村地区的旅游开发多是围绕城市居民的乡愁做文章,所以多数乡村旅游地主要供应农业观光、古村落观光、农产品采摘、吃农家菜、住民宿等乡村旅游产品,进而引发"千村一面"的同质化竞争,不利于乡村旅游的可持续发展。为了应对城市居民、乡村居民两个目标客户群体的不同需求,也为了扭转乡村旅游地之间同质化竞争的局面,乡村旅游决策者应突破思维定式、跳出既有框架,大力开发种类丰富的旅游产品,并通过区域统筹强化乡

村旅游地之间旅游产品类型与形态的差异。

最后,乡村旅游地应设法实现乡村旅游与城市化的协同发展。为了留住乡愁、保持乡土气息,乡村旅游地一般会刻意限制乡村社区的城市化和商业化。然而,就地城市化其实是乡村振兴、农业农村现代化的重要引擎,而且城镇还是乡村居民多数向往的旅游与休闲活动空间。所以,无论是从推进乡村振兴的角度,还是从满足乡村居民旅游与休闲需求的角度,乡村旅游地都应在发展旅游的同时积极推进农村城市化进程。乡村旅游与城市化协同发展的关键在于空间错位,即在现代建筑居多、交通便利、人口较多的乡村社区采取积极推进城市化的政策,而在传统建筑居多、乡土气息浓郁的乡村社区则采取避免过度城市化、商业化的政策。

经典案例解读

思考与练习

(1) 我国为什么实施乡村振兴战略?
(2) 乡村振兴战略与乡村旅游的关系是什么?
(3) 乡村振兴战略背景下乡村旅游的发展思路是什么?

第二章

理论基础——乡村旅游发展概述

学习引导

随着旅游业不断发展壮大,旅游产品呈现多样化,乡村旅游以其有别于城市的清新自然的田园风光、地域特色突出的风土人情,展现其强大的生命力和独特的魅力,吸引着城市居民。乡村旅游作为旅游业的重要形式,对改善乡村人居环境,提高乡村居民生产生活水平具有重要意义。本章主要从乡村旅游概念认知、乡村旅游发展类型、乡村旅游发展理念、乡村旅游发展历程四个方面展开,为后续读者学习乡村旅游规划、策划、产品设计、市场开拓奠定基础。

学习重点

(1) 乡村旅游基本概念。
(2) 乡村旅游本质特征。
(3) 乡村旅游发展类型。
(4) 乡村旅游发展理念。
(5) 国外乡村旅游发展历程。
(6) 国内乡村旅游发展历程。

第一节 乡村旅游概念认知

一、乡村旅游基本概念

近年来,越来越多的城市居民向往到乡村去度假、疗养、游玩,热衷于到大自然、农区、牧区、林区去呼吸清新的空气,观赏自然景色,陶冶情操,放松精神,于是一种独具风格的乡村旅游应运而生。

关于乡村旅游的概念,国内外学者做出多种界定,称谓多样,有乡村旅游、农业旅游、休闲农业、农家乐等,其中比较典型的有如下六种。

一是,欧洲联盟(EU)和世界经济合作与发展组织(OECD)将乡村旅游定义为发生在乡村的旅游活动,并认为乡村旅游应该是发生于乡村地区,建立在乡村世界的特殊面貌,经营规模小,是建立在空间开阔和可持续发展基础之上的旅游类型。

二是,Bernard Lane(1994)认为纯粹的乡村旅游位于乡村地区;旅游活动是乡村的;规模是乡村的;社会结构和文化具有传统特征,变化较为缓慢,旅游活动常与当地居民家庭相联系,乡村旅游在很大程度上受当地控制;由于乡村自然、经济、历史环境和区位条件的复杂多样,乡村旅游具有不同的类型。

三是,Gibber和Tung(1990)认为,乡村旅游是农户为旅游者提供住宿等条件,使其在农场、牧场等典型的乡村环境中从事各种休闲活动。

四是,熊凯(1999)指出,乡村旅游是以乡村社区为活动场所,以乡村独特的生产形态、生活风情和田园风光为对象的一种旅游类型。

五是,何景明和李立华(2002)认为,乡村旅游是指以乡村地区为活动场所,利用乡村独特的自然环境、田园景观、生产经营形态、民俗文化风情、农耕文化、农舍村落等资源,为城市游客提供观光、休闲、体验、健身、娱乐、购物、度假等功能的一种新的旅游经营活动。

六是,王兵(1999)指出,乡村旅游是指以农业文化景观、农业生态环境、农事生产活动,以及传统的民族民俗为资源,融观赏、考察、学习、参与、娱乐、购物、度假于一体的旅游活动。

由于乡村旅游概念的复杂性和复合性,学者们对乡村旅游概念的界定不完全一致,从不同侧面揭示了乡村旅游的含义,如乡村旅游是以乡村为旅游目的地,乡村风光和乡村活动是乡村旅游的重要内容,乡村旅游与农业关系紧密等。

要掌握乡村旅游的概念,首先应充分认识乡村旅游的四点内涵。

一是从地理角度来看,乡村旅游发生在乡村地区。乡村是指城市以外的广大地区,不仅包括乡村居民点,也包括乡村的农田、森林、草原等,是一个地域综合体。乡村旅游是只能发生在"乡村"这个空间里的旅游,与都市旅游、名胜旅游是不同的。

二是乡村旅游的特色是乡土性。乡村旅游的目标客户是生存环境与乡村有巨大差异的城市居民,旨在满足城市游客回归自然的需求,乡村旅游的开发应突出农村的天然、淳朴、绿色、清新的环境氛围,强调天然、闲情、野趣的乡村魅力。

三是乡村旅游资源是指存在于乡村的资源。乡村旅游资源的范围较广,不仅包括乡野

风光、虫鸣鸟叫等自然旅游资源,还包括乡村建筑、乡村民俗、乡村文化、乡村饮食、乡村服饰、农业景观和农事活动等人文旅游资源,不仅包括乡村景观等有形的旅游资源,还包括乡村社会文化等无形的旅游资源。

四是乡村旅游的功能不仅是观光游览,亦可有休闲、度假、购物等体验。乡村旅游是一种集观光、游览、娱乐、休闲、度假和购物等于一体的内容多样、形式活泼的旅游形式。

基于以上理解,本书对乡村旅游的定义为乡村旅游是指以乡村空间环境为依托,以乡村独特的生产生活形态、乡村民俗文化、乡村田园风光、乡村建筑景观等为对象,集观光、游览、考察、学习、娱乐、休闲、度假和购物于一体的体现乡土特色的旅游活动。

二、乡村旅游相关概念

由于乡村旅游实践在不同发展阶段、地域环境及文化背景下具有独特性,人们对乡村旅游概念的理解和诠释存在显著差异。相关联的概念如农家乐、农业旅游、休闲农业等概念也在实践中交织并存,形成丰富多元的乡村旅游形态。准确区分和深入理解这些概念及其相互关系对明确乡村旅游发展定位,制定科学合理的乡村旅游发展规划至关重要。

(一) 农家乐

农家乐主要是指农户以自家院落、农产品和地道农家菜肴为吸引点,通过提供贴近自然、体验农耕生活的服务来满足城市居民在快节奏生活之余对田园风光和乡村生活体验的需求。农家乐经营模式诞生于快速城市化的特定社会背景下,是农户适应市场需求而创造的一种新兴业态。一般情况下,农家乐会选址在自然景观优美和田园环境宜人的地区,农家乐以其宁静优美的生态环境帮助游客释放压力,享受休闲时光。农家乐不仅丰富了城市居民的短途旅游选择,也带动了当地农户经济收入的增长,实现了城乡资源互补与共享发展。

农家乐作为乡村旅游的重要分支,是我国乡村旅游发展初期广泛普及且易于推广的一种模式,其特点主要体现在以下三个方面。首先,农家乐的经营形式相对简洁,具有规模小巧、投资成本低和风险可控的特点。这使得农家乐在广大农村地区能够迅速兴起,并受到农户和投资者的青睐,便于因地制宜地进行复制和推广。其次,农家乐并非完全脱离农业生产活动,而是将农事活动巧妙地融入旅游体验之中,形成了一种新型的生产和经济活动形式。游客在享受乡村休闲时光的同时,可以亲身参与到诸如耕作、采摘等农事活动中去,增加了乡村旅游的互动性和趣味性。最后,农家乐直接带动了农户与游客之间的紧密互动,游客直接进入农家消费,这种面对面的服务模式不仅增进了城乡交流,也完善了乡村旅游的产品和服务体系。通过提供富有乡土气息的住宿、餐饮,以及各类文化娱乐活动,农家乐有效地提升了农户的经济效益和社会效益,有力推动了乡村旅游产业的发展和升级。

(二) 休闲农业

休闲农业是一种在经济发达的社会背景下,针对城市居民日益增长的休闲需求而兴起的一种新型农业经营形态。它充分利用和开发具有观赏、旅游价值的农业景观资源和农业生产条件,将农业生产过程与观光游览、休闲娱乐及教育体验等功能相结合,创造出一种集农业生产、科技应用、艺术审美及游客互动参与于一体的多元化产业模式。在休闲农业中,农业生产不再仅限于传统的种植养殖活动,而是与旅游业紧密结合,形成了一种交叉型产业,其涵盖了农家乐、休闲农园、休闲农庄以及休闲乡村等多种表现形式。在此模式中,游客不仅能够欣赏自然和谐的田园风光,参与诸如采摘果实、体验农耕生活等丰富的农事活动,还可以通过深入了解农民的生活习俗和传统文化,享受回归自然、陶冶情操的乐趣,并有机会选择在这些地方进行住宿和度假。

休闲农业与乡村旅游在许多方面具有相似性,如都以郊区农村为主要活动区域,顺应了现代人向往自然、寻求新奇体验和知识的需求,且主要面向城市居民市场。然而,两者也存在着显著的区别:涵盖内容的广度不同,乡村旅游的范畴更为广泛,不仅包含了基于农业生产活动而开展的农业旅游,还包括了乡村地区的社会文化、民俗风情、历史遗迹、自然景观等多种旅游资源的开发和利用;客源市场存在细分差异,尽管两者都吸引了大量城市游客,但由于两者提供的旅游产品和服务不同,乡村旅游可能吸引到更多对乡村文化、传统生活方式感兴趣的游客,而休闲农业则更倾向于吸引那些希望深度参与农事活动,了解现代农业科技或享受绿色农产品的游客群体;功能定位上的区别,休闲农业的核心目标在于通过提升农业生产的附加值和经济效益,强调农业产业链的延伸和优化,而乡村旅游除了追求经济效益,更加注重多元化的功能整合,例如生态保育、社区发展、文化遗产保护,以及为城市居民提供休闲娱乐和教育体验等综合服务。

（三）观光农业

观光农业以游览为主,侧重对农业资源和产品的观赏性开发,如美丽的田园风光、特色的种植园、养殖区等,通常位于风景区或旅游热点区域附近,吸引游客前来游览、观赏,能够给游客提供独特的视觉享受和短暂的户外体验,使游客增长知识、拓宽视野。

实质上,观光农业与休闲农业都是农业与旅游业相结合的交叉型产业。从观光与休闲的含义来看,"观光"强调对事物的展示和欣赏,对游客来说,"观光"是快速接触和了解乡村自然环境的有效途径;"休闲"更注重游客深度参与和长时间逗留,"休闲"的竞争力在于提供多样化、沉浸式和个性化的乡村旅游体验。由于观光农业投资规模较小,建设周期较短,能够在短时间内吸引大量游客,实现较快的经济回报,在产业发展初级阶段经常出现。后期,随着服务设施和体验项目的完善,为了追求持续效益和避免同质化竞争,乡村旅游区会进一步创新产品,增加休闲体验型服务项目,推动乡村旅游产业的可持续发展。观光农业和休闲农业各自具备不同的竞争力,只有二者相互结合,才能推动乡村旅游产业繁荣发展。

（四）美丽乡村

2005年,中国共产党第十六届五中全会提出了"建设社会主义新农村"的重大任务,明确了"生产发展、生活宽裕、乡风文明、村容整洁、管理民主"的五大具体要求。在此背景下,2008年浙江省安吉县提出并实施了"中国美丽乡村"计划,制定了《安吉县建设"中国美丽乡村"行动纲要》,目标在10年内将安吉建设成为中国美丽乡村典范。通过一系列举措,安吉县不仅改善了农村生态环境和景观风貌,还打造出一批知名农产品品牌,有力推动了农村生态旅游业的发展,显著提高了农民收入,为全国范围内社会主义新农村建设提供了一条创新的发展路径。随着安吉模式的成功,"美丽乡村"建设的理念逐渐在全国范围内推广,如"十二五"期间,浙江省出台《浙江省美丽乡村建设行动计划（2011—2015年）》,广东增城、花都、从化等地从2011年开始启动美丽乡村建设项目,海南省也在2012年明确提出以推进"美丽乡村"工程为核心,加速全省农村危房改造和新农村建设的步伐。2013年中央一号文件强调了推进农村生态文明建设和努力建设美丽乡村的重要性。同年,《农业部办公厅关于开展"美丽乡村"创建活动的意见》发布,随后农业部(现农业农村部)公布了全国首批"美丽乡村"创建试点乡村。

"美丽乡村"作为社会主义新农村建设的代名词,是对农村环境、经济、文化、社会以及生态文明建设提出的综合性目标要求,强调通过改善农村基础设施、提升村容村貌、保护生态环境、提高农民生活水平、传承与弘扬乡村文化等多种手段,实现"生产发展、生活宽裕、乡风文明、村容整洁、管理民主"的目标。美丽乡村建设和乡村旅游存在着紧密的互动关系,美丽乡村建设旨在提升乡村的整体生态环境、基础设施水平、文化底蕴和居民生活水平,这些举措均为乡村旅游发展提供了优质的资源基础和良好的发展环境,提升了乡村旅游产品的吸引力和品质。乡村旅游将美丽乡村丰富的自然资源和文化资源开发成各种乡村旅游活动项目,让游客参与其中欣赏乡村美景,感受地方文化,带动当地旅游产品的销售和服务业的发展,促进乡村产业结构调整,为美丽乡村建设提供有力的资金支持和持续动力。同时,美丽乡村和乡村旅游存在显著区别。美丽乡村侧重于乡村整体生活环境的改善和社会经济的全面发展,包含生态、经济、社会、文化等多个方面,收益惠及全体村民;乡村旅游关注旅游资源的开发与利用,以及旅游产品和服务的提供,以满足游客休闲娱乐需求,有明确的旅游市场导向,受益主体是旅游服务提供者和前来游玩的游客。

 小知识　　　美丽乡村建设十大模式

(五) 生态旅游

自20世纪80年代生态旅游概念提出以来,其内涵在全球范围内得到了广泛探讨和不断深化。生态旅游概念由世界自然保护联盟提出,定义如下:由目的地前往相对未受干扰或受到保护的自然区域,以了解、欣赏和享受其生态系统及动植物群落,并通过这种方式支持当地的保护工作和增进当地居民福祉的一种旅游活动。该定义强调了生态旅游对环境的尊重,具有教育意义,以及对当地社区经济的支持。随后,世界旅游组织给出定义:生态旅游是负责任地旅行,是到自然资源丰富的地方学习、理解和欣赏环境及其文化背景,同时确保旅游收益能够用于保护环境并改善当地人民的生活质量。国际生态旅游学会将生态旅游定义为,具有保护自然环境和维护当地人民生活双重责任的旅游活动。上述定义均突出了生态旅游对环境保护和社区福祉的关注,倡导游客在享受自然美景和文化体验的同时,应当尊重并支持当地生态环境的持续保护和当地社区的长远发展。在国内,生态旅游的概念得到了广泛运用和深入发展。中华人民共和国文化和旅游部(原国家旅游局)提出,生态旅游是指以可持续发展为理念,以保护生态环境、传承历史文化、增进民族团结、提高生活质量为目标,依托良好的自然和人文资源,通过规划指导和管理调控开展的具有环境教育意义和生态体验价值的旅游活动。生态旅游学者孙根年认为,生态旅游是指依托于良好的自然生态环境,以生态保护为核心理念,通过深度参与和体验式的旅游活动,既满足游客亲近自然的需求,又为当地带来经济效益和社会效益,同时强调了环境教育功能和社区参与的重要性。足见生态旅游需要建立在生态环境保护的基础上,提倡可持续发展理念,兼顾经济、社会和环境三方面的平衡,注重游客的生态体验和环境教育功能,鼓励当地社区积极参与并从中受益。

从生态旅游和乡村旅游的概念及特点上看,很多学者认为乡村旅游就是生态旅游。他们认为乡村地区的自然环境、生态系统,以及其独特的人文景观构成了开展生态旅游的天然基础,乡村旅游活动通常倡导低干扰度的旅游行为,注重保护当地生态环境,鼓励社区居民积极参与并从中受益,为游客提供体验自然、了解生态知识的机会。然而,乡村旅游和生态旅游的内涵并不完全对等。生态旅游更强调对自然资源和生物多样性的保护,提倡可持续发展旅游理念,要求旅游活动必须有利于环境保护和社区福祉。乡村旅游强调依托乡村资源开展旅游活动,既包括了遵循生态原则的旅游产品,也包括以农业、民俗文化为主导的旅游产品,在环保意识、可持续发展等方面未达到生态旅游的严格标准。在现实发展中,我国部分乡村旅游项目由于环保意识薄弱,在经营过程中对周边环境造成破坏,无法满足生态旅游的要求。因此,乡村旅游是否可以归为生态旅游,需要根据其开发层次、开发方式、经营模式,以及其对生态环境的实际影响来综合判断。

(六)绿色旅游

绿色旅游和生态旅游虽然都强调对环境的保护,但二者在内涵、侧重点和具体实践中存在着一定的区别。绿色旅游更侧重旅游业发展本身的绿色化、低碳化过程,提倡在整个旅行过程中,从交通、住宿、餐饮、娱乐等各个环节实施环保措施,减少对环境的负面影响,如降低碳排放、节约能源、减少废弃物产生等。绿色旅游不仅关注目的地的生态保护,也重视旅游活动全链条的环境保护和节能减排,主张利用可再生资源,推广循环经济原则,在旅游业中实现废弃物减量、再利用和回收等措施,确保旅游资源得以永续利用,促进社区经济、环境和社会的和谐共生。

乡村旅游在实际开发和运营中需要遵循绿色发展理念,注重对自然环境的保护和合理利用,如建设生态型基础设施,推广节能节水技术和绿色建筑,鼓励废弃物分类处理和资源化利用,积极开展各种生态教育活动,注重对乡村旅游区的环境质量监测等,但这只能说乡村旅游是绿色旅游发展的一种形式。绿色旅游更广泛地强调所有旅游活动都应遵循环保原则,如滨海旅游、森林旅游、民俗文化旅游等,无论是城市周边的旅游还是远离城市的自然区域旅游,均应致力于旅游与环境保护的和谐共生。

三、乡村旅游本质特征

(一)乡村旅游的本质

乡村性(Rurality)是界定乡村旅游的关键,是乡村旅游的本质特征。雷蒙·威廉斯

(Raymond Williams)在《乡村与城市》中认为,与城市的未来意象相比,乡村一般是一种过去意象,乡土文化是乡村性的根本依托。

国内学者冯淑华和沙润概括出衡量乡村性的指标有以下五种。

1. 地域条件

乡村旅游是发生在非都市地区的旅游活动,这里地域辽阔,居住着永久性居民,人口密度小,居民点规模较小,土地利用类型以农业用地和林业用地为主,生产方式为传统的自产自销。

2. 社区参与

乡村旅游资源的特性决定了乡村旅游的社区参与性,因为乡村旅游是以乡村的田园景观、聚落、民俗文化和自然生态等为旅游吸引物。所以,社区居民的参与和为当地居民带来利益是乡村旅游可持续发展的重要内容。并且,这种参与是全过程的,包括信息共享、意愿表达、决策参与、管理参与和利益共享等。

3. 旅游资源特性

乡村旅游发展的内在动力主要来源于地方性,乡村地方特色和文化价值是乡村旅游发展不可缺少的土壤。乡村旅游区的田园风光旅游资源依托乡村真实的农业生产以及与之相适应的自然生态系统,如错落有致的梯田、硕果累累的果园等,这些田园风光与季节更迭紧密联系,形成了乡村旅游区独有的物候景观,展现了大自然的生命力和农耕文化的连续性。乡村旅游区保留了乡村传统的生活方式、村民日常的农事活动、历史传承的手工艺品制作,以及竹篱茅舍等乡村独特的建筑风貌,游客可以亲身体验农耕生活,与自然亲密接触,沉浸式感受乡村旅游区独有的文化魅力。

乡村地区淳朴、真实的氛围是吸引游客的另一道"风景",对都市居民来说,乡村旅游与其说是在"乡村空间"旅行,不如说是在"乡村生活文化"中的旅游,他们在欣赏田园风光的同时,还能体验到当地居民的友好、热情、淳朴与真实,是一种"乡村情境中的消费"。

因此,乡村地区那些独具特色的聚落建筑、传统生活形态、风俗民情、农耕文化,以及淳朴、真实的氛围成为乡村旅游开发的主要资源,是乡村性的物质和文化形态的具体表现。

4. 旅游产业本地化

乡村旅游要保持乡村性,关键是要做到旅游产业本地化,即旅游资源为当地人所有,旅游经营本地化,更多地使用本地劳动力、本地原材料,鼓励地方旅游商品生产和销售,建立本地产品供应链,使旅游收益最大限度地留在本地,满足当地社区发展的需要。

5. 可持续发展

乡村性的保持是乡村地区旅游可持续发展的重要保障,原生文化的保护与生态环境的保护是较为关键的因素。其中,原生文化的保护不仅包括古老遗存文化的保护和拯救,还包括本地居民现实生活中传统文化的传承。因此,在人口结构中本地居民的占有量是一个重要的指标。

为了更好地衡量乡村性,西方学者克洛克和爱德华提出了乡村性指数(Rurality Index)的概念。他们认为乡村作为一种特殊的居住地,乡村社区、乡村生活方式、乡村文化的生活画面等都是乡村性的表征,按照乡村性的强弱可划分为极度乡村(Extreme Rural)、中等程度乡村（Intermediate Rural）、中等程度非乡村（Intermediate Non-rural）、极度非乡村（Extreme Non-rural）和城市（Urban）五个类型。

（二）乡村旅游的特征

基于乡村性的界定，可以得出乡村旅游具有以下特征。

1. 独特的活动对象

我国幅员辽阔，乡村地域形态丰富多样，受工业化进程影响相对较小的地区保留了大量原生态的自然景观和人文风情。乡村旅游活动凭借其独特的特点，吸引了众多向往自然、渴望体验传统乡土文化的游客。这些独特的旅游资源包括古老的村落建筑、原始的传统手工艺和劳作方式、淳朴真实的民风民俗，以及原汁原味的土特产品。"古、始、真、土"这四个字精准地概括了乡村旅游的独特魅力。古——代表历史悠久的传统乡村文化与遗产；始——象征着原始的、未被过度开发的自然资源和劳动生产模式；真——体现的是未经雕琢、真实生动的农村生活景象；土——指当地特有的、与土地紧密相连的农产品和特色商品。这种在特定地域形成的天然优势，为现代都市人提供了一个回归自然、感受传统生活方式的机会，不仅有利于缓解城市生活的压力，也有助于促进城乡交流、传承和保护乡村文化遗产，并对推动地方经济多元化发展、实现乡村振兴具有重要意义。

2. 分散的时空结构

中国乡村历经千年的历史沉淀，受到丰富多样的地形地貌、天象气候等地理环境差异的影响，多数乡村逐渐形成了自己独特的自然风貌和人文景观。所谓"百里不同风，千里不同俗"，从平原沃野到崇山峻岭，从江河湖海到草原沙漠，乡村的农耕劳作方式各异，农家生活方式和传统习俗丰富多彩，构成乡村旅游的核心吸引力。此外，季节变化和气候差异对乡村旅游的影响也非常显著，如春季的赏花游、夏季的田园体验、秋季的丰收节庆、冬季的民俗活动，不同的季节赋予乡村旅游不同的主题和内涵，为游客提供了丰富的选择空间。乡村旅游的时间可变性和地域分散性十分突出，使游客可以根据自己的兴趣爱好和时间安排，选择在不同时间段探索不同的乡村目的地，体验不同地域的文化和生活。这种时间和空间上的灵活性满足了游客的休闲娱乐、生态观光、民俗文化体验、亲子互动、户外运动等多种旅游需求，同时也促进了乡村旅游市场的多元化发展。

3. 参与的主体行为

随着乡村旅游的不断发展，乡村旅游已然不再是拘泥于乡村自然风光、古村落建筑等静态景观的观光游览活动，而是逐渐拓展为包括农事体验、科考研学、康体疗养、户外露营、寻根访祖、民俗体验等一系列旅游活动在内的多功能、复合型的旅游活动。乡村旅游不仅指单一的观光游览项目和活动，还包括观光、娱乐、康疗、民俗、科考、访祖等在内的多功能、复合型旅游活动。复合型乡村旅游活动会在主体行为上带给游客很大程度的参与选择性，这种参与性和选择性的增强，使乡村旅游更有吸引力，有利于提高游客满意度和重游率，从而推动乡村旅游产业的持续、健康发展。

4. 高品位的文化层次

乡村文化作为民间文化的重要组成部分，根植于我国广大农村地区的历史长河中，拥有深厚的历史积淀和丰富多元的内涵。乡村拥有绚丽多彩且底蕴丰厚的民俗风情、传统艺术、建筑特色,以及口耳相传的故事传说等,都使乡村旅游在文化层面上呈现出高品位的特点。例如,各具特色的民俗节庆活动,如庙会、灯会、农耕仪式等,生动展现了各地独特的地域文化和生活习俗;工艺美术品如剪纸、泥塑、刺绣等,承载了丰富的民间智慧与审美情趣;形态各异的民间建筑,则是历史变迁和民族交融的见证,蕴含浓厚的人文气息;流传在田间地头的民间文艺表演、婚丧嫁娶的礼仪禁忌,以及那些饶有趣味的民间故事和神话传说等,无不体现着乡村文化的淳朴性和神秘性。这种具有浓厚区域本位主义色彩和家乡观念特色的非规范性民间文化,对城市游客而言,既充满新鲜感,又富有深厚的乡土情怀,能够满足他们回归自然、寻找文化根源的精神需求,从而大大增强了乡村旅游的吸引力和市场竞争力。

5. 可持续的旅游发展

乡村旅游是现代旅游业的重要分支,它巧妙地将乡村自然景观、深厚的文化底蕴和现代化的旅游服务设施融合在一起。在乡村旅游的发展过程中,不仅强调对乡村生态环境和自然资源的保护,还提倡旅游与农业生产活动相结合,如体验式农业、生态农业等,实现"农旅一体化",让游客在享受田园风光的同时了解和参与农业生产。此外,乡村旅游也注重与城市旅游的相辅相成,通过城乡互动、资源共享,既满足了城市居民亲近自然、回归乡土的需求,又为乡村地区带来了新的发展机遇。在此基础上,发展可持续的乡村旅游方式尤为重要,这意味着在规划和实施各类旅游项目时必须遵循环保原则,尊重当地文化传统,保障社区居民的利益,并采用科学合理的管理手段,确保旅游资源得以长期有效利用,形成经济、社会、环境三方面效益的和谐统一。

四、乡村旅游发展意义

发展乡村旅游是实现乡村振兴,解决"三农"问题的重要突破口,是促进农业产业结构调整、充分利用农村剩余劳动力资源、维护农村社会经济可持续发展的重要途径,近年来乡村旅游发展越来越受到重视。

(一)发展乡村旅游有助于推动农村产业结构的优化和调整

伴随着休闲农业、绿色农业、现代化农业的兴起,乡村旅游促进了传统农业产业链的延伸,促进了现代化农业体系建设,推动了农村产业结构的优化和调整。农村传统产业主要包括种植业和养殖业等第一产业,这些产业在传统的产业发展模式下劳动方式单一且劳动强度较大。乡村旅游的发展促进了以农产品加工、土特产品销售、农家乐、乡村民宿等为代表的第二、第三产业的发展,形成了一条以乡村旅游为中心的完整产业链,农民不仅可以从事农业种植、加工制作等活动,也可以通过提供住宿、餐饮、导游服务或手工工艺品制作、销售等多种服务参与到旅游业中。同时,在产业融合背景下,乡村旅游推动了农村第一、第二、第三产业的融合发展,将农业与康养、教育、体验等功能相结合,赋予农业和相关产业更多的产业价值,优化农村产业结构,提升乡村经济效益。

(二)发展乡村旅游有助于转变农民增收方式、改善农民生活方式

与创建大型景区相比,经营乡村旅游项目,如开设农家乐、民宿,以及开展旅游活动或销售土特产品等,需要的投资成本较小,可以根据市场需求和自身条件逐步升级和完善设施。同时,乡村旅游项目经营具有较高的灵活性,乡村旅游经营主体可以根据游客流量灵活调整

运营模式,在旅游旺季提供旅游服务获取收益,在淡季则回归自用,充分利用资源,避免闲置浪费。基于上述优势,乡村旅游可以为农民开辟多元化的创业渠道,如农民可以将自家住宅、果园、鱼塘等资源转化为旅游产品,通过提供住宿和餐饮服务、采摘体验、垂钓活动等,实现传统农业资源的高附加值转化。另外,乡村旅游产业的发展可为本地居民提供多元化、本地化的就业机会。本地居民可通过参与乡村旅游相关的服务获取稳定的收入,如讲述民间故事、传授农耕技巧、打理果园菜地、参加民歌演唱、负责农田管理等。总体来说,乡村旅游可以激活乡村内部经济发展动力,促进城乡均衡发展,并实现乡村振兴的战略目标。

(三)发展乡村旅游有助于解决土地荒芜、农村劳动力外流等现实问题

城镇化进程加快、经济快速发展、农业经济效益较低等原因,导致大量农村青壮年劳动力选择外出务工,农村劳动力不足,耕地无人耕种,大量土地荒芜。在乡村旅游发展背景下,农民通过种植景观稻田、有机蔬菜、彩色水稻等方式满足游客新奇体验需求的同时,也可丰富农业生产种类,扩大农产品种植面积;农民通过组织游客播种、收割、采摘等农事活动让游客亲身体验农耕文化,增加游客与乡村生活的情感联系;农民通过深加工农产品、种植绿色有机农作物、销售当地土特产品,提高农产品附加值,实现农业与旅游业的互动发展和共赢。同时,乡村旅游产业的发展在一定程度上缓解了农村劳动力外流的问题,避免由于青壮年外出打工带来的空巢老人、留守儿童等家庭问题,有助于稳定乡村人口结构,推动乡村地区和谐发展。

(四)发展乡村旅游有助于加强农村现代化建设和提高农村的文明程度

为迎合乡村旅游发展,政府需要加大对乡村交通、水电、住宿、卫生等基础设施建设的投资。另外,具备一定规模的乡村旅游经营者为了更好地吸引旅客,还要不断对已有的基础设施进行完善,以推动农村硬件设施建设的现代化。乡村旅游有助于挖掘和保护乡村传统文化资源,通过展示和体验地方民俗、非遗技艺等活动促进文化资源的传承与传播,在丰富旅游产品内涵的同时,提高当地居民的文化自信和文化素养。乡村旅游发展鼓励村民积极参与,提升村民的管理技能、经营技能和服务技能,强化社区凝聚力,提高农村的整体文明水平。

第二节　乡村旅游发展类型

根据资源利用角度、旅游活动类型、开发合作模式等,乡村旅游可以划分为若干类型。

一、根据资源利用角度划分

由于不同乡村旅游地的资源存在差异,它们在资源的开发利用方式上也存在明显区别。从这个角度出发可以将乡村旅游模式归纳为以下七种。

(一)民俗风情型发展模式

民俗风情型发展模式是指乡村地区充分利用其丰富且独特的民俗文化旅游资源,将地方民间的生活方式、传统习俗、艺术表现、手工艺制作、岁时活动等转化为旅游产品的发展模

式。杨家埠中国民间艺术遗产村庄展示如图2-1所示。

图2-1 杨家埠中国民间艺术遗产村庄展示

（图片来源，海报新闻，https://baijiahao.baidu.com/s?id=1727317633029294603&wfr=spider&for=pc）

民俗风情旅游涵盖了丰富的地域特色内容，如岁时庆典、传统节日、民间医药、交际礼节、服饰文化、饮食习惯、农耕技艺、民间工艺、宗教信仰等。整合并提炼这些独特且生动的民俗文化，将其发展为乡村特色旅游项目，打造具有较高文化品位且游客参与度高的旅游体验活动，将能有效满足游客对于了解和深度体验地方传统文化的渴望。在打造这些乡村旅游体验项目时，应避免过度舞台化的呈现方式，尽可能原汁原味地展现乡村风貌，真实地展现乡村不同历史阶段的人文生态系统。

（二）农场庄园型发展模式

农场庄园型发展模式，主要分为两种类型。一种是以农业资源为依托，开发形成教育农园、市民农园、租赁农园等多种形态，并凭此开展旅游活动。这种模式承载了农旅结合的农事参与、自然教育等功能。另一种是产业庄园，集生产、研发、销售、交流、教育和旅游于一体的现代化农庄，比较成熟的产业庄园有葡萄酒庄园、香料庄园、草莓庄园和西瓜庄园等。这种产业庄园既是旅游目的地，又是现代农业产业化生产基地。

以农场庄园为依托的乡村旅游，适用于具有特色农业生产活动的地区，并且要求当地的经济发展达到一定的高度。因为农场庄园强调生产性、科学性、知识性、艺术性和商业性的融合，寓农业生产于休闲旅游之中，提供田园之乐，比较受都市旅游者的喜爱。

（三）景区依托型发展模式

景区依托型发展模式主要依赖于已有的知名风景区或自然风光优美的地区。这种模式的特点有以下四方面。

一是地理位置优越。此类乡村旅游项目通常邻近国家级、省级各类风景名胜区，与景区有便捷的交通连接，方便游客在游览主景区后进一步延伸行程。

二是资源互补性强。此类乡村旅游项目可与景区内丰富的自然资源和乡村地区的农业资源进行有效结合，如通过发展生态农业、田园观光、农家乐、民宿体验等形式，与景区的旅游资源形成产品体系互补，以满足不同层次游客的需求。

三是市场定位明确。此类乡村旅游项目的目标市场主要锁定为已经来到知名景区的游客群体，通过为游客提供差异化的产品和服务，吸引他们深入到周边乡村，体验原汁原味的乡村生活,感受不同于景区的人文风情和田园风光。

四是保持原生状态。在开发该类乡村旅游项目的过程中,应尽可能保留乡村的原始风貌和传统特色,避免过度商业化,以淳朴的乡土气息和独特的民俗文化为卖点,打造真实而有吸引力的乡村旅游环境。

另外,一些原本就在风景区内的村庄,也要充分利用其得天独厚的地理优势,将自身打造成具有独特吸引力的乡村旅游目的地,使游客在欣赏壮丽自然景观的同时,也能深入了解当地的乡村文化和生活方式。

（四）度假休闲型发展模式

度假休闲型发展模式,主要适用于靠近城市的乡村地区。这种模式充分利用了城市周边乡村得天独厚的地理优势,如便捷的交通和独特的乡村生态,包括田园风光、自然景点,以及农民生活生产的真实场景。农民家庭以其自家庭院为接待载体,提供具有乡土气息的旅游服务,以较低的成本吸引城市居民前来体验不同于都市生活的乡村乐趣。北京紫藤花开湖边小屋,如图2-2所示。

图 2-2 北京紫藤花开湖边小屋

（图片来源:北京旅游网站,https://s.visitbeijing.com.cn/index.php/hotel/91）

该发展模式投资成本相对较小,经营灵活且见效较快,是农村利用现有资源发展旅游业的有效途径。然而,在推广和发展此类乡村旅游项目时,其适用范围虽广泛,尤其适合布局在大中城市周边拥有较大短途休假市场需求的乡村区域。值得注意的是,为了保持持久的竞争力与吸引力,各乡村在开发度假休闲产品时必须注重培育自身特色,避免产品同质化,确保游客能够体验到独一无二的乡村旅游魅力。

（五）特色产业带动型发展模式

特色产业带动型发展模式,主要是指乡村地区依托独特、优质的特色农产品或手工工艺品,以及相关的传统产业优势,打造集生产、加工、展示、体验、销售于一体的乡村旅游产品体系。这种模式要求当地拥有悠久的历史传统和适宜的自然条件,能够产出市场需求旺盛且具有竞争优势的产品。在具体的乡村旅游发展实践中,此模式往往会围绕一种或一系列特色产业进行深度开发,如从原材料种植、初级加工、精深加工、产品包装、品牌推广、销售服务等环节进行产业链整合,形成完整的产业链。同时,围绕特色产业,挖掘特色产业背后的历史故事、民俗风情,建设具有观光、体验、研学等功能的配套旅游项目和旅游设施,举办各类文化节庆活动、为游客提供丰富多彩的休闲娱乐活动,成功实现乡村旅游与特色产业发展的深度融合和相互促进。

（六）现代农村展示型发展模式

现代农村展示型发展模式，主要适用于已经步入小康阶段，且在经济、交通、知名度等方面具备显著优势的社会主义现代化新农村。这类乡村旅游目的地以其新农村建设成就为亮点，体现在住宅现代化、街巷规划有序、道路设施完善、生态环境优美，以及产业配套设施全面升级等多个方面，堪称乡村城市化和城乡一体化的成功典范。在这种模式下，可开发诸如乡镇工业观光游、农业体验游、红色文化旅游、党员教育实践游，以及社会主义新农村主题游等多种特色旅游产品线路。然而，在推进乡村旅游发展的同时，必须注重旅游业与当地其他产业的协调发展，避免出现资源冲突或失衡现象。尤其重要的是，要鼓励并引导当地农民积极参与到旅游活动中来，实现从传统农耕向现代服务业转型，从而带动农民收入增长和整个乡村社区的持续繁荣。

（七）旅游小城镇型发展模式

旅游小城镇型发展模式是一种将旅游业与农村乡镇建设紧密结合的发展战略，其核心是通过精心规划和建设，将那些拥有丰富旅游资源的乡镇改造成极具吸引力的旅游小城镇。这类小城镇通常具备鲜明的地方特色和深厚的历史文化底蕴，规模适中，交通便利，便于游客集散，并且在居住条件、基础设施等方面已具有一定的水平。此外，它们还坐拥独特的自然景观或人文资源，展现出巨大的发展潜力。

以浙江莫干山特色小镇为例（见图 2-3），它就是旅游小城镇型发展模式的成功实践之一。其凭借优越的自然资源、丰富的历史文化积淀以及适宜的居住环境，成功地将自身打造成了一处极具魅力的旅游目的地，吸引了大量国内外游客前来度假休闲，同时也促进了当地经济的多元化发展和社会进步。

图 2-3 浙江莫干山特色小镇

（图片来源：搜狐网，https://travel.sohu.com/a/629077787_121607542）

二、根据旅游活动类型划分

由于不同乡村旅游区开发的旅游活动存在差异，乡村旅游区可被归纳为以下六种。

（一）生态观光型乡村旅游

生态观光型乡村旅游是以自然生态环境和田园风光为核心吸引物，注重保护和利用乡村地区特有的自然资源、农业景观和生物多样性，打造具有观赏价值和教育意义的旅游产品。观光型乡村旅游产品要想具有持续长久的生命力,就需要不断挖掘和强化当地的乡村特色,维护其优美的生态环境,确保其原生性和可持续性,并在此基础上开发参与性强体验感丰富的旅游项目,如科普教育、摄影采风等,真正形成具有持续竞争力的特色旅游产品,图2-4 所示为江西景德镇彩色水稻大地景观。

图 2-4　江西景德镇彩色水稻大地景观

(图片来源:搜狐网,https://www.sohu.com/a/240725954_737923)

生态观光型乡村旅游的主要类型包括:农园观光游、牧场观光游、渔村观光游、鸟园观光游、乡村公园游、田园观光游和绿色生态游等。

（二）乡村体验型乡村旅游

乡村体验型乡村旅游聚焦于在原汁原味的乡村环境中,游客可以亲身参与乡村生活和农业生产实践,通过与当地居民一起参与农事劳作、娱乐游戏,以及日常生活互动等,获取乡村文化和农业生产的基础知识,感受乡村生活的节奏,体验传统农业的魅力,实现放松心情、陶冶情操、修养身心的目的。

乡村体验型乡村旅游的主要类型包括:特色餐饮体验、农事活动体验、手工业体验、民俗文化体验、亲子娱乐体验、乡间文艺体验等。

（三）休闲度假型乡村旅游

休闲度假型乡村旅游主要是一种注重游客长期停留、深度体验和放松身心的旅游方式,它依托自然优美的乡野风景、舒适宜人的清新气候、独特的地热温泉、环保生态的绿色空间,结合周围的田园景观和民俗文化,兴建一些休闲、娱乐设施,为游客提供休憩、度假、娱乐、餐饮、健身等服务。

休闲度假型乡村旅游的主要类型包括:生态度假村、田园度假农庄、养生养老基地、房车露营基地、慢生活民宿集群等。

（四）时尚运动型乡村旅游

时尚运动型乡村旅游产品是近年来随着旅游市场需求多元化发展而新兴的一种旅游业态,它将乡村的自然环境、田园风光与现代流行的户外运动、健康生活方式紧密结合,为游客提供一种既亲近大自然又充满活力和挑战的新型乡村旅游体验。这种旅游产品的主要销售对象是白领、自由职业者等年轻的创新型人群。

时尚运动型乡村旅游的主要类型包括:溯溪、漂流、定向越野、骑行、太极养生、丛林穿越、体育赛事、极限运动等。

(五)健康疗养型乡村旅游

健康疗养型乡村旅游产品的确越来越受到现代旅游者的青睐,尤其在关注身心健康、追求生活质量的消费者中拥有广阔的市场。这类产品不仅融合了乡村自然环境的优势,还结合了现代医疗保健理念和传统养生文化,为游客提供一种集休闲、娱乐与康复于一体的旅行体验。

健康疗养型乡村旅游的主要类型包括:温泉旅游、中医康养、户外健身、生态农业、养老度假社区、静心休养基地等。

(六)科普教育型乡村旅游

科普教育型乡村旅游是一种旨在传播农业科学知识、弘扬农耕文化、提升公众对农业认知的旅游形式。它充分利用农业观光园、农业科技生态园、农业产品展览馆、农业博览园或博物馆等设施,为游客搭建一个集观赏、学习、实践和体验于一体的平台。在这些场所中,游客可以亲身体验现代农业科技的魅力,了解农业发展的历史沿革,掌握较新的农业科技成果,同时通过参观农作物种植、动物养殖及农产品加工过程,增长农业知识。

科普教育型乡村旅游的主要类型包括:农业科技教育基地、观光休闲教育农业园、少儿教育农业基地、农业博览园等。

三、根据开发合作模式划分

开发合作模式是乡村旅游市场运作的一个重要组成部分,从这个角度对乡村旅游开发模式进行划分具有现实意义。

(一)政府主导、企业运营的模式

政府主导、企业运营模式在乡村旅游开发过程中是一种常见且有效的合作方式。在此模式中,政府和企业可以在乡村旅游项目的规划、建设、管理和运营等不同阶段发挥各自的优势,形成合力,共同推动乡村旅游业的发展。

政府的角色和职能包括:制定乡村旅游发展规划,明确区域旅游发展方向和定位;投入资金进行交通、水电、环境、卫生等基础设施建设;出台税收优惠、金融支持等一系列扶持政策;建立完善的市场监管机制;协助挖掘与保护乡村文化资源;向企业和村民提供相关的培训和技术指导。

企业的角色和职能包括:根据政府规划和市场需求,进行乡村旅游景点、民宿、餐饮、娱乐设施等项目的建设和改造升级;对乡村旅游产品进行设计、包装、推广和服务;引入新的商业模式和经营管理模式,推动乡村旅游业态创新;通过与社区合作,带动农民就业增收等。

(二)农户参与、合作社经营的模式

农户参与、合作社经营的乡村旅游发展模式,是一种将农户个体力量组织起来,通过合作社这一经济合作组织形式进行的统一规划、管理和运营乡村旅游资源的方式。这种模式旨在克服单个农户在市场、资金、技术等方面的局限性,实现资源共享、风险共担和利益共享。

合作社的角色和职能包括:合作社根据区域特点和市场需求,明确乡村旅游发展方向;统一采购农业生产资料,集中推广和销售农产品和旅游服务;对农户进行职业技能和经营管

理的培训,引入现代农业技术和旅游管理经验;按照合作社章程和相关法律法规规定,定期进行财务结算,将收益按股金比例或协议约定比例分配给农户;改善社区环境、维护公共设施、协调农户之间的关系;确保乡村旅游和服务的规范化、特色化和差异化。

农户的角色和参与方式包括:以拥有的土地、房产、林地、农业设施等生产资料入股;成为合作社成员后,提供劳动力,参与乡村旅游项目的开发和日常运营;利用自身的乡土知识和传统技艺,展示和传承乡村文化,丰富乡村旅游的内容和内涵。

(三)"公司＋农户(基地)"模式

"公司＋农户(基地)"模式旨在通过建立公司与农户之间的紧密合作关系,将公司的资本、市场和管理优势与农户的土地、劳动力和本土资源相结合,实现双方共赢。"公司＋农户"(基地)模式鼓励农户深度参与到乡村旅游产业的发展中来,不仅能提高农户素质,还能带动整个乡村社区的经济发展,助力乡村振兴战略实施。同时,该模式在乡村旅游发展中实现了资源优化配置、风险分散、利益捆绑,既有利于发挥企业的规模化、专业化优势,又能充分调动农户积极性,保留和发扬乡村特色,推动乡村旅游产业健康、持续发展。

公司的角色和职能包括:公司作为投资方和运营主体,负责旅游项目的整体规划、设计和品牌建设;公司向农户提供必要的技术培训、质量管理指导及营销策略支持,帮助农户提高服务水平和产品质量,确保其符合旅游业标准和市场需求;公司统一提供鸡苗、饲料、种子等生产资料,并对产前、产中、产后进行全程技术服务指导,确保产出的产品符合公司设定的标准;公司也会关注环境保护和文化传承,确保乡村旅游项目在推进过程中兼顾社会效益和生态效益。

农户的角色和职能包括:农户提供土地使用权、闲置农房等农村资源,并参与旅游产品的生产和供应,如提供住宿服务(民宿)、特色餐饮、农产品加工体验等;农户按照公司要求进行生产活动,公司承诺以合同价格收购农户提供的产品或服务,从而降低农户的市场风险;农户通过收取租金、分红或劳动报酬等方式获得收益,共享乡村旅游发展带来的经济效益。

(四) PPP(Public Private Partnership)模式

PPP模式,即公私合作模式,是政府与私营企业之间长期合作的一种模式,旨在共同提供公共产品和服务。在乡村旅游领域,PPP模式主要是指政府和私营部门通过共享资源、风险和收益的方式,共同投资、建设和运营乡村旅游项目。通过PPP模式,政府能够借助私营企业的专业技能和资本优势,提高乡村旅游产品的品质和服务水平;而私营企业获得了稳定的政策支持和投资环境,降低了单方面承担风险的可能性,实现了公私双方的优势互补和共赢发展。

具体实施方式:在规划与设计阶段,政府负责对区域内的旅游资源进行整体规划,并制定相应的政策框架,私营部门(如旅游开发公司、酒店集团等)依据政府规划参与项目的具体设计、策划和可行性研究;在投资与建设阶段,政府可提供土地使用权、部分初期建设资金或者补贴,也可承担一部分基础设施建设任务,私营部门主要负责筹集剩余资金,进行项目主体设施建设,包括但不限于旅游景点开发、酒店民宿建设、休闲娱乐设施打造等;在运营与管理阶段,在项目建成之后,私营企业通常会获得一定期限内的特许经营权,负责日常运营管理以及市场推广活动,政府负责监督服务质量、环保要求和社会效益的实现,以及根据约定

标准评估私营企业的表现;在收益方面,双方按照合同约定比例分享项目产生的收入,如门票收入、住宿餐饮收入等;在风险分担方面,政府和私营企业共同承担项目的风险,如市场需求变化、投资回报不确定性、维护成本增加等。在PPP协议期满后,项目资产可能会按约定条件转移给政府或继续由私营企业运营,这取决于初始合同的具体条款。

（五）股份合作制模式

股份合作制模式在乡村旅游发展中是一种重要的组织形式,它结合了股份制和合作制的特点,旨在通过劳动与资本的双重联合,实现资源的有效整合与合理分配,推动乡村旅游产业的持续健康发展。例如,在某个乡村旅游景区开发中,当地村民可以将土地、房屋、资金等资源折算为股份,与外来投资商一起组建股份合作制企业,共同负责景区的规划、建设及运营。在此种模式下,村民们不仅可以通过提供劳动服务获取工资收入,还能依据所持股份从景区的门票销售、住宿餐饮、特色产品销售等综合收益中获得分红,从而实现个人增收和乡村整体经济的发展。

在股份合作制模式下,乡村旅游项目的资产由集体、农户以及外部投资者等多方共同拥有,通过购买或认缴股份的方式形成股权结构,每个股东都根据其持股比例享有权益。农民不仅是劳动者,还作为出资人持有股份,既参与企业的日常生产劳动,又分享企业的经营成果。这种模式鼓励农民积极参与旅游项目开发和管理,增强其主人翁意识和责任感。股份合作制企业遵循民主原则,重大事项须经过股东大会讨论决定,确保所有股东(包括农户)都能参与到企业的决策过程中,体现了公平、公开、公正的企业治理理念。除了按传统劳动贡献进行分配,企业还会按照各股东持有股份的比例进行利润分配,即实行"按资分配",以激励更多资金投入和劳动力的积极性。所有股东共同承担企业的运营风险,当企业盈利时共享收益,亏损时共同承担损失,这有助于分散风险,促进企业稳健发展。

（六）共建共享模式

共建共享模式在乡村旅游发展中是一种强调多方参与、资源共享和利益协调的开发机制,社区居民、返乡创业青年、外来投资者等多方力量共同参与乡村旅游的规划、建设与维护。此模式强调社区参与决策和资源共享,实现经济、社会和环境效益的共赢。

在共建共享模式中,多方主体共同参与规划,社区居民作为乡村的主体,了解当地的风俗习惯、自然资源和文化特色,他们的意见在旅游项目规划阶段至关重要;返乡创业青年往往具备一定的市场洞察力和创新理念,他们可以提出符合市场需求且具有本地特色的旅游产品和服务设计;外来投资者能带来资金支持和先进的管理经验,共同参与制定科学合理的乡村旅游发展规划;政府负责制定规划,提供政策支持和监管服务。在实施阶段,各方根据自身优势贡献资源。政府投入基础设施建设;社区居民提供土地、劳动力以及传统技艺等资源,参与到旅游基础设施建设和环境整治中;返乡创业青年可创立并运营农家乐、民宿、手工艺品工坊等旅游业态;外来投资者负责部分关键项目的投资和施工,并引入专业团队进行运营管理。在维护阶段,各方要共同承担起对旅游资源和生态环境的保护责任,通过规范游客行为、定期开展环境修复等活动,确保乡村旅游目的地的可持续发展。为保障社区利益最大化,共建共享模式鼓励设立社区旅游协调组织或村民代表大会,让社区居民能够直接参与乡村旅游发展的重大决策,确保旅游项目既能带动地方经济发展,又能满足社区居民的生活需求,促进社区的和谐稳定。

第三节 乡村旅游发展理念

一、全域旅游理念

(一)发展背景

随着时代的发展,人们对旅游的认识逐渐深入,全社会掀起全域旅游的热潮。全域旅游是顺应全民游、个人游和自驾游的必然选择,对推动区域经济发展、农村扶贫开发、缩小城乡差距有积极作用。因此,旅游学界甚为关注。2015年8月,在黄山召开的全国旅游工作研讨班会议提出了全面推动全域旅游发展的战略部署。2016年1月,在海口召开的全国旅游工作会议提出"全域旅游"发展理念,指出要转变旅游发展战略,创新旅游发展模式,实现我国旅游业从景点旅游向全域旅游的转变。2016年2月,国家旅游局(现文化和旅游部)公布首批262家国家全域旅游示范区创建名单,全域旅游理念发展为全国性实践。

全域旅游是以旅游业带动和促进经济社会协调发展的区域发展理念和模式,是指各行业积极融入其中,各部门齐抓共管,全城居民共同参与,充分利用目的地全部的吸引物要素,为前来旅游的游客提供全过程、全时空的体验产品,从而满足游客的全方位体验需求。在这一概念的指导下,全域旅游目的地发展将突破传统景区景点的边界限制,将整个区域内的城市、乡村、自然景观、历史遗迹、文化资源等都视为旅游资源,整合开发形成吸引旅游者的重要旅游节点,一体化包装、推广、塑造整体旅游形象,构建统一高效的旅游公共服务体系满足游客多元需求,多样化丰富旅游业态实现旅游产业与其他产业的有效联动,最终形成一个综合型、高品质的旅游区域空间。

(二)全域乡村旅游产品体系构建

全域旅游理念在乡村旅游转型升级中发挥了重要作用,它使乡村旅游从以往单一乡村旅游点的独立发展模式升级为将整个农村地区作为旅游目的地进行整体规划和整合营销的区域一体化发展模式。区域内不同的旅游景点、农业资源、文化景观、生态环境等都紧密联系起来,形成相互关联、互补共享的旅游产品体系。乡村旅游强调打破传统的时间和空间限制,打造全天候、全季节、全过程的旅游体验,让游客深入乡村生活,感受乡村四季变化和农事节律。全域旅游倡导跨部门协作和全社会参与,分散在不同领域的农业、文化、生态、教育等各种资源的有效整合,包括农民在内的各利益相关者共同参与乡村旅游的规划、建设和管理,充分带动区域经济社会发展,推动乡村振兴战略实施。在产业发展方面,全域乡村旅游主张通过"旅游+"模式,实现旅游业与农业、手工业、文化业、养生养老业等多种业态深度融合,构建起一二三产业联动发展的格局,有效推动乡村产业结构转型升级,提高乡村经济效益。总之,全域旅游倡导的全新的资源观、时空观、产业观,不仅可以促进乡村旅游的顺畅发展,也可以使乡村的产业结构得到全面调整,使乡村的环境得到改善,还能够全方位满足游客的各种需求。以全域旅游理念整合乡村旅游发展,是一种非常可行的方式,主要包括"六化",即全域化、全景化、全业化、全时化、全位化、全民化。乡村旅游产品体系构建理念如图2-5所示。

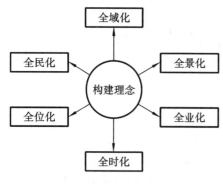

图 2-5　乡村旅游产品体系构建理念

1. 全域化

全域旅游的核心是将整个区域视为一个统一的、全方位的旅游目的地，统筹管理各类社会资源，形成区域内资源的高度整合与协同效应。在这一理念的指导下，乡村旅游产品体系的构建也需要强调全域化布局，即充分调动乡村社会经济资源潜力，既要注重对乡村自然景观、人文历史、民俗风情等特色资源的有效利用和开发，也要同步推进乡村生态环境治理、基础设施升级、服务体系完善以及社区参与机制创新等，实现乡村全域经济社会协调发展。

2. 全景化

乡村旅游全景化打造是指打破传统景区边界，将整个乡村区域作为一个完整、连续且丰富的旅游体验空间进行全面设计与整体布局。如充分利用乡村的自然景观、人文资源、农业资源、乡村生活场景等，对旅游资源进行全方位、立体化开发，创新设计各种类型的旅游产品，让游客能够深度参与和沉浸式体验乡村生活的各个维度；将村庄、田园、道路、公共服务设施等都纳入乡村旅游规划中，形成一个无缝对接、有机融合的全景式旅游空间，为游客提供全过程、高品质的旅游服务保障。

3. 全业化

全域旅游的核心是以旅游业为引领，充分挖掘和整合区域内相关资源，延伸和拓宽旅游业产业链条，实现第一、第二与第三产业的紧密联动，激活乡村经济活力。如发展"旅游＋农业"，可以打造田园综合体，开发采摘体验、农事节庆等活动；"旅游＋林业"可建设森林公园、生态休闲度假区；"旅游＋工业"可通过工业遗产旅游、工艺体验等形式丰富旅游内涵；"旅游＋房地产"可催生出特色民宿、乡村别墅等住宿业态；"旅游＋商业"能引导当地土特产销售、手工工艺品制作等行业的发展。

4. 全时化

乡村旅游在构建其"全时化"旅游产品体系的过程中，应注重挖掘和利用不同时间段的旅游资源与特色，通过创新设计和规划，确保一年四季、昼夜交替以及淡旺季都能为游客提供丰富多样的旅游体验。以花海景区为例，根据季节变化种植不同种类的花卉，在不同的时间段创造出独特的观赏效果。白天，游客可以尽情赏花、摄影，享受大自然的美丽；夜晚，开发者可举办花海露营活动，结合星空观赏、音乐节、灯光秀等元素，打造别具一格的夜间旅游产品，实现全天候、全年无休的"全时化"旅游服务体系。这种模式不仅可以提升游客的停留时间和消费水平，还有利于优化乡村旅游产业结构，推动乡村旅游经济可持续发展。

5. 全位化

乡村旅游产品的打造应秉持全方位服务理念，以满足游客从基本的旅游需求到高层次的精神追求。从提供舒适别致的乡村民宿体验，让游客在原生态的环境中感受家一般的温馨与宁静；到挖掘和展示地方特色美食文化，用舌尖上的乡愁打动每一位游客；再到精心策划各类游赏活动，如田园漫步、民俗探访、自然探险等，使游客深度领略乡村魅力。乡村旅游产品体系力求覆盖乡村旅游服务的各个环节,充分满足不同层次游客的需求,形成集游览观光、休闲度假、文化体验、生活居住于一体的"全位化"旅游发展模式,从而有效促进乡村旅游产业的转型升级与持续、健康发展。

6. 全民化

全域旅游理念强调社区和乡村居民在旅游发展中的核心地位,倡导全民参与、共建共享的发展模式。在乡村旅游的开发与建设中,全域旅游鼓励并引导乡村居民积极参与旅游服务接待工作,提升旅游产品的原真性和体验性,同时通过提供民宿经营、手工工艺品制作、特色农产品销售等多元化就业机会,吸引在外务工人员回流,解决"空心村"问题,促进乡村人口稳定和经济发展。另外,政府相关部门通过制定和完善相关政策,鼓励和支持"乡村创客"以及具有专业管理经验的人才回归乡村并投身于乡村旅游产业,为乡村旅游注入新的活力、提供新的发展思路,提升整个行业的运营水平和服务质量。

(三)全域乡村旅游建设内容

1. 统筹规划,形成"多规合一"的乡村发展总体格局

将旅游发展规划与城乡建设规划、土地利用规划、生态环境保护规划等多个领域的规划相融合,确保各方面的规划目标和措施能够相互协调一致。例如,在规划乡村旅游业发展时,必须考虑土地使用效率、生态保护红线、历史文化保护等因素,确保在开发的同时尊重和保护原有的自然生态和文化遗产,形成一个既能促进经济发展又能维护环境和谐的统一、有序的发展格局。

2. 资源整合,构建丰富多元、立体多层次的旅游产品体系

将乡村作为一个完整的旅游目的地进行整体规划,不仅要考虑自然风光的观赏价值,还要整合自然风光、田园景观、民俗文化、农耕体验、特色农产品等多种资源,结合各地乡村实际,打造各具特色的景区、度假区、休闲农业区、特色旅游街区、旅游小镇,以及旅游示范县、市等多元化的旅游功能区,形成互补性产品体系,丰富游客体验。

3. 融合发展,优化乡村旅游产业发展结构

乡村旅游要围绕食、住、行、游、购、娱六大要素融合发展,拉长乡村旅游产业链。

(1)立足农业根本,发展乡村旅游。

乡村旅游区通过深度挖掘乡村旅游业的潜力激发传统农业的活力,并着力发展多元化的农业形态,如休闲农业、创意农业、科普农业等。这些新型农业形态不仅能够成为乡村经济的增长点和旅游亮点,还能突破传统农业发展的固有模式,为乡村带来新的发展机遇。同时,乡村旅游区应致力于本土特色农业的发展,使农业不仅仅停留在生产层面,通过构建真实且富有韵味的"乡村生活方式",使其成为承载和传播乡村精神家园的重要载体,保护和弘扬中华民族优秀的农耕文明与乡土文化。

(2)积极推动乡村旅游业与相关产业互动发展。

乡村旅游区应积极建立与农业、林业、水利等部门的有效沟通机制,强化与多个相关政府部门的协同合作和资源整合,充分利用各领域的政策支持和技术优势,优化乡村土地资源利用,提升农业生产景观化和生态化水平。另外,乡村旅游区还要加强与文化部门的联动,深入挖掘和传承地方特色文化,打造独具魅力的文化旅游产品。乡村旅游在发展过程中与

农业、林业、畜牧业、渔业等第一产业,加工制造、商品流通、信息服务等第二产业,以及餐饮、住宿、娱乐、文化、教育、康养、体育等第三产业深度结合和协同发展有利于打破单一产业发展的局限性,实现产业链条延伸、价值链提升和产业结构优化。

（3）优化旅游六大要素产业结构。

在优化乡村旅游六大核心要素（食、住、行、游、购、娱）的过程中,乡村旅游区致力于通过丰富多样的旅游体验项目和优美的生态环境设计,有效吸引并延长游客在乡村的停留时间。乡村旅游区尤其注重住宿业与农家乐餐饮业的高品质发展,为游客提供舒适而独特的住宿环境和地道美味的农家菜肴。同时,乡村旅游区着重提升娱乐环节在整个产业链中的地位,策划实施各种特色娱乐活动,如民俗表演、田园互动体验等,以增强游客的参与度和消费意愿。在此基础上,乡村旅游区大力推广绿色、无污染、纯天然的本地农副产品和土特产品,利用这些商品的独特性与品质优势,引导游客增加购物环节的消费。围绕旅游购物这一关键增长点,乡村旅游区还可精心设计并开发具有鲜明地方特色的旅游纪念品和手工工艺品,打造"乡村礼物"品牌形象,以推动乡村旅游零售业迈向连锁化经营和智慧化管理模式。通过标准化和品牌化的运作,乡村旅游区可进一步提升乡村旅游产品的市场竞争力,带动农产品深加工产业、手工工艺品制造以及相关商贸流通行业的协同发展,形成乡村旅游产业的深度融合发展格局。

（4）联动旅游新兴业态。

在乡村旅游活动中,乡村旅游区可以深度挖掘并巧妙融入丰富的乡村民间艺术表演形式,如舞狮、龙灯游行、吹打乐演奏、花鼓表演以及民歌对唱等传统民俗文化活动,并将这些元素系统化、规模化地组织起来,形成一系列引人入胜的观赏和体验项目,以增强游客的参与度和兴趣,有效延长游客在乡村旅游目的地的停留时间。在乡村振兴战略的推动下,乡村旅游区可将商务会展、健康养生、文化创意及体育运动等产业引入乡村,与旅游业形成多元联动效应,全面激活农村经济发展活力。企业将这些新型业态引入乡村,不仅拓宽了乡村旅游产业链条,还带动了农业产业升级和农民收入多元化增长。订单农业等方式可促进特色农产品种植、加工产业的转型升级,带动当地农产品深加工、手工技艺传承创新、商贸流通、物流运输等相关产业联动发展,从而全面延伸和强化乡村旅游产业链条,实现乡村振兴战略下的一二三产业深度融合。

4. 村景合一,优化乡村旅游区景观环境

乡村旅游区应充分考虑村落的自然环境、历史文化和建筑风貌,将整个乡村作为一个大景区进行一体化设计。具体包括以下四方面。

（1）乡村建筑景观化。

相关部门要高度重视对传统民居的保护和修复工作,将历史遗留下来的古朴民居与现代生活需求相结合,通过科学合理的改造升级,让这些房屋既能满足村民现代化的生活需求,又能保持乡村原有的地域特色和文化风貌。同时,鼓励建筑设计创新,使新建筑与周围环境和谐统一,形成富有地方特色的乡村建筑群落。

（2）乡村道路景观化。

在规划设计乡村道路交通时,乡村旅游区不仅要关注乡村道路的功能性,更要注重乡村道路的美学价值和生态效益。一方面,打造具有本土风情的道路设施,如保留或复原传统的乡间小道、石板路或者木质栈道等,使其成为游客体验乡村魅力的重要元素;另一方面,通过精心设计道路两侧的绿化带,种植各类花草树木,构建起层次丰富、四季有景的道路景观体系,为游客提供赏心悦目的游憩空间。

(3)乡村村民景观化。

乡村旅游区要充分认识到农村社区的人文价值,尊重并发扬农民淳朴友善、热情好客的传统美德。乡村旅游区还要倡导乡村旅游中的"人本"理念,让农民成为城市游客旅游体验的一部分,让城市游客有机会近距离接触村民并融入当地村民的生活,例如参加民俗活动、体验农事劳作等,感受真实而生动的乡村人文景观。

(4)传统农耕生产状态景观化。

随着全域旅游的发展,农业生产不再仅局限于经济功能,而是逐渐转变为一种展示乡村生活风貌、传承农耕文化的重要载体。为此,乡村旅游区在规划过程中,应提倡将农田、果园、菜园等农业区域进行景观布局优化,使之既具备观赏性又可互动体验,比如设立观光采摘区、稻田艺术景观等,使传统农耕生产的场景成为吸引游客的一大亮点,实现农业生产和旅游业的深度融合。

5. 统筹布局,完善旅游公共服务设施体系

乡村旅游的发展不仅需要将乡村独特的旅游资源转化为高质量的旅游产品,而且要求实现与全域范围内各产业间的协同效应,以及对交通、水电供应、排污处理、绿化等基础设施和服务设施进行全面升级和完善。尽管当前乡村地区的基础服务设施在一定程度上得到了改善,但总体水平仍相对滞后。因此,发展乡村旅游实际上是在推动农村产业结构转型的同时,促进乡村城镇化进程的一个重要途径。各地应抓住"全域乡村旅游"开发的战略机遇,全面统筹规划包括交通、供水、电力在内的各项基础设施建设,确保其与乡村旅游业态同步发展,并通过整合乡村产业结构,形成一个整体发展的良性循环,推进城乡一体化新格局的发展。此外,在全域乡村旅游基础设施建设过程中,还应鼓励和引导社会各方力量积极参与,创新融资模式,提高公共产品供给的市场化程度,以多元化的方式有效解决资金问题,共同助力乡村旅游产业及其配套设施的整体提升和发展。

6. 品牌战略,有序推进乡村旅游全面发展

政府部门在推动"全域乡村旅游"理念落地实施的过程中扮演着决定性角色,所以政府相关部门应设立专门负责宣传推广的职能部门,负责统揽全局,制定全面而细致的"全域乡村旅游"宣传策略,并对执行情况进行有效监督和积极推动。这一过程的核心目标在于,精心塑造并持续强化"全域乡村旅游"的优质、统一形象,努力打造一个具有广泛认知度和深远影响力的全域性乡村旅游品牌。为了实现这一目标,政府应当充分利用现代媒体的各种传播渠道,如报纸、电视、互联网等平台,开展全方位、多层次的宣传活动,确保"全域乡村旅游"理念深入人心。同时,加强对乡村居民的教育与培训,提升他们的素质和能力,使他们能够充分理解并主动传播"全域乡村旅游"的内涵,以自身的实际行动向游客展示这一旅游模式的魅力。此外,各地在进行乡村旅游宣传时,要摒弃各自为政的做法,形成合力,在共享"全域"品牌的框架内协同联动,致力于将高质量的"全域乡村旅游"品牌形象精准、高效地推向市场。这样的整合营销和一致行动,将进一步推动"全域乡村旅游"理念在全国乃至更广泛范围内得到深入理解和实际应用,从而助力乡村振兴战略的全面推进。

二、绿色旅游发展理念

(一)发展背景

绿色发展理念是中国共产党在深刻认识自然生态规律、社会发展规律,以及中国特色社会主义建设内在要求的基础上,对全球生态环境挑战和我国发展现实问题的积极回应与战略抉择。习近平总书记在党的十九大报告中对此做了充分肯定:"大力度推进生态文明建设,全党全国贯彻绿色发展理念的自觉性和主动性显著增强,忽视生态环境保护的状况明显改变。"同时进一步指出:"发展是解决我国一切问题的基础和关键,发展必须是科学发展,必须坚定不移贯彻创新、协调、绿色、开放、共享的发展理念。""必须树立和践行绿水青山就是金山银山的理念,坚持节约资源和保护环境的基本国策,像对待生命一样对待生态环境,统筹山水林田湖草系统治理,实行最严格的生态环境保护制度,形成绿色发展方式和生活方式,坚定走生产发展、生活富裕、生态良好的文明发展道路,建设美丽中国,为人民创造良好生产生活环境,为全球生态安全作出贡献。"

"绿水青山就是金山银山"的绿色发展理念,从根本上颠覆了我们对自然资源价值的传统认知,它深刻揭示出经济发展与环境保护之间内在的统一性和相互促进关系,并提出了一种追求和谐共生的发展路径。这一理念涵盖了经济社会发展的所有领域和阶段,是一场深度触及生产方式、生活方式、思维方式和价值观全方位变革的运动。

绿色发展强调在发展过程中必须尊重自然、顺应自然、保护自然,旨在解决长期以来人类社会发展中人与自然失衡的问题,力求突破现有工业化、现代化进程中过度消耗资源、破坏生态环境的发展模式。其目标是实现经济建设与环境保护两条腿均衡发展,改变以往片面追求经济增长而忽视环境代价的局面,从而构建一种全新的发展观和政绩观,让绿色发展理念成为全社会普遍接受和遵循的核心思想观念,并以此引领和推动人们的生活方式、生产方式向更加环保、可持续的方向转变。

(二)乡村旅游绿色发展要求

以绿色发展理念为指导,推动乡村旅游的可持续发展,首先要求我们在规划和实施中坚持发展与保护并重的原则,深刻认识到绿水青山本身就是乡村旅游业宝贵的资源和财富。在开发旅游资源的同时,必须注重生态环境的保护和修复,实现经济效益、社会效益和生态效益的和谐统一,通过创新旅游产品和服务,推广绿色消费观念,引导游客体验和实践绿色生活方式。其次,倡导节约资源、绿色低碳、文明健康的生活方式和消费模式,在乡村旅游活动中融入绿色元素,例如提倡使用环保材料建设设施、鼓励采用公共交通或非机动交通工具游览、提供有机食品和本地特色农产品等。广泛开展各类绿色生活教育活动,将绿色理念贯穿游客的食、住、行、游、购、娱各个环节,让每一位参与者都能在享受乡村休闲时光的过程中,潜移默化地接受和践行绿色生活观。最后,大力推行清洁低碳的生产方式,大力发展绿色经济产业,如生态农业、绿色民宿、循环农业观光园等,将传统粗放型发展模式转变为资源高效利用和环境友好的新型业态。绿色经济强调的是资源的循环再生利用,通过构建循环经济产业链条,减少废弃物排放,降低对自然资源的依赖,力求实现经济社会发展的低能耗、低排放和高效率,确保乡村旅游能够长久保持其独特魅力和生命力,为美丽中国的建设和乡村振兴战略做出积极贡献。

（三）乡村旅游绿色发展举措

乡村旅游区域作为农业生态系统、人类社会系统与自然环境系统交织融合的多元复合体，其内在结构层次丰富且相互关联紧密。实施乡村旅游区绿色发展是一项长远、综合且复杂的工程任务，涵盖乡村旅游自然环境建设、乡村产业绿色发展、乡村人居环境建设和乡村生态文化建设四个方面。

1. 乡村旅游自然环境建设

农业、农村、农民和自然界的联系较为直接，农业生产和农民生活与自然规律息息相关，如果破坏了自然界的平衡，人类将失去维系生存的环境。

(1) 做好耕地保护和土壤治理。

为切实保障国家耕地资源，旅游区应坚定贯彻"占多少，垦多少"的原则，确保在城乡建设过程中实现严格的耕地占补平衡。在此基础上，积极推动农村土地综合整治项目，通过科学合理的土地利用规划和整治措施，有效提升土地使用效率，同时加大对非法占用、乱占滥用及破坏耕地行为的查处力度，坚决维护国家粮食安全和耕地红线。此外，针对土壤污染问题，旅游区应严格执行排放标准，采取浓度与总量双控策略，从源头上减少和消除土壤污染，以期在推进绿色发展的同时，保护好珍贵的农业用地，为实现乡村振兴战略下的可持续发展提供坚实的环境基础。

(2) 做好水资源和水环境保护。

实现农业生产的生态平衡与可持续发展的关键在于推行科学合理的施肥技术和病虫害防治技术，严格控制化肥和农药的过量使用，转而采用精准、高效的施肥方法和生物防控措施，以减轻对环境的负面影响。同时，大力普及节水灌溉技术是提高水资源利用效率、减少农田径流损失的重要手段，重点加强对地下水源的保护力度，定期对农业用水进行检测监督，确保其水质符合农田灌溉标准。此外，鼓励并推广成本较低、易于操作且适合当地条件的污水处理技术，使农田排水经过有效处理后再回归自然或重复利用，这样不仅有利于改善土壤生态环境，也有助于保障农产品质量和农田生态系统健康，从而全面促进农业绿色生产和农村生态文明建设。

(3) 做好林草植被建设。

为维护生态平衡，防止水土流失和生物多样性遭破坏，乡村旅游区必须严禁任何形式的非法毁林、毁草行为以进行开垦或无序放牧。乡村旅游区还要对具有重要水源涵养功能的自然植被实施严格保护，同时强化治沟、治坡等工程措施，通过科学合理的土地利用策略，如宜林则林、宜耕则耕，实现对山地、丘陵等地形环境的有效改良与综合治理。在此基础上，乡村旅游区应大力提倡并鼓励大规模造林种草活动，增加地面植被覆盖率，力求恢复和保持健康的植被生态系统及其丰富的生物物种多样性。这一系列举措旨在构建一个和谐共生的人与自然关系，确保绿水青山常在，实现经济社会发展与生态保护的双重目标。

2. 乡村产业绿色发展

(1) 落实清洁生产工作。

为促进农业可持续发展和生态环境保护，我国大力倡导科学种田、生态兴农的新型发展理念。政府相关部门要鼓励农民采用微生物肥料替代部分化学肥料,同时大力发展有机肥的生产和使用,种植和养殖更多有机产品。平衡栽培技术的应用旨在优化作物布局,提高资源利用效率,减少对环境的影响。与此同时,政府相关部门还应提倡使用高效、低毒、易降解的绿色农药,确保在保障农作物产量和品质的同时,有效减轻农药残留问题;支持并推动生态畜牧业的发展,强调畜禽粪便无害化处理和资源化利用,防治畜牧业对环境造成的污染;通过加强市场监管机制,严禁有毒有害化肥农药进入市场流通环节,确保农产品生产安全。

(2)树立循环经济理念。

在发展现代农业的过程中,我国大力倡导并实践运用生物链原理和生态系统互利互补规律,构建起以农业废弃物循环利用为核心的多元化生态循环模式。这些模式具体包括但不限于"养殖—沼气—种植"、农林牧复合经营、"沼气—发电—生活用能"等多种形式的农业循环经济链。这些循环农业技术旨在通过加强物质与能量在农业生态系统内部的高效循环与转化,提高整个农业生产过程的生态效率。推广农林牧立体种养结合模式能够有效提升土地利用率和产出率,促进农业产业结构的优化调整,保障农业可持续发展,为建设美丽乡村和实现乡村振兴提供有力支撑。

(3)因地制宜开发新兴产业。

基于本地丰富的山水资源、深厚的传统习俗和独特的人文景观条件,遵循生态优先的发展原则,鼓励当地农民结合自身实际情况,发展绿色产业。例如,乡村旅游区可种植观赏性花卉苗木,提升土地利用的生态价值;加工生产具有地方特色的土特产品,打造地域品牌;挖掘与传承乡土文化,兴办各类文化旅游项目,如民俗体验、非物质文化遗产展示等;积极发展休闲旅游业,提供优质的旅游服务。乡村旅游区可通过引导部分农民从过度依赖自然资源的传统行业中转型,投身于保护资源并从中受益的新兴产业领域,让农民在从事诸如生态环境保护、绿色农业、乡村旅游等工作时,既能获得经济效益,又能发挥生态保护的作用。这样一来,农民将更加主动地参与到环境保护工作中去,形成良性循环,实现经济收益与生态文明建设的双赢。

3. 乡村人居环境建设

乡村人居环境的优化改善是关乎农民健康福祉、促进农村可持续发展、提升村民生活质量及塑造美丽乡村形象的核心任务。针对我国农村地域差异大、发展不均衡的实际情况,对农村人居环境的基本要求应包括根据实际需要科学划分生产与生活功能区域,杜绝违规乱搭乱建现象;农家庭院和村庄公共道路要保持干净整洁,努力实现道路两旁绿树成荫;建立完善的垃圾分类收集和处理系统,确保村民生活垃圾得到妥善处理;推行生活污水处理设施建设和改造,避免水源污染;实施人畜分离制度,同时严格执行畜禽粪便定期清理、消毒防疫措施等。在绿色发展方面,乡村人居环境建设具体举措如下。

(1)推动乡村生活污水处理设施建设。

在推进乡村环境整治和生活条件改善的过程中,乡村应积极倡导并实施"一池三改"项目,即建设沼气池,改造厕所、厨房和圈舍,以提升农民生活质量、优化能源结构并减少环境污染。在此基础上,乡村地区还要全面普及卫生厕所,坚决取缔不卫生的露天粪缸,确保农村居民享受到清洁、卫生的生活设施。针对村镇生活污水处理问题,采取因地制宜、灵活多样的方式,按照分散化、低成本、易管理的原则,逐步推广适宜本地实际情况的污水处理设施,如沼气净化技术、无动力厌氧处理系统、有动力有氧处理设备,以及湿地处理等多种处理模式。着重规划、建设和完善污水排放管网系统,强化污水处理设施的日常运营管理与维护,从而实现乡村生活污水的有效治理与资源化利用,为构建美丽乡村、推动乡村振兴提供有力支撑。

(2) 推动乡村生活垃圾处理设施建设。

针对生活垃圾问题,乡村地区应采取先进的垃圾处理技术,实现垃圾的减量化、资源化和无害化。对于规模较大、人口相对集中且经济条件较好的乡镇、集镇以及中心村,采用"户集、村收、镇中转、县处理"的四级联动垃圾处理模式,即每个农户负责自家生活垃圾初步分类收集,然后由村集体定期收集并转运至镇级中转站,最后由县级层面进行专业化、无害化处理,确保整个流程高效有序且符合环保要求。对于居住分散、经济发展水平较低或地理位置偏远的村庄,应采取适应当地实际情况的"统一收集、就地分拣、综合处理、无害化处理"模式。在这种模式下,先通过村级组织或专门服务团队实现生活垃圾的统一收集,之后在村庄内完成初步分拣工作,利用适宜本地条件的技术手段进行综合处置,并确保所有垃圾都能得到妥善无害化处理,这样在保护环境的同时,也促进了农村社区整体卫生状况的提升和可持续发展。

4. 乡村生态文化建设

乡村管理机构要从思想层面上引导村民,树立起环境资源价值观念、生态文明理念及环保法治观念;要通过生态文化传承与生态道德教育,激发农民对生态环境保护的内生动力,提升农民生态环境保护意识,养成自觉节约能源、合理使用资源的习惯。

(1) 加强乡村环保宣传、教育、培训力度。

相关部门要通过多元化的环保教育和培训手段,来提升农村地区居民以及基层干部的环保意识与责任感。具体措施包括向村民发放环保知识宣传手册,定期举行环保知识讲座等,以培养村民对环境保护的积极参与意识和维护环境权益的自觉性,从而促使村民在日常生活中主动选择绿色、无污染的生活和生产方式。面向乡镇领导干部开展环境科学和法律的定期培训班,旨在增强基层干部对生态环境保护工作的使命感和责任担当,使基层干部在实际工作中更好地引领和推动乡村生态文明建设,确保绿色发展理念深入人心并得以有效落实。

(2) 健全公众参与环境保护监督机制。

政府相关管理部门可通过在乡村层级成立环保自治组织,让村民在自我管理、自我服务中直接参与环保行动,增强村民在环境保护工作中的主体地位和作用,拓宽村民参与环保事务的渠道与方式。同时,政府相关管理部门还可通过建立公众听证机制,保障村民对涉及环境的重大决策有充分的话语权和建议权,确保环保政策更贴近民意。此外,强化信息公开也是关键一环,信息公开可以使广大村民能及时、全面地了解本地区的环境状况、环保规划及执行情况,从而激发村民积极参与环保活动的积极性,共同守护乡村绿水青山,构建人与自然和谐共生的美好家园。

(3) 开展形式多样的生态示范点创建评比活动。

政府相关管理部门可通过举办不同层级的生态乡镇村屯创建活动,如国家级、省级及自治区级、市级等活动,来积极营造一种"比学赶超"的良好生态环境保护氛围。通过"美丽村

庄""生态乡镇"及"绿色企业"等评比活动,搭建一个自下而上的、由局部到整体的生态环保竞赛平台。这些活动旨在树立典范,通过优秀典型示范带动作用,激励各地乡村在生态文明建设方面相互学习借鉴,形成你追我赶的良性循环,从而有力推动乡村地区生态环境保护工作全面、深入、持久地开展,实现乡村振兴战略中的绿色发展目标。

三、创新发展理念

(一)发展背景

党的十八届五中全会将"创新"置于"五大发展理念"之首,并强调必须把创新摆在国家发展全局的核心位置。创新,是引领经济社会发展、全面建成小康社会的强大动力。要在新形势下开拓发展新境界,就必须把发展基点放在创新上,以创新把握机遇,以创新驱动发展。

(二)乡村旅游区创新发展要求

在乡村旅游规划开发过程中,尤其要注重创新发展理念。习近平总书记指出:"规划科学是最大的效益,规划失误是最大的浪费,规划折腾是最大的忌讳。"在新的形势下,谁的创新意识强,谁就能抢占先机,在发展中占据主动。因此,在乡村旅游建设过程中,针对乡村旅游城市化思维严重、产品同质化严重,以及农民参与程度低等问题,应坚持创新理念与科学规划,以指导乡村旅游可持续发展。

以创新驱动理念推动休闲农业与乡村旅游发展,就是将创新驱动理念和创新精神贯穿于乡村旅游发展的各项工作中,紧紧围绕农村经济发展的重点和难度,大力推进产品创新、技术创新、经营管理创新、金融创新,用新的观念、新的手段,解决发展中的新问题。

1. 用产品创新驱动理念创新开发旅游产品

在乡村旅游的发展过程中,坚持产品创新是实现产业转型升级和可持续发展的重要路径。这意味着我们需要不断挖掘乡村资源潜力,结合市场需求和技术进步,通过创新思维打造富有地方特色、文化内涵丰富的乡村旅游产品。如充分考虑当地自然风光、历史人文、民俗风情、农业生态等多元要素,创新设计出如田园观光、农事体验、非遗传承、民宿度假、生态养生等各类乡村旅游产品;利用现代科技手段对传统乡村旅游产品进行升级,例如通过智慧旅游服务、虚拟现实体验、互联网营销等方式,提升游客的互动性和参与度,创造更高质量的旅游体验;依托地域文化和产品特色,构建乡村旅游品牌形象,通过线上线下相结合的营销策略,强化品牌传播,提高乡村旅游目的地的知名度和影响力。

2. 用技术创新驱动理念做大休闲农业

在休闲农业的发展过程中,以技术创新为驱动,不断更新发展理念和模式,是实现休闲农业从传统到现代、从小规模到大格局跨越的关键途径。通过技术创新驱动休闲农业的发展,可以有效促进休闲农业产业链的延伸与价值提升,实现从单一的农产品生产向集生产、生活、生态、文化、教育于一体的多功能复合型产业转变,推动休闲农业走向现代化、品牌化、规模化的新阶段。用技术创新驱动理念做大休闲农业主要表现在以下五个方面。

(1)智能化农业生产技术应用。

乡村旅游区可利用物联网、大数据、人工智能等先进技术改造传统农业,发展智慧农业。例如,智能温室、精准灌溉、无人机植保等,在提高农产品品质的同时,也能作为科技观光农业的亮点吸引游客。

(2)数字化营销与服务创新。

乡村旅游区可借助互联网平台,进行线上预约、导航导览、虚拟体验等服务,为游客提供便捷高效的旅游预订流程,同时还能通过数据分析优化产品设计和市场定位。

(3)生态环保与可持续发展技术融合。

乡村旅游区可推广绿色节能技术和循环农业模式,如太阳能供电设施、雨水收集利用系统、废弃物资源化利用等,打造绿色、低碳、可持续的休闲农业园区。

(4)科技创新丰富农业体验项目。

乡村旅游区可引入 AR、VR 技术,让游客能够身临其境地体验农耕文化、种植过程;建设科普教育基地,将现代农业科技成果转化为互动性强、寓教于乐的旅游产品。

(5)农民技能培训与素质提升。

乡村旅游区可通过培训让农民掌握新技术、新理念,让农民成为传播农业科技知识和休闲农业文化的使者,进一步提升休闲农业的服务质量和内涵。

3. 用经营管理创新驱动理念激活休闲农业

在休闲农业的发展过程中,创新的经营管理理念和模式扮演着至关重要的角色。乡村旅游区通过不断探索新的管理方式和经营策略,可以激发休闲农业的内在活力,使其成为乡村振兴的重要引擎。乡村旅游区可借鉴现代企业管理理念,引入专业团队进行运营管理,实行农户、合作社、企业等多元主体参与的混合所有制或股份合作制,实现资源优化配置和利益共享。规模化、产业化生产经营农业是发展现代农业的基本条件,实施农业规模化经营能够大幅提升农产品质量,有效增加农民收入。农业产业化经营是农村改革开放的产物,随着农产品市场化、农业生产专业化的发展,产业化经营已经成为贯彻落实科学发展观、更新发展观念、转变增长方式、创新发展模式的重要路径。

4. 用金融创新驱动理念做强休闲农业

金融是现代经济发展的血液,农业作为一个基础产业,必须有现代金融的强力介入,才能促进农村生产要素的资本化。一方面,大力发展适合农村需求的村镇银行、小额贷款公司和资金互助社等新型金融合作组织,采用多种方式调动金融机构支持现代农业发展的积极性;另一方面,创新担保、抵押、质押等融资形式,扩大政策性保险试点,探索运用现代金融手段,构建主体多元、布局合理、结构优化、功能齐全的农村金融服务体系,促进资本要素进入农业领域,推动龙头企业上市融资,以金融创新驱动休闲农业与乡村旅游发展。

第四节 乡村旅游发展历程

一、国外乡村旅游的兴起与发展

乡村旅游在欧洲发达国家的历史可以追溯到中世纪贵族庄园时期,大规模、系统化、商业化的乡村旅游发展模式是在 20 世纪 80 年代后出现的。

纵观国际乡村旅游的发展历程,大致可以分为以下三个阶段。

(一)萌芽——兴起阶段

乡村旅游作为一种独特的旅游形态,其起源可追溯到 19 世纪中叶的西方国家。关于其具体发端,有两种具有代表性的观点。第一种观点,有历史记载显示,在1855年,法国参议员欧贝尔带领一批贵族前往巴黎郊区农村进行休闲度假。他们在乡村体验了丰富的自然与农耕活动,如划独木舟、制作传统美食、参与农事劳作以及欣赏田园风光等。这些活动不仅使参与者重新认识到大自然的价值,还促进了城乡交流和相互理解,这在一定程度上推动了乡村旅游的发展。第二种观点,意大利于1865年成立了农业与旅游全国协会,该协会致力于引导城市居民前往农村地区感受乡土风情,这一标志性事件也被认为是乡村旅游诞生的重要标志。总的来说,尽管乡村旅游的确切起源年代尚存争议,但可以明确的是,它起源于贵族阶层对乡村生活的向往和实践,并逐渐从上层社会扩展至大众群体。

在传统的农业社会中,由于生产力水平相对低下,农民为了维持基本生活需求,往往需要投入大量的时间和精力从事农业生产活动。在这种环境下,农村人口的日常生活几乎围绕着农事劳作展开,用于休闲和娱乐的时间非常有限,相应的休闲需求也受到极大的制约。乡村内部的休闲活动通常与社区生活紧密相连,并且大多集中在教堂、酒馆等社交场所,以及在特定的宗教节日、丰收庆典等节庆时期。这些场合不仅为村民们提供了短暂休息和社交互动的机会,同时也是传承传统文化和习俗的重要载体。家庭内的休闲行为一般与重要的人生仪式如出生、婚嫁、丧葬等密切结合,这些特殊事件常常成为乡村生活中难得的集体放松和庆祝时刻。同时,部分乡村居民会通过一些休闲活动来寻求片刻的乐趣和逃离日常繁重的劳动,例如打猎、钓鱼等,这些活动既是对自然环境的利用,也是对生存技能的锻炼。随着社会的发展和生产力的进步,更加多元化的休闲方式逐渐出现,如散步、骑马、草地游戏等户外活动兴起,它们成为乡村旅游活动的雏形。

工业革命之后,随着城市化进程的加快和工业化生产的推进,许多贵族虽然迁移到了繁华的城市居住,但他们依然保留并维护着乡村庄园,这些庄园不仅是他们身份与地位的传统象征,更是他们在忙碌而喧嚣的城市生活之外寻求宁静、自然和休闲的理想去处。在闲暇时分,贵族们会邀请亲朋好友一同回到庄园,参与各种户外活动,如骑马狩猎、垂钓野餐、划船漫游等,以及举办各类社交聚会。这一时期,乡村旅游在欧洲上流社会逐渐兴起,并且成为贵族阶层生活方式的重要组成部分。这一点可以从众多文学作品中得到印证,例如英国作家夏洛蒂·勃朗特的《简·爱》描绘了主人公简·爱在桑菲尔德庄园的经历;简·奥斯汀的《傲慢与偏见》中的班纳特家姐妹也有多次前往乡间别墅度假的情节;艾米莉·勃朗特的《呼啸山庄》展现了约克郡荒原上的庄园生活;法国作家司汤达的《红与黑》中,主人公朱利安在贵族家庭的乡村领地也有过重要的情节发展。通过这些文学名著,我们可以看到19世纪工业革命背景下的社会变迁:一方面,城市化和工业化带来了新的生活方式和价值观念;另一方面,对田园生活的向往和回归也成了一种时尚和文化现象,从而催生了早期乡村旅游文化的萌芽和发展。

(二)观光——发展阶段

第二次世界大战结束后,随着社会经济的恢复和中产阶层的壮大,贵族生活方式的部分元素逐渐被大众接纳,并发展成为一种普及化的休闲模式。在这一过程中,乡村旅游作为一种新兴的旅游形态,在西方国家尤其是西班牙等旅游大国得到了快速发展。这些国家意识到乡村旅游对振兴乡村经济、保护传统文化,以及提供城市居民休闲选择的重要性。

西班牙积极推行乡村旅游的整体规划和发展策略,通过整合丰富的自然资源与文化遗产,开发出多样化的乡村旅游产品,如徒步旅行、漂流、登山、骑马等户外活动,以及农事体验项目。同时,为提高乡村旅游的专业化水平和服务质量,西班牙还设立了务农学校和自然学习班,让更多游客能够深入理解和参与到乡村生活的各个方面。

其他国家也受到西班牙成功经验的启发,纷纷效仿并结合本国国情,大力倡导和发展各自的乡村旅游市场。比如德国、美国、日本、荷兰、澳大利亚、新加坡等国,都在各自的乡村地区打造出集观光、体验、教育于一体的农业园。这些农业园不仅保留了田园风光的观赏价值,更将农业生产和旅游观光有效结合起来,让游客在享受自然美景的同时,也能参与采摘、烹饪课程、购买当地农产品、体验民俗文化等活动。

这种新型的乡村旅游形式标志着旅游业的一个重要分支——乡村旅游业正式诞生,它不仅带动了农村地区的经济发展,也为全球旅游市场增添了丰富多元的产品内容。

(三) 度假——提高阶段

这一阶段的乡村旅游主要有以下三种形式。

1. 休闲度假型

在乡村旅游中,游客选择入住当地农民的家,深入体验原汁原味的乡村生活。游客们品尝到的是农民自家种植和制作的新鲜、无污染的食物,享受着田园诗画般的自然风光,沉浸在大自然宁静安祥和的氛围中。更为重要的是,这种旅游方式还提供了深度的文化互动与体验机会,让游客有机会亲自动手学习并掌握诸如面包烘焙、奶酪制作、果酱熬制以及酿酒等传统农家手艺。

通过参与这些富有生活气息的活动,游客不仅能够深入了解当地的民俗文化和生活方式,也能让自己从繁忙喧嚣的城市生活中抽离出来,实现身心的放松与调整。这一系列沉浸式的乡村旅游体验,无疑增强了游客对当地文化的认同,也使得乡村旅游成为一种可持续且深受人们喜爱的旅游形式。

2. 参与劳作型

务农旅游,又称为农业体验旅游、农耕文化体验游或农场假期。这种旅游模式允许参与者支付一定的费用以换取在农场或牧场短期工作和生活的机会,游客不仅能够亲身体验农事活动的艰辛与乐趣,还可以深入了解并传承传统的农耕文化。在日本,春秋两季是水稻种植与收割的重要时节,因此会特别组织务农旅游项目,邀请游客参与插秧或秋收活动。参与者穿上防水服,踏进水田,亲手插下一株株稻秧或是挥舞镰刀收获金黄的稻谷,通过实际劳作深刻感受农民的生活节奏和自然界的季节变迁。

这种旅游方式对年轻人尤其具有吸引力,因为它提供了一个释放都市压力、回归自然以及学习新技能的独特平台,同时也有助于增进人与人之间的情感交流,建立跨文化的友谊桥梁,为现代人的生活注入传统而淳朴的人文色彩。

3. 其他类型

自20世纪七八十年代以来,全球范围内环保意识的提升和"绿色运动"的兴起,促进了乡村旅游与生态旅游的深度融合,催生了乡村生态旅游这一新型旅游形态。其中,波兰和匈牙利在发展乡村生态旅游方面做出了典范,并为世界各国提供了可持续发展乡村地域旅游的成功模式。在波兰,乡村旅游活动严格围绕生态农业区展开,参与接待游客的农户本身就

是生态农业的专业从业者,他们将农业生产与旅游服务有机结合,确保所有旅游活动都在遵循生态原则的基础上进行,这样既保护了自然环境,又提升了游客体验。这种模式强调了乡村旅游与生态环境保护并行不悖的发展理念。匈牙利特别重视民族文化和乡村旅游的结合,通过打造富有本土特色的乡村住宿、餐饮设施以及文化活动,如山歌牧笛表演等,让游客在享受宁静田园风光的同时,深度体验匈牙利深厚的传统民族文化魅力。随着20世纪90年代初欧洲旅游业重心从西欧向东欧转移,波兰和匈牙利的乡村旅游发展模式吸引了更多的关注。这两个国家的成功实践证明,乡村旅游要想实现健康且可持续的发展,就必须走与生态旅游、文化旅游相结合的道路,切实保护和优化乡村生态环境,深入挖掘和传承地方特色文化资源,这样才能吸引更多的游客,对当地经济、社会及文化产生积极而持久的影响。

二、国内乡村旅游的兴起与发展

我国的乡村旅游文化源远流长,早在春秋战国时期,《管子·小问》中就记载了齐桓公春季出游至郊野乡村,赏春观景、娱乐休闲的事例,这不仅是我国"春游"概念较早的文献记录,也体现出早期乡村旅游活动的特点。到了唐代,随着社会经济文化的繁荣发展和人们生活品质的提高,城郊旅游更加普遍。每逢春天,无论是贵族阶层还是普通百姓,都会在春节、元宵、寒食、清明等传统节令外出游玩,欣赏自然风光,参与如踏青、游曲江、登高等各类户外活动。同时,秋日游览名山大川亦成为文人墨客的一种风尚,如南京地区流传的"春牛首,秋栖霞"这一民俗活动,在唐代已经十分盛行,成为了当时文化旅游的重要组成部分。此外,唐代旅游基础设施已有一定的发展,包括使用牛车、马车作为交通工具,以及旅馆设施的出现,这些都为人们的郊游活动提供了便利条件,使得乡村旅游逐渐成为一种社会性的文化现象,并在历史的长河中不断丰富和发展。

现代乡村旅游在中国经历了不同的发展阶段。一种观点认为,乡村旅游的雏形可以追溯到20世纪50年代,当时由于外事接待需求的推动,在山东省淄博市淄川区太河镇峨庄村率先展开了具有现代乡村旅游特征的活动,这些活动主要是为了接待外国友人,让他们体验中国农村的生活和文化。另一种观点认为,真正意义上的乡村旅游在我国的大规模兴起是在20世纪80年代后期,随着改革开放政策的深入实施,深圳作为改革前沿阵地,创造性地举办了荔枝节,初衷是为了吸引投资、推广地方产品,并通过举办这类农业与旅游相结合的活动,取得了显著的经济效益和社会效益。继而,全国各地纷纷借鉴这种模式,发展出了形式多样的观光采摘园及其他乡村旅游项目,进一步带动了乡村旅游产业的繁荣与发展。

受到国内外旅游市场需求变化的影响以及发达国家乡村旅游成功经验的启发,现代乡村旅游应运而生。随着我国政府对农村经济发展的重视和精准扶贫政策的推行,乡村旅游作为一种有效利用乡村资源、促进地方经济发展、提高农民生活水平的重要途径,在较晚的时间起步后发展势头迅猛。根据中国乡村旅游发展的实际情况与旅游产品生命周期理论相结合,可以将现代中国乡村旅游产品的发展历程概括为以下四个阶段。

(一)起步期(1995年以前)

中华人民共和国成立后,我国旅游业在较长一段时间内处于起步与探索阶段,直到20

世纪80年代改革开放政策的实施,旅游业才迎来了快速发展。这一时期,国家侧重于发展国际入境旅游市场,以吸引国外游客为主。尽管国内乡村旅游相对滞后,但在一些著名的山水景区周边乡村,生态游和文化游已经开始萌芽并发展。

　　1978年,党的十一届三中全会召开之后,农村实行了农村家庭联产承包责任制,这一制度创新极大地激发了农民的生产积极性,农业生产效率显著提高,农村剩余劳动力的问题也随之凸显。随着生产力的发展和农业劳动强度的降低,农民们开始寻求更多元化的就业途径和生活改善方式。在此背景下,乡镇企业蓬勃发展,吸纳了大量的农村剩余劳动力,推动了乡村经济结构的多元化。同时,一部分农民选择进城务工,城市化进程加速,城市的现代化建设日新月异。伴随着城市经济实力的增强和市民生活水平的提高,人们的休闲需求逐渐旺盛,为乡村旅游的发展提供了市场需求基础。

　　因此,在这一系列深刻的社会变革和经济发展过程中,乡村旅游作为新兴的旅游业态,在满足城乡互动、体验自然风光与传统文化的需求下,获得了发展契机,并随着政策引导和社会环境的变化,逐步从自发走向有序,最终成为我国旅游业的重要组成部分。

　　1986年成都徐家大院的创立,是中国乡村旅游发展历程中一个具有标志性意义的事件。作为农家乐旅游模式的早期代表,徐家大院通过提供田园风光、农家特色餐饮和乡村生活体验等服务,开启了中国乡村旅游的新篇章,吸引了大量城市居民前来休闲度假,带动了全国范围内农家乐旅游形式的兴起和发展。随后,1989年4月,为了更好地适应乡村旅游日益增长的趋势和需求,中国农民旅游协会正式更名为中国乡村旅游协会,这一更名标志着我国对乡村旅游产业发展的高度重视与专业化引导,为后续乡村旅游政策制定、行业标准建立及市场推广奠定了组织基础。从此,乡村旅游在中国步入了一个新的发展阶段,逐渐成为推动农村经济发展、促进城乡互动、保护和传承乡村文化的重要力量。

(二)成长期(1995—2003年)

　　1995年,中国开始实行每周双休日制度,这为国民提供了更多的休闲时间,极大地促进了短途旅游市场的发展。1999年,政府进一步调整了春节、"五一"和"十一"等重要节假日的安排,并通过调整前后周末休息时间将其延长至7天长假,这一举措被称为"黄金周"制度。国务院在2000年印发的46号文中正式明确了"黄金周"的概念。这种假日制度改革对国内旅游业产生了革命性的影响,极大地刺激了民众的出游意愿,推动了国内旅游市场的快速增长。其中,乡村旅游板块受益尤为显著,在新的假期制度下,城市居民有了更多机会选择乡村作为短期度假的目的地,享受田园风光、体验乡土文化,以及参与农事活动等多元化的旅游项目。

　　随着改革开放的深入发展,我国城乡一体化进程加速推进,城市化进程显著加快,农业和农村经济也迈入了崭新的发展阶段。这一阶段对优化农业产业结构、转变农业生产方式起到了关键作用,也为乡村旅游的发展提供了重要的社会经济背景。在城市快速扩张的同时,一系列问题如城市功能布局混乱、环境污染加剧、城市景观质量下降等现象引起了人们的广泛关注。随着人们对生活环境要求的提高,以及对回归自然、体验宁静乡村生活需求的增长,在高度城市化地区,人们开始向往并追求与自然更为亲近的生活方式,这直接推动了农业和乡村旅游市场的兴起和发展。1995年,中国民俗风情游有效地吸引了游客深入了解和体验少数民族地区的独特文化和风情,为乡村旅游注入了丰富的文化内涵。1998年,"华夏城乡游"这一主题旅游活动进一步激发了广大旅游者对城乡互动旅游的热情,大量游客前往乡村地区度假休闲。面对迅速增长的市场需求,各地农民敏锐地捕捉商机,开始积极参与并开发各种形式的乡村旅游产品和服务,包括农家乐、民宿、农业观光园、民俗文化村等,使乡村旅游产业呈现出了前所未有的活力和发展潜力。专家估计,在1998年,我国乡村旅游接待的游客量就已经超过1亿人次。这表明乡村旅游已经成为国内旅游业的重要支柱之一,并在促进城乡交流、带动农村经济发展、传承乡土文化和改善农村环境等方面发挥了积极作用。

(三)蓬勃发展期(2004—2007年)

2002年,我国政府正式发布《全国农业旅游示范点、全国工业旅游示范点检查标准(试行)》,这一举措标志着我国乡村旅游开始步入规范化、高质化的轨道。2004年,国家对首批农业旅游示范点进行评选,极大地推动了乡村旅游产业的快速发展,这也标志着我国乡村旅游进入了蓬勃发展的新时期。

为加大对乡村旅游的支持力度,国家旅游局(现文化和旅游部)将2006年定为"乡村旅游年",通过倡导"新农村、新旅游、新体验、新时尚"的理念,全面提升了乡村旅游的发展水平和社会影响力。2006年8月,国家旅游局发布了《关于促进农村旅游发展的指导意见》,明确指出乡村旅游是实现城乡互动、以工促农、以城带乡的有效途径。

"十一五"规划将社会主义新农村建设列为重要工作内容,乡村旅游在政策引导下迈入了一个全新的高速发展期。2005年,国家开始推行土地承包经营权流转制度,随后进一步健全了相关流转机制,这些举措有力促进了农业现代化和适度规模经营的发展。在大都市工业文明的辐射作用下,郊区逐渐迈向现代农业文明阶段,形成了集现代农村聚落景观、高科技农业景观、富有现代美学理念的观光农园,以及优美自然环境于一体的农业观光特色。这种特色不仅丰富了城市周边旅游资源,更成为推动城乡经济、政治、社会、文化和谐发展,实现城乡共享现代文明成果的重要手段。

(四)转型升级期(2007年至今)

2007年,我国政府进一步规范了土地承包经营权的流转制度,这在很大程度上突破了乡村旅游发展过程中因土地制度限制而面临的瓶颈。2007年,"中国和谐城乡游"这一主题旅游活动以及"魅力乡村、活力城市、和谐中国"理念的提出,对农村地区的风貌改造和旅游业发展起到了极大的推动作用,促进了城乡之间的互动融合及乡村旅游资源的深度开发。

2007年,国家旅游局与农业部(现农业农村部)联合发布了《关于大力推进全国乡村旅游发展的通知》,从政策层面为乡村旅游的发展提供了强有力的支持和指导,加快了乡村旅游产业体系的建设步伐。

2008年,我国假日制度改革为"两长五短"模式(即保留春节和国庆两个七天长假,增设五个三天小长假),并推进带薪休假制度法制化,这极大地丰富了国民的休闲时间安排,从而带动了国内旅游市场的整体繁荣。其中,乡村旅游作为重要组成部分,受益匪浅。2008年,《中共中央关于推进农村改革发展若干重大问题的决定》出台,该文件在农村土地制度、产权关系等方面做出了科学合理的改革部署,使乡村旅游的经营模式更加符合市场规律,也更加多元化和可持续化。

2009年，国务院发布的《关于加快发展旅游业的意见》中明确提出，要实施乡村旅游富民工程，通过政策扶持和引导，进一步提升乡村旅游在促进农民增收、乡村振兴战略中的地位和作用，为乡村旅游的长远健康发展奠定了坚实基础。

这一阶段，随着城市化进程的加快和居民生活水平的提高，城市居民对休闲旅游的需求愈发强烈，国内乡村旅游市场得以迅速壮大与成熟。各种类型的民俗村、古村落、生态农业观光园等乡村旅游目的地如雨后春笋般涌现出来，为都市游客提供了丰富多样的体验型、度假型及休闲型旅游产品，有效对接了现代都市旅游消费市场，满足了消费者对多元化旅游体验的追求。截至2014年底，我国共有农家乐经营单位200万家之多，乡村旅游重点村的数量也达到了10.6万个。这一年，乡村旅游吸引了近12亿游客，平均每人消费约为266元。整个乡村旅游市场的年度总收入高达3200亿元，约3300万农民受益。与此同时，北京、杭州、成都、上海、西安等大中城市的周边区域，逐渐形成了众多以乡村旅游为核心的城郊旅游集聚区，这些集聚区通过整合资源、优化服务、打造品牌等方式，进一步推动了乡村旅游的高质量发展，促进了城乡一体化进程中旅游业的繁荣。

经典案例解读

思考与练习

（1）我国为什么要积极发展乡村旅游？
（2）如何理解乡村旅游的乡村性这一本质特征？
（3）我国转型升级阶段的乡村旅游呈现出哪些新的发展趋势？
（4）请以周边的乡村旅游区为例，思考乡村旅游的具体类型。
（5）结合案例，思考全域旅游理念在乡村旅游发展中的具体应用。

第二篇
实务篇
SHIWU PIAN

第三章

规划引领——乡村旅游顶层设计

学习引导

乡村旅游规划是乡村旅游有序开发、建设、运营的前提。乡村旅游发展规划编制要深入贯彻落实习近平总书记扶贫开发重要战略思想,围绕统筹城乡一体发展、建设美丽幸福乡村、打造旅游大产业的工作思路,坚持把发展乡村旅游作为发展农(牧)村经济、增加农牧民收入的重要抓手,大力实施旅游富民工程,完善乡村旅游基础设施建设,切实改善乡村旅游业发展基础条件,带动群众增收致富。本章主要在理解乡村旅游资源特殊性的基础上,学习乡村旅游规划的概念、原则,以及规划的技术方法,帮助学生理清乡村旅游规划的思路,并在此基础上分析乡村旅游空间布局、乡村旅游规划的内容和要点,掌握乡村旅游规划的技巧,提升学生乡村旅游规划能力。

学习重点

(1) 乡村旅游资源的概念及特点。
(2) 乡村旅游规划的概念及特点。
(3) 乡村旅游规划的类型及步骤。
(4) 乡村旅游规划空间布局类型。
(5) 乡村旅游规划的核心内容与方法。

第一节 乡村旅游资源认知

一、乡村旅游资源的内涵

国家标准《旅游资源分类、调查与评价》(GB/T 18972-2017)将"旅游资源"定义为：自然界和人类社会凡能对旅游者产生吸引力，可以为旅游业开发利用，并可产生经济效益、社会效益和环境效益的各种事物和因素。在旅游业中，旅游资源扮演着至关重要的角色，它既是吸引游客的核心要素，也是提供多样化旅游体验的基础。围绕旅游资源，旅游业可以开发出多样化、个性化的旅游产品和服务，如观光游览、度假疗养、娱乐体验、探险猎奇、考察研究等。

乡村旅游资源是指存在于乡村地区，可以用于发展乡村旅游产业的自然资源、人文资源，以及由此衍生的各类服务产品。乡村旅游资源作为一个独特的地域复合体，由多层面的自然环境、物质要素和非物质要素共同构建而成。其中，自然环境是乡村景观的基础框架，涵盖地质构造、地貌形态、气候条件、水文系统、土壤类型等众多自然元素，他们相互作用形成综合性自然生态系统。物质要素是乡村旅游资源中直观可见的部分，包括地貌特征、植被覆盖、农业生产、畜牧业活动，以及具有地方特色的民族聚落及其建筑风格等元素。这些物质层面的事物通过不同组合方式，赋予了乡村旅游目的地各具特色的外在风貌和景观特色。非物质要素包括当地居民的思想观念、道德伦理、价值观体系、心理状态、思维方式、民族性格特点、风俗习惯、宗教信仰等，这些要素虽然无法直接观察，但它们赋予了乡村旅游生命和精神实质，使乡村成为富有魅力、生动而立体的旅游目的地，吸引着游客深入探索并感受乡村深厚的文化底蕴和人文风情。

二、乡村旅游资源特征

（一）乡土性

乡村地域广阔且物种多样性丰富，许多乡村地区仍然保留着未被外界影响的原始自然风貌和独特的风土人情，如优美的田园风光、古朴的传统村落建筑、展现农耕文明的劳作形态、独具本土特色的农产品、历史悠久的手工作坊、富有生命力的乡村生活方式等。这些在特定地域形成的独特乡土气息为游客提供了一个深度体验乡村生活、探索本土文化的窗口，让乡村旅游具备了城市无法比拟的、亲近自然的魅力，为渴望回归自然、寻求返璞归真的游客提供了理想去处。

（二）生态性

乡村旅游立足乡村，核心在于挖掘和利用乡村拥有的独特自然景观、深厚的文化底蕴和原生态的生活方式，满足游客观光游览、休闲度假、学习教育、娱乐健康等多方面的需求。乡村生态环境对乡村旅游发展至关重要，是乡村旅游吸引力的重要载体。如果缺乏清新宜人的田园景色、自然绮丽的山川河流、广袤秀美的田园风光，乡村旅游就难以展现其旺盛的生命力和持久的发展魅力。因此,保护并合理利用乡村旅游区生态环境是推动乡村旅游持续、健康发展不可或缺的环节。

(三)文化性

乡村旅游,作为一种依托乡村独特文化资源开展的旅游活动,其核心价值在于让游客深度体验和感知在漫长农耕历史中孕育和发展起来的乡村文化,包括乡村居民在农业生产和日常生活中形成的道德观念、情感寄托、社会习俗、行为规范等。与城市文化相比,乡村文化拥有深厚的民间基础和广泛的群众影响力,展现了一种根植于土地之上的质朴、自然、本真的生活方式和价值观,成为乡村旅游较具吸引力和竞争力的组成部分。

(四)地域性

在中国这片幅员辽阔的土地上,乡村旅游具有明显的地域性。按照自然界限划分,有南北乡村之分。从乡村建筑来看,南方的房屋多依河而建,注意通风散热,屋顶坡度较大,便于雨水流泻;北方的房屋为了防寒保温,以及有足够的光照,所以多数较矮。按照自然地形划分,有山地、平原乡村之分。例如,从乡村空间分布来看,山地的乡村聚落密度及其用地规模的空间分布特征显著,聚落总体形状较为简单;平原的乡村聚落之间的空间分布格局特征并不明显,聚落之间联系紧密,乡村聚落形状较为复杂,规则性不强。按照民族特征划分,又有汉族和少数民族乡村之分。

(五)时间性

乡村旅游在时间上具有季节性。乡村农业生产活动有春、夏、秋、冬四季之分,且乡村旅游在秋冬时门庭冷落而春夏时人满为患,形成了鲜明的对比。以下两个角度可体现乡村旅游的季节性。第一,从自然方面来说,乡村旅游的旅游吸引物和旅行舒适程度会随自然节气的转换而发生显著变化。例如,春天万物复苏、春暖花开,人们可以去乡村观赏油菜花田、桃花林、樱花林等;夏天,各地骄阳似火、酷暑难当,人们可以去有山水、竹林、洞穴等地的乡村尽情避暑;秋天,硕果累累、金桂飘香,人们可以去乡村采摘果实、体验秋收的快乐;冬天,北国银装素裹、千里冰封,人们可以去乡村采摘草莓、体验滑雪、坐雪橇车等。第二,从中国现有国情来说,旅游者可自由支配的时间具有相对集中性,大多数家庭会考虑在国家法定节假日进行乡村旅游活动。因此,各个乡村旅游区需要把握住时间特征,根据所在地的时间特征大力发展本地乡村旅游。

(六)多样性

乡村旅游资源的多样性源自乡村广泛的空间分布和多样的景观构成。乡村地域广阔、地理位置各异,孕育出各具特色的乡村景观。景观内容包括丰富多彩的自然风光,如山川河流、森林湖泊、田园风光等,也包括深厚的文化底蕴,如民居建筑、文化遗址、民间艺术、传统手工艺、民俗节庆活动等。每个乡村都是多种景观要素空间维度的多样化立体组合和内容层面的多元化融合,它们共同构成乡村旅游资源的独特魅力和吸引力,满足不同游客多元化的旅游需求。

(七)系统性

乡村旅游资源具有显著的系统性特点,这一特性体现在乡村旅游区本身就是由生态、社会和经济三大子系统相互交织、密切联系构成的复杂整体。乡村生态子系统包括乡村地区的自然环境、生物多样性、土地利用状况、气候条件等。这些乡村生态子系统构成乡村旅游区的核心吸引力,是乡村旅游赖以发展的重要基础。乡村社会子系统包括乡村社区的社会结构、文化传统、民俗风情、文化遗迹、居民生活方式等。这些乡村社会子系统共同构成乡村旅游区的发展灵魂,使游客感受到浓郁的地方特色和人文氛围。乡村经济子系统包括乡村旅游区的产业发展、设施建设、市场投资等。乡村经济子系统有助于将乡村旅游区的生态资源价值和社会资源价值转化为经济价值,促进乡村旅游发展。三大子系统相互作用,形成动态平衡且独具特色的整体乡村景观,对游客产生吸引力。

三、乡村旅游资源分类

乡村旅游资源分类在旅游资源技术体系中具有举足轻重的地位,因为它是认识和掌握旅游资源的起始点,在此后旅游资源调查、旅游资源评价、旅游资源开发的学习和讨论中起着很大的作用。

(一)乡村旅游资源类型划分

1. 根据乡村旅游资源特性划分

根据乡村旅游资源特性划分,乡村旅游资源可被分为三大类旅游资源,即自然生态旅游资源、社会人文旅游资源和乡村经济旅游资源。

(1)自然生态旅游资源。

乡村旅游目的地的发展离不开其依托的自然生态旅游资源,包括天象气候旅游资源、地文景观旅游资源、动植物旅游资源和水域风光旅游资源。

良好的生态环境是发展乡村旅游的基础。乡村旅游得以存在和发展的根本就是乡村独有的人居环境、田园风光、生活方式、民俗民风和生产活动等城市不具备的要素。乡村旅游大多是在乡村自然生态环境优越、人文生态景观丰富的地区发展起来的。

(2)社会人文旅游资源。

社会人文旅游资源可以以一定的物质实体为载体,如历史遗存、古迹、古建筑、古陵墓、园林等,也可以是一些无形的精神文化内容,如历史事件、传说典故等。一般而言,社会人文旅游资源的历史越悠久,蕴含的文化内涵就越丰富,旅游价值也就越大。社会人文旅游资源深深根植于人类历史、文化、民俗之中,与人类生活紧密相连。有些社会人文旅游资源可以通过传承、发展、创新、创造和制作等形式,实现再生和再现,为游客的旅游体验提供源源不断的活力。有些社会人文旅游资源具有动态性,游客有机会亲身参与并深度体验,极大地满足了现代人追求个性化、体验式旅游的心理需求,使乡村旅游活动更具互动性和趣味性。富有参与性的旅游活动能极大地激发游客的兴趣,是静态自然或人文旅游资源的有益补充,如举办旅游节、体育赛事等。

(3)乡村经济旅游资源。

宏观经济水平是指乡村旅游经营组织所处区域在某一时期内创造或者获得财富的综合能力,它决定了当地市场的购买力,也决定了旅游消费需求层次。在经济水平较高的地区,由于资金比较充足,可以为乡村旅游经营组织的发展提供必要的资金支持,为保护当地的旅游资源提供资金保障,而且当地的基础设施往往比较健全,当地居民也有能力参加旅游活动,客源市场潜力较大。

2. 根据乡村旅游资源的结构与组合方式划分

(1) 乡村田园景观旅游资源。

田园风光是乡村旅游资源的主要构成部分,包括大规模连片的农田带、多种类型的经济果林与蔬菜园区,以及一定面积的天然或人工水面等,图3-1所示为佛坪县沙窝村乡村田园展示图。

图3-1 佛坪县沙窝村乡村田园展示图

(图片来源:马蜂窝,https://www.mafengwo.cn/gonglve/ziyouxing/282624.html)

(2) 乡村聚落景观旅游资源。

聚落是人类活动的中心,它既是人们居住、生活、休憩和进行社会活动的场所,也是人们进行生产劳动的场所。我国乡村聚落分为集聚型,即团状、带状和环状村落;散漫型,即点状村落;特殊型,表现为帐篷、水村、土楼和窑洞等。乡村聚落的形态、分布特点及建筑布局构成了乡村聚落景观旅游资源丰富的内涵。这些旅游资源景观具有整体性、独特性和传统性等特点,反映了村民们的居住方式,往往成为区别于其他乡村的显著标志,图3-2所示为安徽皖南建筑聚落。

图3-2 安徽皖南建筑聚落

(图片来源:澎湃网,https://www.thepaper.cn/newsDetail_forward_15676472)

(3) 乡村建筑景观旅游资源。

乡村建筑包括乡村民居、乡村宗祠建筑,以及其他建筑形式。不同地域的乡村民居代表一定的地方特色,其风格迥异,给游客以不同的感受。如青藏高原的碉房,内蒙古草原的毡包,喀什乡村的"阿以旺",云南农村的"干阑",苗乡的寨子,黄土高原的窑洞,东北林区的板屋,客家的五凤楼、围屋及土楼等,千姿百态,具有浓郁的乡土风情。乡村宗祠建筑,如气派恢宏的祠堂,高大挺拔的文笔塔,装饰华美的寺庙等,都是乡村发展的历史见证,反映出乡村居民生活的某一面。河南三门峡陕州区地坑院如图3-3所示。

图 3-3 河南三门峡陕州区地坑院

(图片来源:美篇,https://www.meipian.cn/2lxmpu7u)

(4) 乡村农耕景观旅游资源。

我国农业生产源远流长,乡村劳作形式种类繁多,有刀耕火种、水车灌溉、围湖造田、鱼鹰捕鱼、采药摘茶等,如图3-4、图3-5所示。这些都充满了浓郁的乡土文化气息,体现出不同的农耕文化,对城市居民、外国游客极具吸引力。

图 3-4 水车灌溉

(图片来源:搜狐,https://www.sohu.com/a/358342308_100182918? scm=1002.44003c.fe020c.PC_ARTICLE_REC)

图 3-5 鱼鹰捕鱼

(图片来源:新浪图片,http://k.sina.com.cn/article_7062848554_p1a4fa842a00100ued3.html? from=travel #p=1)

(5) 乡村民俗景观旅游资源。

乡风民俗反映出特定地域乡村居民的生活习惯、风土人情,是乡村民俗文化长期积淀的结果。乡村传统节日五彩纷呈,汉族有元宵节、清明节、端午节、中秋节等,藏族有浴佛节、雪顿节等,彝族有火把节等,傣族有泼水节等,还有农村的游春踏青、龙舟竞渡、赛马、射箭、荡秋千、赶歌、"阿西跳月"等各种民俗活动,都具有较高的旅游开发价值。乡村风俗习惯,如我国各地的舞龙灯、舞狮子,陕北的大秧歌,东北的二人转,西南的芦笙盛会等都脍炙人口,还有各地民间工艺品,如潍坊年画、贵州蜡染、南通扎染、青田石刻,以及各种刺绣、草编、泥人、面人等。潍坊杨家埠传统木版年画如图3-6所示。

图3-6 潍坊杨家埠传统木版年画

(图片来源:网易,https://www.163.com/dy/article/EDICT71U053777R1.html)

3. 根据乡村旅游目的地发展特征划分

根据卢云亭(2006)提出的传统和现代两类乡村旅游目的地类型,可以将乡村旅游资源分为传统和现代乡村旅游资源两大类型,具体如表3-1所示。

表3-1 传统和现代乡村旅游资源分类

传统乡村旅游资源	现代乡村旅游资源
乡村民俗类	现代新农村类
乡村传统农业类	乡村农业高新科技类
古村古镇类	乡村生态环境类
乡村风水或风土类	乡村园林旅游类
乡村土特产类	乡村康体疗养类
乡村休闲娱乐类	乡村知识教育类
乡村名胜区	
乡村红色旅游类	

实际上,在特定的时空范围内,传统和现代的乡村旅游资源往往相互融合,难以做出具体的区分。例如,乡村风水类往往和生态环境类景观资源属于同一范畴。也就是说,同一乡村旅游目的地的资源类型既可以是传统的,也可以是现代的。

4. 根据乡村旅游资源的吸引力划分

根据乡村旅游资源的吸引力划分,其标准取决于旅游资源的质量,即旅游资源价值的高低,包括美学价值、历史价值、文化价值、科学价值和环境价值等。价值越高,吸引力就越大,创造的经济效益、社会效益、环境效益就越高。

(1) 世界级旅游资源。

世界级旅游资源主要是指被联合国教科文组织列入《世界遗产名录》的旅游资源。这些旅游资源是人类罕见的、独一无二的和无法替代的,因此具有垄断性。如安徽宏村、西递等皖南古村落等。

(2) 国家级旅游资源。

国家级旅游资源是指具有重要的观赏、历史、文化和科学价值,其旅游吸引力可辐射到全国乃至世界,在国内外均具有较高的知名度。如中国传统村落,中国历史文化名镇、名村等。

(3) 区域级旅游资源。

区域级旅游资源具有较重要的观赏、历史、文化和科学价值,具有地方特色,在区域内有一定的影响力。如江苏最美乡村等。

(4) 地方级旅游资源。

地方级旅游资源数量繁多,具有一定的观赏、历史、文化和科学价值,主要吸引本地旅游者。

5. 根据旅游资源的功能划分

根据乡村旅游资源的功能,可以将旅游资源划分为度假型、健身型、观赏型、疗养型、科学考察型、娱乐型、探险型等。

6. 根据开发过程中资源循环方式划分

根据开发过程中资源循环方式,旅游资源可被分为消耗型旅游资源、永续型旅游资源和再生型旅游资源。

(1) 消耗型旅游资源。

消耗型旅游资源是指那些因为开发而迅速或缓慢改变其形态、成分、结构的资源,包括大部分自然和人文资源类型。

(2) 永续型旅游资源。

永续型旅游资源主要指人类重复创造或自然力不断塑造的资源类型,如地文景观、生物景观、旅游商品等。

(3) 再生型旅游资源。

再生型旅游资源主要指人工再造的旅游资源。如主题公园、文化节庆活动、体育赛事活动等。

(二) 乡村旅游资源分类体系

1. 乡村旅游资源分类体系

依据乡村旅游资源的价值和功能,结合乡村旅游资源的禀赋性状,即现存状况、形态、特征,综合相关研究,按照从属关系分为主类、亚类和基本类型。将乡村旅游资源分为7个主类18个亚类和51个基本类型,编号采用数字编号系统,如"321"代表第3个主类下第2个亚类的第1个基本类型,具体如表3-2所示。

表3-2 乡村旅游资源分类体系

主类	亚类	基本类型	主类	亚类	基本类型
乡村观光 1	乡村观光园 11	观光花园 111	体育健身 4	体育健身场地 41	水上运动场地 411
		观光果园 112			陆上运动场地 412
		观光茶园 113		乡村体育节庆 42	体育赛事 421
		观光林地 114			体育节庆 422
		观光菜园 115	健康养老 5	养生疗养地 51	温泉疗养地 511
		农业科技园 116			森林疗养地 512
		其他农业观光园 117			禅茶养生地 513
	动物观光地 12	野生动物饲养地 121			其他养生地 514
		乡村牧场 122		养老康居地 52	田园养老综合体 521
		观鸟地 123			乡村老年大学 522
	水域观光地 13	渔村风光 131	农事研学 6	科普场所 61	农业博物馆 611
		水体观光地 132			农业教育庄园 612
	乡村风光 14	美丽乡村 141		研学基地 62	乡村博物馆 621
		特色乡村 142			乡村研学基地 622
文化体验 2	特色农事体验 21	传统农耕文化体验园 211			自然学校 623
		现代农耕文化体验园 212	农副产品采购 7	采摘园 71	采摘果园 711
	乡村聚落文化 22	特色村落民居 221			采摘菜园 712
		乡村遗产景观 222			采摘茶园 713
	乡村民俗文化 23	民俗文化村 231			其他采摘园 714
		历史文化名镇(村、街)232		乡村美食 72	特色农业菜肴 721
休闲度假 3	休闲娱乐型 31	农家乐 311			传统特色美食制作工艺 722
		租赁农场 312		乡村特色商品 73	纪念品、工艺品 731
		农业庄园 313			
	度假娱乐型 32	农业休闲园 321			
		野营地 322			特色食品 732
		农家小屋 323			
		乡村俱乐部 324			
		避暑度假地 325			

(资料来源:游洁敏《"美丽乡村"建设下的浙江省乡村旅游资源开发研究》,浙江农林大学,2013)

2. 旅游资源的国标分类体系

根据中华人民共和国国家标准《旅游资源分类、调查与评价》(GB/T18972-2017),旅游资源基本类型释文如表3-3所示。

表 3-3　旅游资源基本类型释文

主类	亚类	基本类型	简　要　说　明
A 地文景观	AA 自然景观综合体	AAA 山丘型景观	山地丘陵内可供观光游览的整体景观或个别景观
		AAB 台地型景观	山地边缘或山间台状可供观光游览的整体景观或个别景观
		AAC 沟谷型景观	沟谷内可供观光游览的整体景观或个体景观
		AAD 滩地型景观	缓平滩地内可供观光游览的整体景观或个别景观
	AB 地质与构造形迹	ABA 断裂景观	底层断裂在地表形成的景观
		ABB 褶曲景观	地层在各种内力作用下形成的扭曲变形
		ABC 地层剖面	地层中具有科学意义的典型剖面
		ABD 生物化石点	保存在地层中的地质时期的生物遗体、遗骸及活动遗迹的发掘地点
	AC 地表形态	ACA 台丘状地景	台地和丘陵形状的地貌景观
		ACB 峰柱状地景	在山地、丘陵或平地上突起的峰状石体
		ACC 垄岗状地景	构造形迹的控制下长期受溶蚀作用形成的岩溶地貌
		ACD 沟壑与洞穴	由内营力塑造或外营力侵蚀形成的沟谷、劣地，以及位于基岩内和岩石表面的天然洞穴
		ACE 奇特与象形山石	形状奇异、拟人状物的山体或石体
		ACF 岩土圈灾变遗迹	岩石圈自然灾害变动所留下的表面痕迹
	AD 自然标记与自然现象	ADA 奇异自然现象	发生在地表一般还没有合理解释的自然界奇特现象
		ADB 自然标志地	标志特殊地理、自然区域的地点
		ADC 垂直自然带	山地自然景观及其自然要素（主要是地貌、气候、植被、土壤）随海拔呈递变规律的现象
B 水域景观	BA 河系	BAA 游憩河段	可供观光游览的河流段落
		BAB 瀑布	河水在流经断层、凹陷等地区时垂直从高空跌落的跌水
		BAC 古河道段落	已经消失的历史河道现存段落
	BB 湖沼	BBA 游憩湖区	湖泊水体的观光游览区与段落
		BBB 潭池	四周有岸的小片水域
		BBC 湿地	天然或人工形成的沼泽地等带有静止或流动水体的成片浅水区
	BC 地下水	BCA 泉	地下水的天然露头
		BCB 埋藏水体	埋藏于地下的温度适宜、具有矿物元素的地下热水、热气

续表

主类	亚类	基本类型	简要说明
B 水域景观	BD 冰雪地	BDA 积雪地	长时间不融化的降雪堆积面
		BDB 现代冰川	现代冰川存留区域
	BE 海面	BEA 游憩海域	可供观光游憩的海上区域
		BEB 涌潮与击浪现象	海水大潮时潮水涌进景象,以及海浪推进时的击岸现象
		BEC 小型岛礁	出现在江海中的小型明礁或暗礁
C 生物景观	CA 植被景观	CAA 林地	生长在一起的大片树木组成的植物群体
		CAB 独树与丛树	单株或生长在一起的小片树林组成的植物群体
		CAC 草地	以多年生草本植物或小半灌木组成的植物群落构成的地区
		CAD 花卉地	一种或多种花卉组成的群体
	CB 野生动物栖息地	CBA 水生动物栖息地	一种或多种水生动物常年或季节性栖息的地方
		CBB 陆地动物栖息地	一种或多种陆地野生哺乳动物、两栖动物、爬行动物等常年或季节性栖息地
		CBC 鸟类栖息地	一种或多种鸟类常年或季节性栖息的地方
		CBD 蝶类栖息地	一种或多种蝶类常年或季节性栖息的地方
D 天象与气候景观	DA 天象景观	DAA 太空景象观赏地	观察各种日、月、星辰、极光等太空现象的地方
		DAB 地表光现象	发生在地面上的天然或人工光现象
	DB 天象与气候景观	DBA 云雾多发区	云雾与雾凇,雨凇出现频率较高的地方
		DBB 极端与特殊气候显示地	易出现极端与特殊气候的地区或地点,如风区、雨区、热区、寒区、旱区等典型地点
		DBC 物候景观	各种植物的发芽、展叶、开花、结实、叶变色、落叶等季变现象
E 建筑与设施	EA 人文景观综合体	EAA 社会与商贸活动场所	进行社会交往活动、商业贸易活动的场所
		EAB 军事遗址与古战场	古时用于战事的场所、建筑物和设施遗存
		EAC 教学科研实验场所	各类学校和教育单位、开展科学研究的机构和从事工程技术试验场所的观光、研究、实习的地方
		EAD 建设工程与生产地	经济开发工程和实体单位,如工厂、矿区、农田、牧场、林场、茶园、养殖场、加工企业以及各类生产部门的生产区域和生产线
		EAE 文化活动场所	进行文化活动、展览、科学技术普及的场所
		EAF 康体游乐休闲度假地	具有康乐、健身、休闲、疗养、度假条件的地方
		EAG 宗教与祭祀活动场所	进行宗教、祭祀、礼仪活动场所的地方

续表

主类	亚类	基本类型	简要说明
E 建筑与设施	EA 人文景观综合体	EAH 交通运输场站	用于运输通行的地面场站等
		EAI 纪念地与纪念活动场所	为纪念故人或开展各种宗教祭祀、礼仪活动的馆室或场地
	EB 实用建筑与核心设施	EBA 特色街区	反映某一时代建筑风貌,或经营专门特色商品和商业服务的街道
		EBB 特性屋舍	具有观赏游览功能的房屋
		EBC 独立厅、室、馆	具有观赏游览功能的景观建筑
		EBD 独立场、所	具有观赏游览功能的文化、体育场馆等空间场所
		EBE 桥梁	跨越河流、山谷、障碍物或其他交通线而修建的架空通道
		EBF 渠道、运河段落	正在运行的人工开凿的水道段落
		EBG 堤坝段落	防水、挡水的构筑物段落
		EBH 港口、渡口与码头	位于江、河、湖、海沿岸进行航运、过渡、商贸、渔业活动的地方
		EBI 洞窟	由水的溶蚀、侵蚀和风蚀作用形成的可进入的地下空洞
		EBJ 陵墓	帝王、诸侯陵寝及领袖先烈的坟墓
		EBK 景观农田	具有一定观赏游览功能的农田
		EBL 景观牧场	具有一定观赏游览功能的牧场
		EBM 景观林场	具有一定观赏游览功能的林场
		EBN 景观养殖场	具有一定观赏、游览功能的养殖场
		EBO 特色店铺	具有一定观光游览功能的店铺
		EBP 特色市场	具有一定观光游览功能的市场
	EC 景观与小品建筑	ECA 形象标志物	能反映某处旅游形象的标志物
		ECB 观景点	用于景观观赏的场所
		ECC 亭、台、楼、阁	供游客休息、乘凉或观景用的建筑
		ECD 书画作	具有一定知名度的书画作品
		ECE 雕塑	用于美化或纪念而雕刻塑造、具有一定寓意、象征或象形的观赏物或纪念物
		ECF 碑碣、碑林、经幢	雕刻记录文字、经文的群体刻石或多角形石柱
		ECG 牌坊牌楼、影壁	为表彰功勋、科第、德政以及忠孝节义所立的建筑物,以及中国传统建筑中用于遮挡视线的墙壁
		ECH 门廊、廊道	门头廊形装饰物,不同于两侧基质的狭长地带

续表

主类	亚类	基本类型	简要说明
E 建筑与设施	EC 景观与小品建筑	ECI 塔形建筑	具有纪念、镇物、标明风水和某些实用目的的直立建筑物
		ECJ 景观步道、甬路	用于观光游览行走而砌成的小路
		ECK 花草坪	天然或人造的种满花草的地面
		ECL 水井	用于生活、灌溉用的取水设施
		ECM 喷泉	人造的由地下喷射水至地面的喷水设备
		ECN 堆石	由石头堆砌或填筑形成的景观
F 历史遗迹	FA 物质类文化遗存	FAA 建筑遗迹	具有地方风格和历史色彩的历史建筑遗存
		FAB 可移动文物	历史上各时代重要实物、艺术品、文献、手稿、图书资料、代表性实物地等,分为珍贵文物和一般文物
	FB 非物质类文化遗存	FBA 民间文学艺术	民间对社会生活进行形象的概括而创作的文学艺术作品
		FBB 地方习俗	社会文化中长期形成的风尚、礼节、习惯及禁忌等
		FBC 传统服饰装饰	具有地方和民族特色的衣饰
		FBD 传统演艺	民间各种传统表演方式
		FBE 传统医药	当地传统留存的医药制品和治疗方式
		FBF 传统体育赛事	当地定期举行的体育比赛活动
G 旅游购品	GA 农业产品	GAA 种植业产品及制品	具有跨地区声望的当地生产的畜牧产品及制品
		GAB 林业产品与制品	具有跨地区声望的当地生产的林业产品与制品
		GAC 畜牧业产品与制品	具有跨地区声望的当地生产的畜牧产品及制品
		GAD 水产品及制品	具有跨地区声望的当地生产的水产品及制品
		GAE 养殖业产品及制品	具有跨地区声望的当地生产的养殖业产品及制品
	GB 工业产品	GBA 日用工业品	具有跨地区声望的当地生产的日用工业品
		GBB 旅游装备产品	具有跨地区声望的当地生产的户外旅游装备和物品
	GC 手工工艺品	GCA 文房用品	文房书斋的主要文具
		GCB 织品、染织	纺织及用染色印花织物
		GCC 家具	生活、工作或社会实践中供人们坐、卧、支撑与贮存物品的器具
		GCD 陶瓷	由瓷石、高岭土、石英石、莫来石等烧制而成,外表施有玻璃质釉或彩绘的物器
		GCE 金石雕刻、雕塑制品	用金属、石料或木头等材料雕刻的工艺品
		GCF 金石器	用金属、石料制成的具有观赏价值的器物

续表

主类	亚类	基本类型	简要说明
G 旅游购品	GC 手工工艺品	GCG 纸艺与灯艺	以纸材质和灯饰材料为主要材料制成的平面或立体的艺术品
		GCH 画作	具有一定观赏价值的手工画成作品
H 人文活动	HA 人事活动记录	HAA 地方人物	当地历史和现代名人
		HAB 地方事件	当地发生过的历史和现代事件
	HB 岁时节令	HBA 宗教活动与庙会	宗教信徒举办的礼仪活动,以及节日或规定日子里在寺庙附近或既定地点举行的聚会
		HBB 农时节日	当地与农业生产息息相关的传统节日
		HBC 现代节庆	当地定期或不定期的文化、商贸、体育活动等

注:如果发现本分类没有包括的基本类型时,使用者可自行增加。增加的基本类型可归入相应亚类,置于最后,最多可增加2个。编号方式为:增加第一个基本类型时,该亚类2位汉语拼音字母+Z,增加第二个基本类型时,该亚类2位汉语拼音字母+Y。

四、乡村旅游资源调查

旅游资源调查,是指运用科学的方法和手段,有目的、有系统地收集、记录、整理、分析和总结旅游资源及其相关因素的信息与资料,以确定某一区域旅游资源的存量状况,并为旅游经营、管理、规划、开发和决策提供客观科学依据的活动。

(一)乡村旅游资源调查的作用

1. 摸清情况

通过对旅游资源的调查,相关管理者可以了解一个地区乡村旅游资源的存量状况,摸清旅游资源的家底,这对区域旅游业的发展至关重要。

2. 发现问题

通过旅游资源调查,相关管理者可以认清旅游资源的空间特征、时间特征、经济特征、文化特征等,以及各种特征形成的环境和成因,旅游资源的功能价值,有利于扬长避短进行开发利用。

3. 规划未来

通过旅游资源调查,相关管理者能够充实和完善旅游资源信息系统,为旅游预测、决策奠定基础。

4. 规范管理

通过旅游资源的调查研究,相关管理者可以比较全面地掌握旅游资源开发、利用和保护

的现状,从而推动区域旅游资源的管理工作,借鉴其他地方的管理经验,引进先进的管理手段,制定切实可行的旅游资源保护措施。

(二)乡村旅游资源调查的内容

1. 乡村旅游资源所在区域环境调查

(1)乡村旅游资源所在区域自然环境调查。

乡村旅游资源所在区域自然环境调查包括对该乡村地域的位置、范围、面积、地质、地貌、水文、气象、气候、动植物等自然地理要素的概况、特征、质量的调查。

(2)乡村旅游资源所在区域的人文环境调查。

乡村旅游资源所在区域的人文环境调查包括对乡村区域历史沿革、生活民俗、经济特征和经济发展水平、社会的科技教育文化水平及乡村区域内影响和制约旅游资源开发、管理的有关方针、政策、法规等的调查。

2. 乡村旅游资源本身存量的调查

(1)乡村旅游资源类型调查。

在进行充分的旅游资源调查的基础上,按规定的乡村旅游资源分类标准,对乡村旅游区的旅游资源进行分类调查,通过对乡村旅游资源进行归类,相关管理者可以更加明晰地认识旅游资源。

(2)乡村旅游资源特征调查。

乡村旅游资源特征调查主要包括对构成乡村旅游资源的山体、沟穴、洞穴、峡谷、泉、溪、瀑、湖、气象、气候,以及植被覆盖状况和有特色的动植物等的特征调查,也包括对各种名胜古迹、历史遗址、宗教文化、民俗民情、文学艺术等有旅游价值的因素和事件等的特征调查。特别是要重点调查一些唯我独有或名列世界前茅的旅游资源景观及具有科学考察和教学实习等特殊功能的旅游资源景观。

(3)乡村旅游资源成因调查。

在开展乡村旅游资源成因调查时,要了解调查区各种不同类型的旅游资源,尤其是富有当地特色的旅游资源的形成原因、发展历史、存在时限、可能利用价值,以及自然旅游资源与人文旅游资源相互依存的因果关系。

(4)乡村旅游资源规模调查。

乡村旅游资源规模调查主要包括调查旅游资源的数量、分布范围和面积,包括各级风景名胜区、文物保护单位、自然保护区、森林公园等。

(5)乡村旅游资源组合状况调查。

乡村旅游资源组合状况调查即调查了解和综合分析调查区各种旅游资源因素的组合状况及其吸引力的强弱和向性,这主要包括自然景观与人文景观的组合、自然景观内部的组合、人文景观内部的组合等。

3. 旅游资源开发条件的调查

(1)旅游要素调查。

旅游要素调查主要包括对食、住、行、游、购、娱六要素和邮电通信、医疗服务、保险业务等其他接待服务设施的调查。

(2) 旅游项目调查。

旅游项目调查主要包括乡村旅游资源现在的开发状况、项目、类型、时间、季节,及目前旅游人数、人均消费等情况。

(3) 客源市场调查。

客源市场调查主要包括对旅游者数量、旅游收入、旅游动机等的调查。调查中不仅要有现在的客流量和客容量,而且要客观分析、准确预测旅游资源开发后可能的客容量和客流量。

(4) 邻近资源及区域内资源的相互关系调查。

调查分析邻近资源与区域内资源的相互联系以及产生的积极和消极影响,调查分析区域内资源在不同层次的旅游区域中的地位。

第二节 乡村旅游规划概述

一、乡村旅游规划概念

乡村旅游规划,就是根据某一乡村地区的旅游发展规律和具体市场特点而制定的目标,以及为实现这一目标进行的各项旅游要素的统筹部署和具体安排。

乡村旅游作为一种特殊的旅游形式,其规划应该顺其自然、顺应潮流,做到既能持续地吸引游客,又能使乡村地区在保持原来生活方式的基础上逐步发展,并能使当地居民从该项活动中获得效益。

乡村旅游规划的理解体现为以下三个方面。

一是,乡村旅游规划不仅是技术过程,而且是决策过程;它不仅是一种科学规划,更是一种实践可行的规划,二者必须同时兼顾,才能规避"规划失灵"。

二是,乡村旅游规划不仅是一种政府行为,而且是一种社会行为,还是一种经济行为。其规划工作不仅要求政府参与,而且要有未来经营管理人员参与,并与当地群众、投资方相结合,避免规划的"技术失灵"。因为在乡村旅游规划编制过程中,规划师应该在各部门决策者之间进行协调,最终才能形成一个好的规划。

三是,乡村旅游规划不是静态的和物质形态的蓝图式描述,而是一个经过不断反馈、调整的动态过程。规划文本仅是这个过程的初始阶段,即目标的确定和指导性意见。面对未来的种种不确定性,乡村旅游规划必须采取弹性思维和方法,秉承"全程规划"理念。

二、乡村旅游规划特点

(一) 地域性

乡村旅游规划是针对某一特定乡村区域制定的,符合该区域的乡村旅游资源特征、社会文化特征、经济发展阶段特征等,体现了与其他地域规划的差异,具有鲜明的地域属性。

(二) 综合性

乡村旅游活动是游客的综合性社会行为,涉及食、住、行、游、购、娱等多个方面的活动,为满足乡村旅游发展要求,乡村旅游规划应综合考虑乡村地理、历史、文化、建筑、园林、交通、农业等多方面要素特点,综合、全面地发展。

(三)战略性

乡村旅游规划为乡村旅游发展战略和决策制定提供解决方案,其影响时间长、程度深。乡村旅游规划根据侧重内容可划分为总体规划和分项规划;根据规划时间可划分为长期规划、中期规划和短期规划,是对乡村旅游发展全面的、有指导性的解决方案。

(四)文化性

乡村旅游规划,一方面能为充分展示乡村历史文化与民俗风情提供舞台;另一方面,通过合理、科学、有效的规划,在产生经济效益的同时也能帮助居民对乡村文化遗产、历史古迹、风俗民情等进行保护与传承,促进乡村旅游与文化深度融合和乡村旅游的可持续发展。

三、乡村旅游规划的目的

(一)促进乡村产业健康发展

在现代乡村旅游规划理念的科学指导下,乡村旅游业与相关行业发展的进一步协调融合,可调动乡村人力、物力、财力等各方面要素,实现多方共赢。可持续发展的理念也在科学的乡村旅游规划指导下得以实施,从而促进社会和谐进步、经济发展、环境改善,实现乡村全面发展。

(二)启发乡村就业创业

乡村旅游规划为居民获取信息、拓展思路、把握就业机会和商业机会,避免创业和投资方向的盲目性,为乡村有效就业提供帮助。乡村旅游规划也可促进旅行社、景区等主体参与乡村发展,为游客提供规范良好的旅游服务。

(三)有效整合乡村地域资源

乡村旅游规划的制定要以乡村资源的普查和评估为基础,为培育市场、发展产业做贡献。因此,规划能调动乡村各层面管理的积极性,促进行业融合和发展,有效地整合和利用乡村地域资源。

四、乡村旅游规划类型

(一)改造型规划

改造型规划适用于原有村落已有一定规模,交通条件较好,村庄周边用地也基本能够满足改建、扩建需求,但部分乡村服务设施老化或缺乏,不能满足未来乡村旅游的发展,可根据规划目的对现有村落进行改造型规划,使之能够满足乡村旅游发展的需要。改造型规划的内容可具体分为总体空间改造、原有民居改造、基础设施改造、绿化景观改造等多个方面。

改造型规划开始之初,应对改造地的建筑、树木及基础设施进行实地调查并绘制现状图,注重建设用地的调整,注重道路、给水、排水、电力、电信、绿化、环卫等设施的配置。

南京市浦口区江浦街道不老村在保留原有村落的基础上,以不老文化为主题,组织实施《南京不老村乡村旅游区"不老"主题文化提升规划》,将不老村打造成为长三角地区首选的乡村民宿度假旅游目的地。

1. 规划目的

南京不老村是江苏省南京市浦口区着力打造的美丽乡村八颗"珍珠"之一。为深入贯彻落实新发展理念,实施乡村振兴战略,进一步挖掘不老村"不老"文化旅游资源,拓展开发旅游项目,重点凸显健康不老、爱情不老、文化不老、党心不老四个"不老"主题,持续放大不老村品牌效应,努力将不老村乡村旅游区建设成南京领先、全省一流的乡村旅游区,将"不老"文化要素有机融合到项目的提档升级中,真正将不老村乡村旅游区打造成为长三角地区乡村旅游的首选目的地。

2. 规划背景

村落基础条件:不老村地处老山国家森林公园南麓,拥有大片格桑花海,景色优美。相传,很久以前,玉皇大帝感念老山脚下一对恋人的爱情,于是设法让老树不老、泉水不竭,居住在这里的人长生不老,爱情不老,由此得名——不老村。

产业条件:不老村有高品质特色民宿、不老书院、私家菜园、农家乐、铜塑非遗馆、失恋博物馆、农家超市等。

问题关键:不老村文化主题不突出,市场知名度较低,产业化运营较低,项目布局杂乱等。

3. 规划措施

依托特色的不老文化,深入发掘旅游文化的核心要素,展示四大"不老"主题文化的独特魅力,依照"一心一环四区"的发展结构打造不老村整体旅游空间格局。南京不老村乡村旅游区功能图如图 3-7 所示。

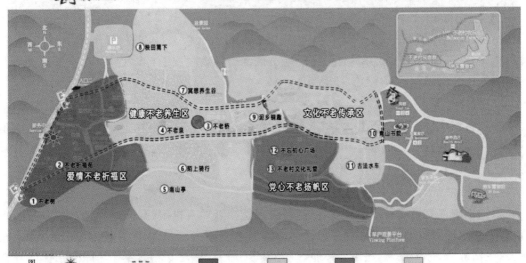

图 3-7　南京不老村乡村旅游区功能图

(图片来源:《南京不老村乡村旅游区"不老"主题文化提升规划》)

以不老文化和乡村休闲为主题,沿区域内慢游道形成特色文化游憩带,打造最美乡村慢游绿道凸显"健康不老"主题。

依托不老村入口开阔地形条件和原生态自然景观,打造爱情文化元素祈福区域,彰显"爱情不老"文化主题。

充分利用不老村优质的乡村农事资源和生态环境,打造不老菜园,提升农事研学体验,丰富乡村游赏体验产品。重新塑造不老井、不老泉和不老桥,对接游客养生需求,打造冥想养生谷项目,为游客提供文化不老休闲空间。

丰富和优化乡创市集、泥乡铜趣、不老书院、童趣园、射箭场等现有产品,通过旅游体验的融入,结合创意设计,展现民俗文化、非物质文化遗产特质,让游客与传统文化互动,近距离、深层次接受和感知文化传承的魅力。

充分利用开阔场地,提升不忘初心广场氛围,让游客感受新时期青山不老、初心不变、党心不老的时代精神,通过文化长廊的搭建,文化礼堂的塑造,让游客在游赏中砥砺品格、洗涤心灵、坚定信念,通过互动式的交流和文化展演,丰富游客全方位"党心不老"的文化体验。

(二)新建型规划

新建型规划对乡村设施设备的新建要求较高,适用于具备发展乡村旅游的资源条件,但缺乏基础条件的乡村。为开发旅游需要,营造整体旅游开发环境,新建型规划涉及新建村、迁村并点,以及其他新建的旅游吸引物等类型。由于新建型规划往往改变了当地居民多年来的生活方式,在进行新建型规划时,必须做到选址科学、用地布局合理、功能分区明确、设施配套完备并与环境相协调,体现乡风民情和时代特征。

山东省济南市平阴县玫瑰镇平阴华玫生态园的规划符合新建型乡村旅游项目规划的特征。

1. 规划目的

通过挖掘拥有1300多年的平阴玫瑰历史文化,与浪漫、爱情等相关的现代玫瑰文化体验相结合,兼具风景观光、休闲娱乐、婚纱摄影、婚礼庆典、医养健康、现代工厂、旅游购物等多种功能,打造国内高标准并具有一定影响力的综合性乡村旅游区,平阴华玫生态园空间布局图及发展意向图如图3-8、图3-9所示。

2. 规划背景

本项目位于济南市平阴县玫瑰镇,凤凰山和华玫生物公司中间地带,东侧为凤凰山山脉,有两个凹形山谷,现状地形呈梯田状。项目总规划面积为39.17公顷,项目周边拥有玫瑰种植园、玛钢公园、胡庄教堂、翠屏山等旅游资源。

3. 规划内容

根据平阴现有资源和玫瑰产业优势,结合现代大众对乡村田园旅游生活方式的向往,提炼出"中华玫瑰大世界"主题名称。以平阴玫瑰为主线,平阴本土文化为载体,规划一个生态优美、生活舒适、休闲惬意,集工业体验、观光摄影、休闲娱乐、度假康养等功能于一体的复合性、综合型的田园旅游度假区。

总体规划依据地形特点形成"一轴、四片、五区"的主要景观节点空间格局,主要包括两处山坳区域的商业、乐园、花卉园、果园,南侧的民宿区域和北侧的玫园区域。

第三章
规划引领——乡村旅游顶层设计

规划布局

根据平阴现有资源和玫瑰产业优势，项目地周边有6万多亩玫瑰种植园，同比国内云南玫瑰、甘肃苦水玫瑰两大种植基地，结合现在大众对乡村田园生活方式的向往，在此基础上提炼出"中华玫瑰大世界"主题。总体规划以平阴玫瑰为主线，以平阴本土文化为载体，规划一个生态优美、生活舒适、休闲惬意，集工业体验、观光摄影、休闲娱乐、康养度假等功能于一体的复合型、综合型田园度假区。

通过对建筑、景观、植物、灯光等各要素布局，生态园对整体环境进行把握和规划，以因地制宜和本土特色等为原则，打造绿色生态休闲空间，给栖息都市的游客营造一个田园般的休闲旅游场所。

1. 入口广场　　15. 游客服务中心
2. 十里玫园　　16. 玫瑰塔
3. 百花园　　　17. 景观平台
4. 薰衣草园　　18. 枫树林
5. 菊花园　　　19. 停车场
6. 乐玩果园
7. 生态果园
8. 度假木屋
9. 星空营地
10. 民宿度假
11. 荷兰商街
12. 仙子乐园
13. 迎客瀑布
14. 特色产品

类别	用地指标（公顷）	容积率	建筑面积（平方米）
总规划面积	38.17	—	65485
种植面积	23.77	0.05	11885
游客服务中心	0.5	1.0	500
商街建筑	0.7	1.5	10500
管理用房	0.5	1.0	5000
乐园建筑	1.5	0.1	1500
民宿度假	1.5	1.5	22500
度假木屋	1.7	0.8	13600
道路铺装	7.5	—	—
停车场	0.5	—	—

图 3-8　平阴华玫生态园空间布局图

（图片来源：北京绿道联合旅游规划设计有限公司，http://www.cnldlh.com/a/anni/nongyeyuxiangcun/2020/0930/1460.html）

图 3-9　平阴华玫生态园发展意向图

（图片来源：北京绿道联合旅游规划设计有限公司，http://www.cnldlh.com/a/anni/nongyeyuxiangcun/2020/0930/1460.html）

通过对入口轴线上的商业建筑、乐园设施和景观进行设计,加入蕴含田园元素的雕塑小品,丰富游客的感官体验。围绕对主轴线的项目布局,打造出浪漫唯美的景观环境,将民宿度假、仙子乐园、荷兰商街、十里玫园、百花园、乐玩果园、生态果园等串联起来。

通过对建筑、景观、植物、灯光等各要素布局,对整体环境进行把握和规划,以因地制宜和本土特色等为原则,打造绿色生态休闲空间,给栖息都市的游客营造一个田园般的休闲旅游场所。

第三节 乡村旅游规划原理

一、乡村旅游规划原则

乡村旅游在规划过程中应立足乡村特色,充分考量乡村的社会经济条件、旅游资源赋存、旅游市场需求等内容,以科学严谨的态度,全方位、多层次地进行系统性设计,力求实现旅游目的地的长期可持续发展。

(一)乡土特色原则

乡村旅游的独特性和差异化是吸引游客、增强竞争力的关键。中国广袤复杂的地理环境和深厚的历史文化积淀孕育了乡村地区丰富多样的文化资源和自然资源。每一个乡村旅游区都可以结合其独特的历史脉络、地理风貌和民俗风情,打造独具个性和魅力的乡村旅游目的地。

乡土特色原则强调在设计和构思上充分尊重并体现乡村自然环境的原生态特征,避免过度人工雕琢,追求野趣盎然、回归本真的景观效果。在具体实践中,乡土特色原则要求乡村旅游区的植物配置要注重地域适应性,选择适合当地气候、土壤条件的本土物种,在保证生态多样性和稳定性的同时,通过植被展现当地独特的生态环境和农耕文化特色;在旅游产品打造中,乡村旅游区要融入当地的农耕文化元素和民俗活动,使游客深入体验原汁原味的乡村生活方式和浓厚的地方文化内涵,提升乡村旅游产品的内涵价值和市场吸引力。

(二)和谐生态原则

在乡村旅游规划中,乡村旅游区必须深刻贯彻生态理念,将保护原始生态环境和本土文化内涵视为首要任务,运用系统论和景观生态学的相关原理,力求在最大限度挖掘和利用旅游资源的同时,尽可能减少对生态环境的负面影响,努力实现生态、经济和社会效益之间的平衡、协调发展。

从美学角度来说,乡村旅游规划应充分尊重和保持乡村原有地貌、水系、植被等自然资源的完整性、统一性和连贯性,无论是新建的旅游设施还是改造后的村落环境,都应与周边自然和人文环境相协调,达到视觉上的和谐,增强游客的审美体验。在满足游客需求的基础上,从美学角度考虑服务设施的布局与设计,如利用视线走廊引导游客欣赏美景,通过艺术装置、景观小品等提升空间艺术感,运用适宜的灯光效果,突出自然及人文景观的特点,营造宁静、温馨的生活氛围等。

（三）文化保护与创新原则

在乡村旅游规划过程中，乡村旅游区应注重乡村文化的保护与创新，主要体现在对乡村地区的物质文化资源（如历史遗迹等）和非物质文化遗产（如传统技艺、民俗活动、地方戏曲等）进行系统性普查与登记，制定合理的保护措施，防止因过度商业化开发导致文化资源被破坏。

在旅游项目规划设计中，乡村旅游区要鼓励和支持本地居民参与旅游业发展，通过举办文化节庆、民俗表演、农事体验等活动，让游客深度参与到传统文化的体验中，为传统文化的传承提供平台和发展空间。同时，乡村旅游区还要充分结合当地特色文化，将传统文化元素融入产品开发、住宿设施、餐饮服务、体验活动等各个环节，打造具有鲜明乡土文化特色的旅游产品和服务；挖掘和提炼乡村文化内涵，开发具有创意和市场潜力的文化衍生品，如手工工艺品、文创纪念品等，带动乡村经济的多元化发展。另外，乡村旅游区要设立或整合教育基地、展示馆等设施，引导游客了解和学习乡村的历史文化知识，促进城乡间、地区间的文化交流与互动。

（四）产业融合发展原则

乡村旅游规划设计的核心之一，就是要积极推动旅游业与乡村其他产业的深度融合。在具体实践中，乡村旅游区应充分挖掘和利用乡村独特的自然资源、文化资源以及农业资源，通过旅游产业的引领作用，将这些资源转化为具有市场吸引力的旅游产品和服务。例如，可以设计农事体验活动以带动现代农业的发展，推广地方特色农产品以激活乡村经济；也可以依托丰富的非物质文化遗产，开展民俗文化节庆、手工艺展示等活动，促进乡村文化产业的繁荣。通过这种融合发展方式，乡村旅游区不仅能够丰富乡村旅游的内容和形式，提高游客体验度，而且有助于拓宽乡村居民的收入渠道，推动乡村产业结构优化升级。

在乡村旅游规划设计中，乡村旅游区要高度重视旅游业对乡村地区整体产业振兴的带动作用。这意味着，乡村旅游区不仅要关注旅游业自身效益的提升，更要注重其对乡村经济社会发展的综合影响。乡村旅游区在规划时应考虑如何借助旅游业的发展来改善农村基础设施，提升公共服务水平，吸引人才回流，激活乡村闲置资源，从而实现乡村振兴的战略目标。同时，乡村旅游区还应建立和完善利益联结机制，确保当地农民和社区能从旅游业发展中获得切实的利益，共享发展成果，形成旅游业与其他产业相互促进、共同发展的良性循环。

（五）主客共享原则

乡村旅游区，作为游客外出游乐的休闲场所，需要针对游客群体的游憩活动需求进行精心规划和设计，创造舒适宜人的旅游环境，提供丰富多样的休闲娱乐体验。同时，乡村旅游区依托的乡村空间是当地村民居住、生产和生活的基本需求保障场所，需要确保当地村民在乡村区域内的生活环境得到持续改善，提升生活质量。所以，乡村旅游区景观规划设计在最大化提高游客游憩体验满意度和舒适度的同时，也需要关注乡村社区基础设施和人居环境的改造升级，塑造既满足游客休闲需求又适应本地村民居住的理想乡村旅游环境。

（六）社区参与原则

乡村旅游的可持续发展在很大程度上依赖当地社区对自身文化价值的认知与传承，以及乡村居民在旅游发展过程中的主动参与和保护作用。乡村社区全面而深入的参与不仅是

推动乡村旅游持续发展的内在驱动力,也是衡量乡村旅游区成功与否的重要指标,有助于避免权力集中、利益分配不均等负面影响。

为了确保乡村旅游的健康发展,乡村旅游区应积极推行社区参与制度,鼓励居民从个人到集体,乃至整个社区全方位参与旅游业的各个环节。具体而言,社区居民应积极参与旅游经济决策,包括旅游项目的策划、规划和执行,同时关注环境保护和社会文化的保育工作;社区居民不仅要追求经济效益,更要致力于生态环境保护和传统文化的维护与传承,例如参与森林资源管理,加入旅游发展规划和决策制定的过程。

在乡村旅游规划阶段,乡村旅游区必须充分听取并采纳社区居民的合理意见和诉求,使最终形成的规划方案能够反映居民对旅游开发的态度和期待。通过这样的方式,乡村旅游区可以有效降低实施规划后可能产生的居民反感情绪和冲突事件的发生率,确保实现乡村旅游的三大核心目标:一是实现乡村经济的稳定增长;二是建立公平合理的利益分配机制,让社区居民共享旅游发展成果;三是培养和发展本地社区的服务人员,增强他们对本土资源保护的责任意识,使本地居民自觉地投入到乡村旅游事业的发展中去。

二、乡村旅游规划步骤

乡村旅游规划作为旅游规划的重要分支,不仅需要遵循一般旅游规划的基本原则,还需要根据乡村地区的特殊性制定出符合乡村特点的技术路线,这个技术路线包含从规划准备到具体实施共五个核心阶段。

乡村旅游规划技术路线图,如图3-10所示。

(一)规划准备阶段

规划准备阶段是乡村旅游规划的起点和基础,该阶段的工作对规划的成功实施至关重要。具体内容包括以下七个方面。

1. 明确规划目标

明确规划目标既包括乡村旅游规划的整体目标,如旅游业发展水平、乡村文化保护与传承、农村环境改善等多个层面,也包括根据区域特色和发展需求设定的具体量化目标,如旅游人数增长幅度、经济效益提升目标等。

2. 确定规划范围和期限

确定规划范围涵盖具体地理区域,包括村落、农田、山水、林地等;确定规划期限即明确规划的时间跨度,如短期(3—5年)、中期(6—10年)或长期(11年以上)。

3. 制定指导思想

制定指导思想要结合国家乡村振兴战略、生态文明建设、全域旅游理念,以及当地社会经济发展状况,确定规划的总体思路和原则,如生态优先原则、以人为本原则、可持续发展原则等。

4. 组织策划团队

组织策划团队即组建一支包含旅游规划、环境保护、文化研究、经济分析、建筑设计等领域专家的专业团队,确保多角度、全方位地对乡村旅游资源进行深入挖掘和科学规划。

5. 确保公众参与机制

确保公众参与机制倡导建立公众广泛参与的决策程序,通过座谈会、问卷调查、社区讨

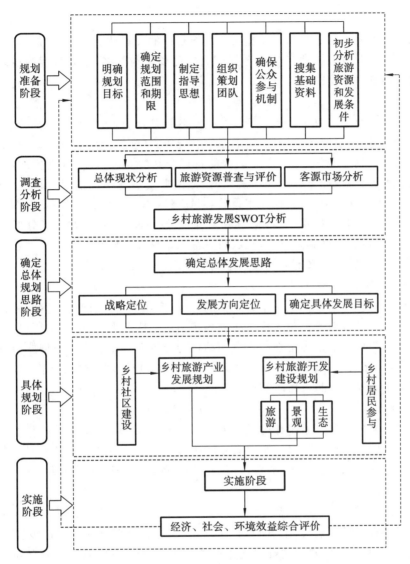

图 3-10 乡村旅游规划技术路线图

论等多种形式收集村民、游客、相关企业以及政府部门的意见和建议,使规划更加符合实际需求和社会期待。

6. 搜集基础资料

搜集基础资料要求乡村旅游规划机构要系统搜集关于乡村自然环境、历史文化、民俗风情、基础设施、经济社会发展状况、旅游资源现状等各类基础数据和信息,为后期的资源评价、规划编制提供翔实的依据。

7. 初步分析旅游资源和发展条件

基于收集的基础资料,对乡村地区的旅游资源进行评估分类,识别乡村的优势和潜力,分析目前该地区乡村旅游发展的制约因素和机遇,初步提出具有地方特色的旅游发展模式与路径。

（二）调查分析阶段

乡村旅游规划的调查分析阶段是整个规划过程中的关键环节，对乡村旅游地现状、资源禀赋、市场需求，以及发展机遇与挑战进行全面梳理和深刻洞察，可为后续的规划制定提供翔实的基础资料和决策支撑。

1. 总体现状分析

工作团队要系统地对目标区域进行详尽的现状评估，包括自然地理特征分析，如乡村旅游地的地形地貌特点、气候环境特征、生态系统状况等；社会经济发展状况评价，如乡村旅游地的人口结构及其动态变化趋势、产业结构的特点及其演变过程、基础设施建设状况、交通条件的便捷程度、公共服务设施的完善程度等；旅游业发展现状评估，如深入分析现有的旅游产品种类、特色及其吸引力；根据住宿设施容量、餐饮服务配套、游客满意度调查等考察目标区域旅游接待能力和服务水平；根据游客来源、市场份额、品牌影响力等分析目标区域市场知名度和市场地位；根据旅游收入、税收贡献等预估目标区域经济效益。通过多个维度的综合分析，为目标区域乡村旅游规划提供准确的基础信息支持。

2. 旅游资源普查与评价

乡村旅游资源普查与评价是一个系统性的过程，旨在全面、准确地了解和评估区域内的各类旅游资源。旅游资源普查与评价主要内容包括对自然景观资源、人文历史资源、特色产业资源等的普查与评价。采用定性与定量相结合的分析方法评估不同类型旅游资源的优势和特点，可为后续旅游规划、产品设计、市场营销、资源保护管理提供科学依据，有助于实现乡村旅游资源的合理开发与可持续利用。

3. 客源市场分析

客源市场分析旨在通过系统化的数据收集和实地考察研究，深入剖析潜在及现有游客群体的特性，为精准定位目标市场、制定有效的旅游产品和服务策略提供依据。客源市场分析的具体内容包括需求特点分析、消费习惯分析、消费偏好分析、支付能力分析、出游时间规律分析等。

4. 乡村旅游发展SWOT分析

结合上述调查分析结果，运用SWOT分析方法，能够全面审视和把握乡村旅游发展的内外部环境；识别并挖掘区域内的资源优势和独特性，分析产业发展过程中存在的不足和问题；捕捉可能的发展机遇和应对潜在的挑战，为乡村旅游规划提供有力的战略指导依据。

（三）确定总体规划思路阶段

基于前一阶段的深入调查和分析，规划团队在这一阶段将进行系统性的思考与综合性的决策。总体规划具体包括结合乡村的历史文化底蕴、社会经济状况、生态环境等明确乡村旅游区在整个地区发展中的战略定位；明确乡村旅游发展的总体方向和主攻领域，如科普研学、休闲度假、农业体验、康体养生等。根据战略定位和方向选择，规划团队可制定乡村旅游发展的短期和长期发展目标，包括游客接待量、新增就业人数、环境保护目标、文化传承成效等，为后续具体规划方案的设计提供有力指导。

（四）具体规划阶段

在总体规划思路指导下，规划团队将结合前期的深度调查分析结果进入实质性内容构建的关键环节。具体规划阶段是乡村旅游规划工作的主体部分，是构建乡村旅游规划内容体系的核心,主要内容包括旅游产品设计、产业发展规划、服务设施规划、市场营销策略等。每部分内容均需要细化到具体的项目内容和实施方案,并提出不同发展阶段的目标、任务,如景点布局与提升方案、交通设施建设方案、住宿设施布局与建设方案、文化保护与传承方案、环境治理与生态修复的具体实施方案等。

（五）实施阶段

实施阶段是乡村旅游规划进行实际操作和落地的关键环节,主要内容包括根据已经制定的乡村旅游规划内容,明确各个项目的时间表、责任人、资金投入计划,确保各项工程按期启动和有序进行;整合并协调乡村地区的各类资源,包括自然资源、人力资源、文化资源,以及社会资本等,通过科学合理的配置,实现资源的最大化利用和效益提升。另外,在实施阶段规划团队还要与该规划实施涉及的各个部门协调沟通,如与旅游企业、社区居民及其他利益相关者交流沟通,确保规划目标的一致性和行动的有效性。在具体实施中,相关部门还要定期对乡村旅游规划实施情况进行跟踪监测,从经济、社会、环境等多维度进行综合评估,以量化数据和事实为依据评判规划实施的实际成效。

第四节 乡村旅游空间布局

乡村旅游空间布局是对土地及其负载的旅游资源、旅游设施进行分区划片的空间呈现。通过对乡村旅游发展背景的分析,规划者可以确定乡村旅游区的名称、发展主题、形象定位、旅游功能、突破方向、规划设计、项目选址,从而将旅游要素合理配置到不同的活动区域中。乡村旅游空间布局一般应遵循以下规律。

一、点线结合

乡村旅游规划中的"点"是指乡村区域典型的景观、景点,"线"是指连接各个景点的路线。合理规划乡村旅游线路,将各个景点有机连接起来,尽可能发挥乡村旅游"点"的核心吸引力,这样也能满足旅游者游景"点"的目的。合理规划乡村道路,通过道路的连通,在空间上对乡村旅游资源进行布局。

例如,在江西修河旅游区总体规划中,运用区域内水系、山水观光长廊等有序串联旅游区内各功能区,实现旅游区联动发展,如图 3-11 所示。

二、功能互补

在村域空间区域规划中,依据乡村旅游区的功能进行划分,主要突出各主题旅游区域和服务区域的协调搭配,避免重复建设和主题雷同。

如河北省承德市平泉市柳溪镇《平泉"柳溪乡苑"休闲农业规划》在充分把握市场需求和产业发展趋势的前提下,融入低碳环保循环可持续的发展理念,以传统民俗文化和农耕文化为主线,对传统民居保护和改造、挖掘和创意传统文化、注重农业旅游的融合和体验,按照公园的经营思路,将功能区划分为入口服务区、农业休闲区、民俗体验区、山地运动区、休闲度假区。平泉"柳溪乡苑"休闲农业规划功能分区图,如图 3-12 所示。

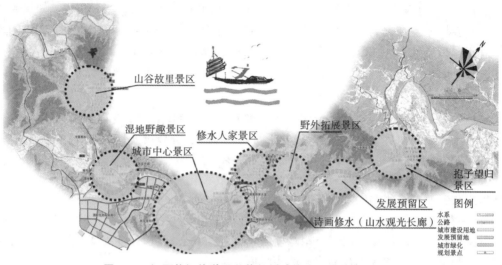

图 3-11 江西修河旅游区总体规划功能分区及游览线路图

(图片来源:《江西省修河旅游区总体规划》)

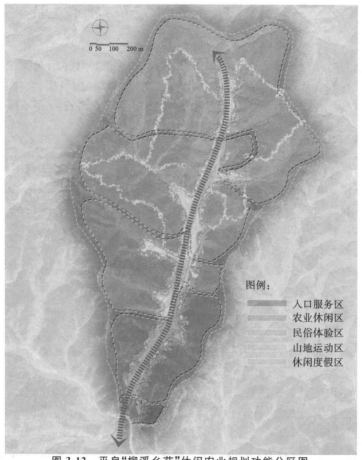

图 3-12 平泉"柳溪乡苑"休闲农业规划功能分区图

(图片来源:北京绿道联合旅游规划设计有限公司,http://www.cnldlh.com/a/anni/nongyeyuxiangcun/2017/1114/159.html)

三、资源突出

采用以资源为中心的功能分区方式,在核心资源周边配套活动区域、创意园、休闲园、户外营地、特色民宿等不同主题区域,使乡村资源彰显自身特色,方便游客游览。

在《安徽阜阳化花仙谷生态乐园概念规划》中,以生态环境和现代农业产业为基础,融入创意、文化、生态等元素,结合颖淮文化、龙凤文化、四象文化,以"十二花仙"为主线确定五大片区(景观植物种植区、花卉产业区、中草药种植区、有机蔬果种植区、林木种植区)和七大基地(有机农场、林木产业基地、玫瑰生产示范基地、蔬果种植示范基地、农业休闲观光示范基地、大地景观基地、花卉育苗基地),将项目地打造成集休闲度假、生态观光、文化体验、运动娱乐、科研教育于一体的新型、现代田园综合体,打造皖北第一文化花海水乡。其空间意向图如图3-13所示;功能分区图如图3-14所示。

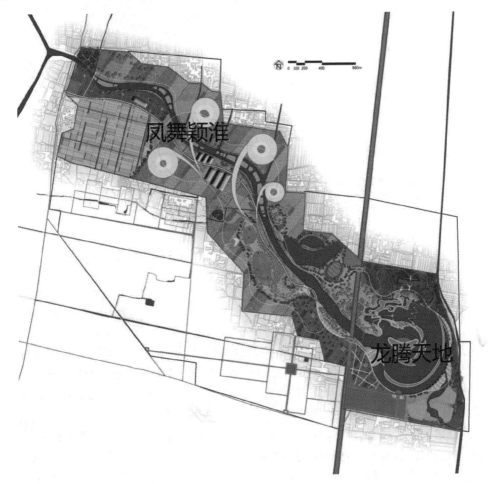

图 3-13 空间意向图

(图片来源:北京绿道联合旅游规划设计有限公司,http://www.cnldlh.com/a/anni/a/anni/tianyuanzongheti/2018/0202/324.html)

图 3-14 功能分区图

（图片来源：北京绿道联合旅游规划设计有限公司，http://www.cnldlh.com/a/anni/a/anni/tianyuanzongheti/2018/0202/324.html）

第五节 乡村旅游规划内容

一、乡村旅游形象规划

旅游形象指旅游者对旅游目的地总体性、概括性的认识和评价。旅游形象是旅游目的地在旅游者心中的一种感性和理性的综合感知。乡村旅游形象是指旅游者对乡村旅游目的地的总体性、概括性的认识和评价，包括乡村旅游活动、乡村旅游产品及服务等在旅游者心中形成的总体性、概括性的认识和评价。

目前，我国的乡村旅游宣传口号多采用"全国农业旅游示范点"之类的称号代替，而不注重形象的塑造和传播，有些乡村旅游地缺乏标徽、纪念品和户外广告等视觉符号，难以引起游客兴趣。此外，有些乡村旅游地由于缺乏对当地文脉、旅游资源、客源市场和品牌形象竞争等进行深入细致的调查分析，致使旅游形象难以确定，令游客有形象模糊的感觉。

因此，乡村旅游地在旅游形象规划过程中，应在市场调查、地方文脉分析、旅游地竞争分析的基础上进行乡村旅游地形象定位。（详见本书第四章）

二、乡村旅游产品规划

乡村旅游产品规划是指根据不同的乡村旅游资源特色及赋存状况,来详细设计不同类型、不同用途的乡村旅游产品,以便全方位地满足乡村旅游者各种层次、不同形式的旅游需求,丰富他们的旅游体验。

目前,许多乡村旅游地虽然有着良好的旅游资源基础,但在乡村旅游资源开发过程中存在产品形式单一、服务内容初级、产品加工粗糙、项目雷同、缺乏创新,以及资源与市场没有很好地结合等问题。

因此,在乡村旅游产品开发过程中,应强调旅游产品的差异化、体验化、系列化,突出旅游产品的文化气息,满足游客个性化需求,鼓励游客与当地居民接触,引导游客真正走进当地文化,并获得更大的满足。

三、乡村旅游设施规划

乡村旅游设施本身具有一定的特殊性,其不仅服务游客,还服务居民,如商店、道路、公共卫生、停车场等。乡村设施使用边界的模糊性导致村民与游客混乱使用,既引起居民生活的不便,也影响游客的游览体验。因此,完善的乡村旅游设施是乡村旅游有效和科学开发的保证,在开发过程中需要进行全面而深入的研究和思考。

四、乡村旅游景观规划

乡村旅游景观规划对推动乡村旅游健康发展、保持地域文化传承、保护生态环境、促进乡村经济发展具有重要意义。在景观规划中,一方面应保护和珍视乡村固有的自然生态系统和人文景观风貌,竭力保持和发扬乡村的独特魅力和本土风情,另一方面应精心策划景观节点和公共空间,巧妙融合旅游服务设施的实际功能与景观美学,打造既具有高观赏价值又能提供优质旅游体验的乡村旅游目的地。

五、乡村旅游生态环境保护规划

旅游者参与乡村旅游的目的是享受大自然和娱乐休闲,从而达到身体健康、心理放松的良好状态。因此,环境对游客来说是较具吸引力的,也是乡村得以持续发展的深层动力。应该对旅游开发的生态影响进行分析,从乡村旅游的游客容量控制、制定生态环境保护措施两方面制定生态环境保护规划。

经典案例解读

思考与练习

(1) 如何理解乡村旅游资源的和谐性特点?
(2) 乡村旅游资源有哪些分类方式,具体包括哪些类型?
(3) 为什么要开展乡村旅游资源调查?
(4) 乡村旅游资源调查的内容有哪些?
(5) 如何有效评价乡村旅游资源?

第四章

主客共享——乡村旅游目的地打造

学习引导

卞之琳在《断章》中写道:"你站在桥上看风景,看风景的人在楼上看你"。你看风景是因为风景吸引你,而看你的人也是因为你与风景构成一幅景,这其实就是旅行的意义,也是生活的意义,游客在旅游目的地旅游,同时也在旅游目的地生活。随着互联网技术的发展、休假方式、交通方式的转变,主客共享理念作为全域旅游发展的重要理念被提出。在乡村旅游区,尤其游客具有地域临近性、游览休闲性、旅游社区化等特点,主客共享的现象尤为明显。基于这一原因,打造主客共享的旅游目的地成为当下旅游目的地打造的必然要求。基于此,本章首先分析了主客共享的理念、背景及要求,并在理念指导下从乡村旅游目的地景观打造和公共服务体系打造两个维度学习主客共享旅游目的地打造的重要内容,提升学生整体发展观。

学习重点

(1) 主客共享理念提出的时代背景。
(2) 主客共享旅游目的地的打造思路。
(3) 乡村旅游目的地景观打造的重点内容。
(4) 乡村旅游目的地公共服务体系打造的重要内容。

第一节 主客共享乡村旅游目的地

一、主客共享理念的提出背景

人们常说:"旅游就是从我住腻了的地方到你住腻了的地方去"。在这句表述中,作为主体的"我"和作为客体的"你"显得泾渭分明。在传统旅游业发展中,主客分异是典型特征,传统旅游的主客分异源于时空自然区隔导致的信息不对称和文化认知差异。

随着互联网技术的蓬勃发展,信息传播突破时空局限,休假制度和工作方式的改变促使人们重新审视生产、生活和休闲三者之间的关系,以飞机和高铁为代表的极速交通创造了同城化效应,而超级城市及城市群的发展又使多中心、多核化发展成为潮流。这一切都解构和重组了原本的主客关系,以往"他乡成故乡"的迷思惶惑已经成为人地关系的新常态。全域旅游的提出和发展正是这个时代的必然。

随着互联网时代的到来,休假制度和工作形式的变化、极速交通创造同城化效应等使主客共享发展模式成为必然。

(一)互联网的普及,促使旅游成为人际社交增强与回归的一种方式

互联网,特别是移动互联的广泛普及,以及各种科技手段的发展,让信息的获得变得前所未有的便利。信息的海量多元和交互方式的便捷极大地拉近了人与人之间的距离,"天涯若比邻"成为现实。当下的旅游可以归纳为"信息+体验",信息可以通过技术获得,而体验是旅游行为不可被替代的本质。信息技术的发展将使人际交往的成本极大降低,语言、文化、生活习惯等都不再是障碍。如果说"车同轨、书同文"是民族融合的关键,那么互联网将最大限度地弥合差异性。因此,对异地性和差异化的猎奇将不再是未来旅游业的最大动因,旅游将成为满足人际交往这一人类基本需求回归的一大途径。

(二)我国休假制度和交通发展改变了人们的出行方式

带薪休假制度的完善和优化,保障了人们对休闲生活的高品质要求。我国政府多次出台文件推进制度落实带薪休假制度。2009年,国务院发布《关于加快发展旅游业的意见》,文件提到落实带薪休假制度;2012年,"带薪休假"被写入政府工作报告;2013年,《国民旅游休闲纲要(2013—2020年)》提出,到2020年,职工带薪休假制度基本得到落实;2015年,国务院办公厅印发《关于进一步促进旅游投资和消费的若干意见》,重点提出优化休假安排。自此之后,我国政府开始鼓励和推动地方出台并落实带薪休假的具体措施。2016年,国务院印发《"十三五"旅游业发展规划》,将职工带薪休假制度的落实纳入各地政府议事日程,要求制定带薪休假制度的实施细则,并加强监督和检查;2021年,《"十四五"旅游业发展规划》印发,推动地方制定落实带薪休假具体办法;2023年,国家发展改革委发布《关于恢复和扩大消费的措施》,提出要全面落实带薪休假制度,鼓励错峰休假、弹性休息。

交通的高速发展意味着人们在时间上将更加宽裕,交通上的便捷极大地改变了人们的空间感知,人们的生活方式、工作方式和休闲方式也因此改变。越来越多的人破除朝九晚五

的工作定势和两点一线的生活轨迹,形成生活空间、工作空间和休闲空间的三重复合。

(三)散客化市场的发展是旅游供给变化的必然结果

在旅游市场总体大幅度提升的前提下,团队游和散客游两种方式的此消彼长正是新时期旅游组织行为的一大特征。近年来,团散比已经从以往的7∶3倒置成了3∶7,特别是在国内城市旅游中,散客游已经部分取代了旅行社团队旅游的主体地位。以2014年的统计数据为例,北京的国内团队游客占比仅有2%,上海也只有2.5%。

城市旅游散客化时代到来的原因主要有四个。一是游客的成熟。在近30年的时间里,旅游从一种奢侈消费行为迅速被大众接受和熟悉,并已经成为人民群众生活的一个组成部分。现今,中国游客已经清楚自己要玩哪里以及怎么玩,已经不再依赖旅行社的全程组织和协助就能自主安排自己的行程了。二是信息的透明。互联网时代的发展使信息透明化程度越来越高,游客可以在网上找到大多数与旅游相关的资讯,旅行社作为旅游信息垄断者的时代已经结束了。三是城市的旅游公共服务体系日益完备。从公共交通到餐饮、住宿,从道路交通指引到旅游咨询服务中心,外地游客可以在城市里很便捷地出行,并得到旅游需要的一切信息和物质。四是旅游服务标准化的程度越来越高。特色化的旅游资源和标准化的服务完美融合,使游客能够享受完善的服务。标准化发展的背后恰恰是基于旅游潮和移民潮带来的各地人员流动,打破了以往的熟人社会,进而实现文化上的相互融合。

(四)居民和游客、休闲与旅游的行为方式逐渐趋同

因使用的时间段、时长和获得感知愿望的差异,城市公共休闲空间的使用主体主要由本地居民和外来游客组成。其中,以外来游客旅游观光为主要功能的景点,都具有流量大、流速快等特点。比如,北京天安门广场、被称为"中华商业第一街"的上海南京东路步行街、东方明珠电视塔等城市地标性景点。然而,本地居民和外地游客的身份并非固定不变的,有时是可以相互转换的。外地游客可能因缘际会成为本地居民,本地居民也会因种种原因成为城市的游客。如此一来,不同群体对城市公共旅游休闲空间的使用会逐渐趋同。

休闲旅游的发展,使更多的游客驻足并深入了解一个城市的精彩成为可能。城市化推动城市朝着多中心、多样化形态发展,即便是城市的本地居民,也不能如从前般熟知城市的每一个角落。城市的差异化发展触发了"一日游"。同时,城市化进程带来了城市人口数量的增长和人口结构的多元,融合已经成为城市发展的主要趋势。本地居民和外来游客的主客体界限开始模糊,传统意义上休闲与旅游的区分也不那么分明了。

在早期的定义中,"旅游"被视为"休闲"的一个组成部分,是实现休闲目的的一种具体形式。如今旅游和休闲基本合二为一。狭义的休闲成为旅游的目的,而广义的休闲成为旅游过程中的具体行为。

二、主客共享乡村旅游目的地打造思路

(一)加快美丽乡村建设与乡村旅游融合发展

建设美丽乡村是提升、改善农村落后生产条件和生活环境的一项重大民生工程。与城市旅游相比,乡村旅游承载的功能是有差异的。乡村旅游首先是一种生活方式,其次才是一种旅游方式。本质上,乡村旅游提供了一种不同于城市旅游的体验,乡村旅游既是游客对闹

中取静的慢生活的向往,也是工作中的忙里偷闲;既有对返璞归真的追求,也有对寄情山水的热爱。因此,美丽乡村应同时是大力推动乡村旅游的重要载体和坚实平台,也是积极推进旅游供给侧结构性改革的重要举措。在这一原则的指导下,乡村旅游目的地应通过对基础层、内容层、项目层的全方位打造,开展其美丽乡村项目规划。其中,基础层即以望得见山水、记得住乡愁为出发点;内容层包括对乡貌、乡景、乡味和乡情的挖掘和打造;项目层包括乡村建筑风貌、乡村村落肌理、乡村自然及人文环境、民风民俗、乡村生产与生活等。

(二)打造乡村生态人文空间

对旅游者来说,乡村旅游目的地是沉浸式体验目的地的美好生活、感知城市记忆的人文空间;对本地人来说,乡村旅游目的地是享受美好生活、品质生活的生态空间。

基于此,乡村生态人文空间的营造应充分保护乡村建筑的原始风貌和空间布局,保持本土文化的特色,有机创造新的趣味性空间和节点,使原始的村落空间更有生机。只有兼顾本地特色和现代化生活需求,乡村的美才更具生命力。

此外,乡村生态人文空间的打造需要与经济发展相结合,在美化村容村貌的同时带动当地的旅游发展,提高经济水平。以特色元素(如文化、资源等)为基因,实现多元产业融合(如"文化+""旅游+""产业+"等)将成为乡村旅游发展的大趋势。

(三)彰显乡村记忆打造沉浸式互动体验目的地

旅游是对外输出乡村文化最好的媒介,展示乡村文化脉络、创新乡村文化内容的互动空间必不可少。体验经济时代,旅游模式由观光游览逐渐形成互动体验的新方式,不断刺激消费形式的升级,旅游消费变得越来越个性化。未来,文旅开发也将更加关注游客在旅游过程中的交往及交互体验。

(四)完善乡村公共服务体系

乡村公共服务体系建设应重点围绕主客共享的公共性展开,在满足本地居民日常生活需求的前提下,充分尊重游客的休闲、体验、认知需求。乡村旅游公共服务应立足公益性和共享性,以满足游客、居民共享的社会公共服务需求为主要目的。

第二节 乡村旅游目的地景观打造

一、乡村绿道景观打造

(一)乡村绿道

绿道是一种线型绿色开敞空间,通常包含两层含义:"绿"指的是生态环境,如森林河岸、野生动植物等;"道"指的是生态环境中供人类生产生活的通道或小径。绿道可以是沿着地势起伏的自然通道,也可以是与景观交叉的、人为开发的走廊或沟渠。

广义上讲,乡村绿道是城市与乡村,或乡村与乡村之间的绿色线型空间系统。从微观层次上讲,就是连接城与乡、乡与乡之间的条状或线型的公园。它是在绿道概念的基础上,以大的乡村及周边地区路网、水网等线性空间为主要研究对象,以统筹城乡发展、促进人与自然和谐统一为最终目的。

2016年,《住房城乡建设部关于印发绿道规划设计导则的通知》为指导各地科学规划、设计绿道,提高绿道建设水平,发挥绿道综合功能,提供依据。

(二)乡村绿道的功能

1. 生态保护功能

乡村绿道可以有效连接城市绿地与乡村自然基底,保护动植物的廊道栖息地和动植物的多样性。

2. 休闲游憩功能

乡村绿道作为具有浓郁乡野气息的线型公园,能给人们提供进行户外活动的空间,增进人们对大自然的了解,强化人们保护大自然的意识。

3. 文化弘扬功能

乡村绿道的建设与发展,有利于乡土特色景观以及乡土文化资源之间的联系,是展示当地乡土风情的重要平台,也是保护乡村形态的重要手段和途径。

4. 经济效益功能

乡村绿道作为社会公共设施,可以增加乡村旅游竞争力,增强当地景区、景点的社会影响力,促进乡村游憩产业的发展,有利于促进当地居民就业和经济的发展。

(三)乡村绿道的类型

1. 生态型

具有重要生态意义的生物廊道包括自然山川、河流、生态林、防护林、绿化带等。

2. 游憩型

连接该地区旅游景点、景区的通道,自身具有较高景观价值的通道。

3. 观赏型

以展示田、园、林、茶、塘与乡村文化和风俗习惯为主的通道。

4. 运动型

依靠乡村优越的自然条件,以运动健身为主的通道。

5. 创意型

以观赏体验创新型景观艺术为主的绿道。

(四)乡村绿道构建要点

构建融合交通、旅游观光、旅游体验、休闲度假、运动养生于一体的主题体验道。

1. 设置"畅达+便行"的交通系统

围绕公交枢纽、车站、机场和码头等绿道休闲系统的重要交通节点,开通景区专线、县城公交和绿道专线,打造"三线合一"的旅游专线交通系统。

2. 设置大范围的景观节点

利用山水田园和优美生态资源,因形就势,将山林、水体、村落、果园、田园等生态廊道串联,整合沿途的景点、人文景致、特色民宿、文化民俗、美食特产等,形成田园景观、自然景观、民俗村落景观、特色小镇景观等。使乡村绿道功能从单一的交通转换成"交通+观景"的双重功能。

3. 构建丰富的休闲度假点

（1）营地类项目。

营地类项目包括帐篷营地、鸟巢营地、创意营地、房车营地和木屋营地等。营地类项目能够为游客营造或静谧、或有趣的休闲度假空间。

（2）民宿类项目。

民宿类项目以提供给游客独特的住宿体验和亲近自然的环境为目的，依托当地文化特色，通过整修和运营闲置的乡村住宅或资源，并加入现代化元素，使其融入周边自然环境。比如，中国湖北宜昌的南岔湾·石屋部落民宿。

（3）酒店类项目。

在不影响生态环境的情况下，可以在绿道沿途依托山水田园等自然景观和传统古建筑等历史景观，开设酒店类项目。

（4）完善服务节点设施配置。

服务驿站是绿道使用者途中休憩、补给、换乘的场所，根据慢行通道功能及服务区域的大小，休闲驿站应分级规划，配建相应的租赁设施及休憩服务设施。服务驿站配置一览表如表4-1所示。

表4-1　服务驿站配置一览表

驿站级别	驿站性质	驿站配置功能							
		自行车租赁	自行车维修点	综合商业服务	生态厕所	售卖咨询	医疗点	手机加油站	观景亭（台）
一级	综合配置服务驿站	★	★	★	★	★	★	★	★
二级	一般配置服务驿站	★	★	□	★	★	□	★	□
三级	简单配置服务驿站	★	★	□	□	□	□	□	□

注：★为必备配置功能；□为可选配置功能。

（5）特色节庆活动组织

结合绿道，可以开展自行车运动（赛事）、慢跑、马拉松赛事、徒步穿越等特色节庆活动，擦亮绿道品牌，快速聚集人气。

（五）乡村绿道景观规划设计

绿道是乡村文化、自然环境、产业发展的载体，乡村绿道串联慢行系统、风景线、产品线、产业带，是乡村活力绿链。

1. 近田绿道景观模式

农田景观是乡村地区较为常见，也是较能体现农业生产性的景观资源。此类景观模式以保护农田为首要目的，兼顾视野绿化，让游客能够体验到乡村农田风貌。近田景观营造的重点是要结合农田自然景观，通过时而开放、时而闭合的道路，形成富有韵律且疏密有间的景观空间，为过往的人群和车辆提供绝佳的景观欣赏视野，创造人与自然融于一体的道路景观。近田绿道景观模式如图4-1所示。

图 4-1　近田绿道景观模式

（图片来源：美丽城乡研究中心，https://mp.weixin.qq.com/s?__biz=MzI0MzI4MTE2Ng==&mid=2650442474&idx=2&sn=2456a3c32dc6ffe762e4ab28738de83c&chksm=f161568bc616df9da5205444581c9e29608d64294ccb04472c7287774589c210a91775360994&scene=27）

2. 滨水绿道景观模式

滨水绿道景观以保护环境为主，结合河道整治和道路美化，沿途的桥体设计、材质的选用等应尽量与当地特色融合，凸显村庄的景观特点。应灵活运用借景、透景、障景等手法进行景观视线设计，通过低矮亲水植物（睡莲、香蒲、鸢尾等）保留近景良好的观赏效果，借助耐水湿的乔灌木（水杉、云杉等）阻隔效果欠佳的观景视线。滨水绿道景观模式如图4-2所示。

图 4-2　滨水绿道景观模式

（图片来源：新华社，https://baijiahao.baidu.com/s?id=1677390568934058643&wfr=spider&for=pc）

3. 依林绿道景观模式

依林绿道景观需要以保护山林环境为前提，结合道路两侧地形地貌和林木群落，因地制宜、因林制宜地进行设计。在部分路段的路林之间、过渡道路与自然山林之间，采取灌木、乔木配置形式，达到缓解高大林木给驾乘人员带来的压迫感。还可以采取不同植物组合配置的方式，增强道路空间的变化性、层次感和韵律流动感。依林绿道景观模式如图4-3所示。

图4-3　依林绿道景观模式

(图片来源：美丽城乡研究中心，https://mp.weixin.qq.com/s?__biz=MzI0MzI4MTE2Ng==&mid=2650442474&idx=2&sn=2456a3c32dc6ffe762e4ab28738de83c&chksm=f161568bc616df9da5205444581c9e29608d64294ccb04472c7287774589c210a91775360994&scene=27)

二、乡村聚落景观打造

(一) 乡村聚落景观规划的原则

1. 生态性原则

在乡村聚落景观规划中应该严格遵守景观的生态设计，充分尊重乡村原始的自然生态环境。

2. 经济性原则

乡村是重要的经济单元，受到农业技术、自然资源、耕作方式等的影响，农业的粗放性一直是困扰乡村经济发展的重要因素。建立高效的人工生态系统，是乡村聚落景观规划的原则和出发点。

3. 地域性原则

每个地区的乡村都有其独特的地域特点，这些特点大多都能在其特有的乡村聚落景观上体现出来。从自然景观来讲，聚落景观规划设计必须坚持生态优先、绿色发展原则，以创造适宜、自然的生产生活环境为目标，保持地域自然景观的完整性和多样性，充分发挥地域景观特性在展示乡村风貌中的积极作用。从人文景观来讲，景观规划设计要深入挖掘乡村的文化资源,如当地的风土人情、民俗文化、名人典故等,通过多种形式加以开发利用,提升乡村人文品位,以实现景观资源的可持续发展。

4. 融入性原则

在进行村庄的规划布局时要吸纳当地村落布局方式,建筑的设计要体现当地风格,同时还要尊重村庄中现有的池塘、山坡及植被等的状况,因地制宜地设计一些人工景观,尽量保持原汁原味的乡村景观形态。

(二)乡村聚落景观规划的要点

1. 延续场所人脉

规划设计中重视地域文化和对历史遗存的保护,保留原有的街巷格局、公共空间,体现乡村的地方特色和历史记忆。

2. 合理规划功能区域

以人为本,充分听取和采纳当地居民的意见和建议,结合乡村实际需求,合理规划各功能区域,包括居民生活区、农业生产区、休闲娱乐区等。提升公共空间品质,为居民和游客提供休闲交流和沉浸式体验的空间。

3. 借景田园风光

五彩斑斓的颜色、生机勃勃的农田、连绵起伏的山峦、蜿蜒曲折的溪流、郁郁葱葱的林木和隐约可见的村落,这些乡村广阔田野上特有的美丽风景,正是海德格尔定义的人类理想生存环境——"诗意地栖居"。乡村聚落景观在打造过程中也应该充分利用和发挥优美田园风光的核心优势,将农田、果园、林地等田园景观与村落建筑、公共空间相结合,形成"田中有村、村中有田"的和谐景象。

(三)乡村聚落景观设计方法

1. 空间布局

生产区域:通常来说,生产区域是美丽乡村中面积最大的区域,是经济发展的保障,包括传统农业生产的耕地、园地,以及旅游产业用地(旅游设施、停车场等)和其他产业用地(如工业用地等)。

生活区域:主要满足本社区需求如普通住宅用地和公共服务用地等。美丽乡村村民居住点一般以院落形式为主。在生活区域改造方面,除了村落房屋外立面,房前屋后的改造也是提升景观效果的重要方面。可以增设乡村公共文化空间,比如村民活动广场、大戏台等,供人们交流、休闲和集会。同时,在保证车辆、行人通行安全的前提下,突出打造道路两旁以植物意境为主的景观氛围。

生态区域:指的是村落外部生态环境用地,包括滩涂、林地、荒地等。在乡村地区,随着外围村落的减少,有些外围传统生产用地逐渐转变为生态用地,为乡村旅游发展提供了幽静、和谐的生态环境。

2. 空间营造

"点"型空间提升要点:在村落内种植生产性果树,突出四季特色。栽培蔬菜如藤蔓类蔬菜丝瓜、黄瓜等以打造景观,在村落内合理布置设施景观如水井、传统农具石碾、石磨、筒车、辘轳、耕具等。

"线"型空间提升要点:道路两旁的防护篱、植被等,通过高矮、形态、色彩的搭配设计,达到移步换景的视觉效果。街道两侧的过渡地带,通过选择性种植当地果树或蔬菜,春天开花,秋天结果,岁物丰成,使传统的村落街道更具田园诗意风光。

"面"型空间提升要点:着眼不同农作物的色彩变化和形态搭配,规划协调果树、蔬菜、高粱、水稻、小麦等种植区域和种类,以一望无际的田地、春华秋实的果树、郁郁葱葱的苗木、绚丽多姿的花圃等构设出灵动多变的景观氛围。

3. 形态组织

空间形态有静态空间和动态空间两种。

静态空间指的是在相对固定空间范围内,游客视点与景物相对不变时,观赏犹如一幅层次丰富、主景突出的静态景物画面的审美感受。有以天空和大地为背景空间,让人产生心旷神怡的旷达美;有以茂密森林和田地构成的空间,呈现荫浓景深之美;有山水相依、幽泉飞瀑围合的空间,给人以灵动清凉之美;还有高山深谷环绕的空间,带来的神秘幽深之美。

动态空间指的是随着游客的深入体验,通过移动视点进行观景感受到的景观空间。动态景观空间展示一般分为起景、高潮、结束三个部分,需要按照乡村景观的空间序列依次展开,比如按传统村落房舍、农田种植、花卉苗木圃、瓜果蔬菜园等划分,形成韵律流畅、节奏感强的完整景观序列。

4. 景观细部

景观细部包括村标设计、建筑外立面改造、文化节点打造、植物设计、配套设施及雕塑小品设计。

村标设计:一般在村庄的主入口处设立村标,根据需要也可在村尾同时设立,以起到首尾呼应的效果。村标的主要形式有牌坊、精神堡垒、大型标识牌、立柱等类型。村标设计必须充分体现当地的特色和文化,并把握好村标形式、整体体量,以及施工材料的选择、颜色搭配等事宜。

建筑外立面改造:遵循尊重当地文化进行"轻改造"的原则,要在基于建筑原有结构前提下,从材料和元素着手,增添具有地域特色和乡村文化的装饰元素。

文化节点打造:按照既展示当地文化、凸显地域特色,又兼具宣传教育、普及传承当地文化的要求,打造村民活动广场、乡村大戏台等一系列公共文化空间景观,合理布置宣传栏、休闲设施、健身器材、文化雕塑等。注意,景观要素应与当地文化特色相吻合。

植物设计:与城市的植物配置不同,乡村的植物没有专业人员进行常态维护,这是乡村植物设计的特点。因此,美丽乡村的植物设计要选用能自由生长、不需要长期打理的乡土树种,利用它们打造乡村原汁原味的乡野植物景观。其中,花草类不能选择一两年生的时令花,而要选择多年生草本植物。

配套设施及雕塑小品设计:配套设施主要包括亭台长廊、座椅、宣传栏、灯具、音响等。雕塑小品可以是水井辘轳、石碾石磨、犁耙耧耪、蓑衣斗笠、风车团筛等农具和生活设施,也可以是彰显当地文化特色的雕塑。配套设施和雕塑小品布局要合理,风格要与当地特色相统一,体量要适中,要选取能体现当地乡土文化和生态文化的材料建设。

三、乡村建筑景观打造

(一) 统一乡村建筑风格

整体风格需要服务于乡村旅游品牌形象的打造,避免无序发展导致的乡村景观失衡。乡村原有住宅要在保持乡村原有建筑风格不变的前提下进行改造、设计,使之更具特色和美感;后续凡有要改造或新建住房,应事先提交房屋外形建筑效果图和工程图,说明材料、色彩、外形和高度,统一协调后动工,以维持村落的整体风格一致,我国部分地区民居如图 4-4 至图 4-9 所示。

图 4-4 江苏民居

图 4-5 浙江民居

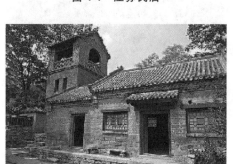

图 4-6 山东民居

图 4-7 皖南民居

图 4-8 四川民居

图 4-9 贵州民居

(图片来源:中国民族建筑,https://baijiahao.baidu.com/s?id=16765266657549250812&wfr=spider&for=pc)

乡村建筑风格的选择应当体现当地特色,就地取材,体现村落的乡土性、地域性、文化性。

(二)拓展乡村房屋功能

对闲置的农村房屋进行改造,在安全前提下将其拓展为具有一定功能的建筑物,如打造主题餐厅、民宿、博物馆等多业态场所。进行民宿改造时,在外部装潢统一的前提下,也需要适当考虑内部装修风格和功能上满足基本住宿需求。适当保留可观赏的、具有历史意义的农具和农村过去的乡土特色物件,让游客可以在住宿中感受到农村生活环境的朴实与温馨。

此外,闲置的乡村房屋还可以改建成艺廊、茶吧、图书馆、手工艺店铺等,这样既能满足游客的需求,又能满足乡村居民提升自身生活品质的需要。

(三)乡村建筑庭院设计

很多乡村房屋都拥有庭院,这种庭院与城市的庭院存在很大区别,乡村庭院一般依地势而建,或依山形,或临水居。乡村庭院与自然亲密接触,虽然少有雍容华贵的感觉,但拥有温和质朴的特征,如图4-10、图4-11所示。

图4-10 乡村庭院布局图

图4-11 乡村庭院物件

(图片来源:青望园林景观工程,https://www.fangcaoju.com.cn/11780.html)

第三节 乡村旅游目的地服务体系

一、乡村旅游服务体系建设原则

乡村旅游设施承载着乡村旅游的各种活动,是各种乡村旅游产品的载体。在乡村旅游设施规划中需要注意以下原则。

(一)基础与服务协调配套的原则

乡村旅游设施包括基础设施和服务设施两大类。乡村旅游基础设施包括交通物流设施、给水排水设施、通信电力系统、供暖与空调系统以及卫生设施等;乡村旅游服务设施包含乡村旅游住宿设施、购物与餐饮设施、休闲娱乐设施以及旅游辅助设施等。在开发乡村旅游项目过程中,需要对两大类设施进行全面、系统、深入的研究和思考。例如在交通设施方面,应当合理布局乡村旅游地及周边的道路、出入口、停车场、景区步道等,使游客"进得来、走得好、留得住、出得去"。在旅游住宿方面,应当结合当地实际情况,尽量建设营造各种等级和不同形式的住宿设施,满足不同游客的住宿需求。为积极适应网络时代、信息时代需要,乡村旅游区还应积极开展有线和无线互联网建设,开发自己的旅游门户网站和公众号。此外,乡村旅游区还应统筹规划、弹性设计和协调推进各类旅游设施建设,使服务设施之间、基础设施与服务设施之间相互协调配套。

(二) 分散与集中有机结合的原则

乡村旅游设施的空间布局主要包括分散布置和集中布置两种。小型的接待设施(农家旅馆)适合结合农家住户的空间布局分散到村落中,而商业娱乐设施应适当集中,营造游憩休闲的氛围。以太湖西山的明月湾为例,一条以"太湖三白"等特色乡村美食为主导的商业街沿着太湖展开,形成集中态;农家旅馆则分布在村落中,形成分散态。一集一散、一闹一静,两种状态的有机结合,很好地解决了游客的吃饭、住宿问题。当然,分散态和集中态也不是绝对的、一成不变的,一切都要从实际情况出发,具体规划具体设计。无论怎样布局,它们之间应当是相互补充和配合的关系,集中之中有分散,分散之内有集中,两者有机结合方为设计之道。

(三) 单轨与双轨功能复合的原则

所谓单轨,指的是乡村的旅游设施只为游客或只为村民服务。双轨则是指乡村的旅游设施既为游客服务又为村民服务。以乡村交通设施为例,为了提高其使用效率,通常在规划设计时,既要考虑村民的日常出行,又要考虑游客的进出和集散。当然也有特殊情况,并不是所有的设施都同时向村民和游客开放。但是,规划的出发点和落脚点,应该是考虑如何让更多的设施供居民与游客使用,具体使用方式包括部分使用、错时使用、错空使用,以及同时同地使用等。建立形成旅游基础设施和服务设施的双轨制,既方便当地居民的生产生活,又有利于游客的旅游活动。因此,为了营造新时代舒适宜人、富有特色的乡村旅游环境与美丽和谐的人居环境,需要尽量综合考虑规划各种设施的功能。

(四) 乡土与文脉完美融合的原则

乡村旅游服务设施是乡村旅游的重要支撑和依托,也是吸引游客的重要特色资源。因此,设计乡村旅游服务设施时,应该充分体现乡土文化,深度融合当地文脉。比如,乡村旅游住宿设施既要适合城市居民居住需要,又要保留本乡本土特色。所以,规划时一定要保持原汁原味的乡土建筑特色,并与当地的人文、地理、气候、民俗等保持一致。另外,规划时要追求返璞归真,回归自然,富含文化,同时要讲究就地取材、淳朴简洁、清新素雅,建筑风格、装饰样式、色彩搭配、材质选择应与周围环境相协调,相映成趣。

(五) 技术与生态相互支撑的原则

旅游设施规划还需要在设计过程中全程贯穿生态学理念,充分了解当地生态环境特点,合理选择技术手段,使技术与生态相互融合、相互支撑,从而达到保护环境、节约资源、保持生态平衡、促进人与自然和谐共生、绿色发展的目标。在乡村旅游设施规划中,技术与生态的相互支撑,主要表现在建筑功能生态化、能源生态化、物质循环与再生、水生态化等方面。

二、乡村旅游基础设施建设

(一)道路系统建设

乡村旅游目的地的可达性建设是旅游项目开发的前提和基础。站在旅游目的地立场,游客采用的交通方式、类型和道路交通技术状况等,在很大程度上决定了景区的容量、流量、价值、定位和细分市场。进行乡村旅游交通开发建设时,最重要的是对交通的合理布局进行控制。找到一种最便捷的交通方式对于乡村旅游者非常重要,只要条件允许,旅游者大多会选择最便捷的旅游路线。

公路方面应当完善以主要客源城市为中心的主干廊道,重点完善乡村旅游区干线廊道和门户廊道,缩短乡村旅游区与游客出行地的空间距离。乡村旅游景区外的公路规划尤为重要,因为它是进入景区的引景空间。对入村道路进行整治、绿化和美化,并加强交通基础设施建设,如兴建停车场、修建星级厕所、为道路安装路灯等。

首先,根据乡村旅游目的地的人口规模,确定内部道路的等级和技术指标。乡村旅游目的地内部道路等级及技术指标如表 4-2 所示。

表 4-2 乡村旅游目的地内部道路等级及技术指标

新村规模	道路等级设置	道路宽度	人均道路面积
特大型	三级,即新村主干路、次干路与入户路	主干路为 6—8 米,一般按照 7 米控制;次干路为 4—5 米,一般按照 4.5 米控制;入户路为 2.5—3 米,一般按照 2.5 米控制	按照 10—14 平方米控制
大型	三级,即新村主干路、次干路与入户路	主干路为 6—8 米,一般按照 7 米控制;次干路为 4—5 米,一般按照 4.5 米控制;入户路为 2.5—3 米,一般按照 2.5 米控制	按照 10—14 平方米控制
中型	二级,即新村干路和入户路	干路为 4—5 米,一般按照 4.5 米控制;入户路为 2.5—3 米,一般按照 2.5 米控制	按照 8—10 平方米控制
小型	二级,即新村干路和入户路	干路为 4—5 米,一般按照 4.5 米控制;入户路为 2.5—3 米,一般按照 2.5 米控制	按照 8—10 平方米控制

其次,根据乡村旅游目的地交通特征,结合自然条件和现状特点,确定道路交通系统,并有利于建筑布置和管线铺设。通往目的地道路系统建设应符合以下规定。

1. 主要道路
- 通达目的地规模在 600 人以上的乡村聚居点。
- 形成干路网络并与邻近县、省(国)道公路相连。
- 连接目的地各产业发展区、特色产业基地和其他主要设施。
- 路面宽度宜为 7—9 米,转弯半径不宜小于 20 米,道路纵坡宜控制在 6% 以下,用地条件不允许时,局部地区可设置为 8%。

2. 次要道路
- 通达目的地规模在 200—600 人的乡村聚居点。

- 形成次路网络,并与综合体主要道路相连。
- 通往田间地块,满足农业机械化作业和农产品运输。
- 路面宽度宜为5—7米,转弯半径不宜小于15米,道路纵坡宜控制在8%以下,用地条件不允许时,局部地段可设置在10%以下,但坡长不宜过长。
- 每200—300米选择地势较为平坦的开阔地段设置会车场地。

3. 道路竖向设施

明确建筑物、构筑物、场地、排水沟等的规划标高,确定地面排水方式和排水构筑物,开展土方平衡与挖填方调配工作,确定取土、弃土的地点等,竖向设施建设应满足以下技术要求。

- 充分利用自然地形,宜保留原有绿地和水面。
- 有利于地面水排出,并应符合防洪的要求。
- 尽可能减少土方工程量。
- 建筑用地的标高应与道路标高相协调,高于或者等于邻近道路的中心标高。

(二)给排水系统建设

1. 给水系统建设

乡村旅游供水工程是重要的基础设施。在规划时,要坚持全局观念,给水处理工程应与乡村旅游地的经济水平和管理水平相匹配,突出运行安全可靠、操作管理方便等要求。供水规模(最高日用水量)需要计算生活用水量、畜禽饲养用水量、公共建筑用水量、消防用水量和其他用水量。

(1)生产用水。

生产用水须根据产业发展需要,以满足农业生产用水、提高农业综合生产能力为目的。具体地,要结合地形地貌和水源特点规划灌溉渠、小水库、山塘、石河堰和提灌站等各类水利设施系统。

农田水利设施建设应符合《雨水集蓄利用工程技术规范》和《管道输水灌溉工程技术规范》等技术标准的要求。畜禽饲养用水量参数如表4-3所示。

表4-3 畜禽饲养用水量参数

类别	用水定额/[升·(头·天)$^{-1}$]	类别	用水定额/[升·(只·天)$^{-1}$]
马	40—50	羊	5—10
牛	50—120	鸡	0.5—1.0
猪	20—90	鸭	1.0—2.0

(2)生活用水。

生活用水规划,要综合考虑水源、地形等条件,针对综合体内部新村(聚居点)布局实际,进行水量预测、给水管网和给水设施布局等规划设计。其中,生活用水量可按照新村生活用水标准计算。给水处理设施选址宜选在交通便捷以及供电安全可靠的地点,同时应避开不良地质构造区域。生活用水参数如表4-4所示。

表 4-4　生活用水参数

给水设备类型	最高日用水量/[升·(人·天)$^{-1}$]	时变化系数
户内有给水排水、卫生设备，无淋浴设备	40—100	2.5—1.5
户内有给水排水、卫生设备和淋浴设备	100—140	2.0—1.4

采用定时给水的变化系数应取 3.2—5.0。

(3) 公建用水。

公建用水量可按生活用水量的 8%—25% 进行估算。管网漏失水量及未预见水量，可按最高日用水量的 15%—25% 计算。

2. 排水系统建设

农田排水工程组织应符合《农田排水工程技术规范》等相关技术标准的要求，污水量可按平均日用水量的 75%—90% 计算。

生活污水排水系统包括污水收集、处理和排放设施，系统建设要根据乡村旅游目的地新村（聚居点）地形条件和空间布局，综合考虑污水受纳体位置、地形、沼气利用等因素，合理确定规划各种设施建设位置及规模。

排水体制宜采用雨污分流制。小型村落因条件受限，可选择合流制，但在污水排入受纳体前，应因地制宜采用化粪池、净化池、沼气池、生化池等污水处理设施进行预处理。

生活污水应集中处理排放，尽量减轻对水环境的污染。有条件的地区可设置小型污水处理设施。集中处理之后的污水，应达到《城镇污水处理厂污染物排放标准》中的三级标准。如果处理后的污水需要用于农业灌溉，则应符合农田灌溉水质标准的相关规定。

排水管渠的布置既要考虑雨水排出，还要考虑污水以及山洪水排放。雨水应充分利用地面径流和沟渠排放，污水应通过管道或暗渠排放。此外，如果乡村位于山体旁边，还应规划截洪沟渠或截流沟，用于收集和引导山洪水排放。

地面排水应根据地形地貌、降水量和汇水面积等因素，规划排水区域，合理确定排水坡向、坡度和管沟系统。

3. 供电系统建设

供电系统建设要整体考虑乡村旅游目的地空间和产业布局特征，要符合区域农网审计改造建设规划要求，建设内容主要包括用电负荷预测、中高压电网、变配电设施布局等。其中，人均年生活用电量指标可按 300—1000 千瓦时计算，生产用电量根据产业的类型和规模来确定。

变配电设施的选址应选在便于进出、交通运输便捷的地段，同时应具备良好的地质条件，避开断层、滑坡、溶洞、塌陷区、山区风口和易发生滚石、山洪等不良地质构造的区域。

10/0.38 千伏变压器（变电所）选址宜选在负荷中心附近布置，不得对乡村景观风貌及总体布局造成影响。10/0.38 千伏线路宜沿乡村道路以直埋方式敷设，不宜穿越新村住宅或危险品仓库等建筑物，还应避开易受洪水淹没、河岸易塌陷或山体易滑坡等区域。

中高压电网线路的走向应根据当地的地形地貌特征，沿道路、河渠、绿化带走向架设。线路架设路径应有利于生产生活，做到短捷、顺直，尽量减少同道路、河流、铁路、桥梁、林带等的交叉，还应避免跨越建筑物。

架空的电力线路如需要跨越或接近建筑物时,应符合《城市电力规划规范》规定的安全距离。架空电力线路的规划走廊宽度(单杆单回水平排列或单杆多回垂直排列的35—500千伏),应根据相关规定合理选定。高压架空电力线路的规划走廊宽度如表4-5所示。

表4-5 高压架空电力线路的规划走廊宽度

线路电压等级/千伏	高压线走廊宽度/米	线路电压等级/千伏	高压线走廊宽度/米
500	60—75	66,110	15—25
330	35—45	35	12—20
220	30—40		

4. 环卫设施建设

环卫设施系统应按照乡村环境保护规划的要求进行布置和落实。卫生防护距离为居住建筑用地边界到产生有害物质的污染源的边缘的最短距离。对于严重污染源,应在卫生防护距离内设置防护林带。

厕所、化粪池、垃圾桶、垃圾箱、垃圾收集点等具体环卫设施的配置可参照乡村旅游示范村建设标准。

三、乡村旅游服务设施建设

根据国家旅游局2012年6月发布的《关于进一步做好旅游公共服务工作的意见》中有关旅游公共服务体系的划分条款,明确乡村旅游公共服务设施主要包括旅游信息咨询服务设施、旅游交通便捷服务设施、旅游便民惠民服务设施和旅游安全保障服务设施等。

(一)旅游信息咨询服务设施建设

1. 网络信息服务平台建设

从旅游网站、Wi-Fi、智慧旅游、旅游服务专线四方面入手,主要建设互联网、移动网、电话网三大网络信息服务平台。

2. 旅游信息咨询服务点建设

旅游信息咨询服务点建设主要包括三个方面:一是旅游信息集散中心,设置在市域或县域范围内,提供市区或县区旅游信息咨询服务;二是乡镇旅游信息服务咨询点,设置在乡村旅游发展较好的乡镇内的可达性较高的交通路口,提供乡镇范围内的旅游信息咨询服务;三是乡村旅游目的地旅游信息咨询服务中心。

3. 旅游标识系统建设

旅游标识系统建设包括旅游交通标识系统建设和公共服务设施引导标识系统建设。旅游交通标识应设置在乡村旅游目的地的中心客源城市周边高速公路、城市道路两侧及路面等,导识标志须设置清晰醒目并有英汉说明。公共服务设施引导标识应包括规范的公众信息提示及路中提醒、无人售票等使用说明。景区应在保证游客安全的前提下,合理设计游客最佳游览路径,避免游览路线重复。

4. 自助导游服务设施建设

从旅游宣传手册、导游员、自助导游机、自助导游软件四个角度出发，全面建设推广全市自助导游系统，在各级旅游服务中心、旅游信息咨询点、景区信息咨询点、博物馆、车站、集散中心等区域投放信息触摸屏、耳机等设备，涵盖多语言景区讲解、语音视频播放、GPS 电子地图、GPS 和 RFID 联合触发自助导游系统。

编制目的地官方指南，并通过实体和网络两种方式进行投放。规划建设旅游信息咨询网站，实现旅游者重点活动区域 Wi-Fi 全覆盖，推进移动终端 App 开发，开通旅游服务热线。

（二）旅游交通便捷服务设施规划

1. 旅游交通集散服务设施

交通集散服务设施建设一般结合旅游综合服务中心建设。集散服务设施建设分为两级，第一级可设置在市域范围内，功能性强；第二级则设置在乡村旅游目的地，功能性较弱，能够提供所在区域内的相关服务及拓展服务。

2. 交通服务节点建设

交通服务节点建设包括汽车、自行车租赁点建设、河流（湖泊等）沿岸旅游码头建设、旅游停车场建设、自驾车服务体系建设以及主要旅游交通要道建设等。

3. 交通工具建设

除了航空、铁路、水路和公路等外部交通方式，乡村内部交通也必不可少。内部交通通常包括旅游步道（栈道、小石子路等）、旅游环保车（电瓶车、自行车等），以及特色交通。

特色交通通常分为两种。一种是传统型的特种旅游交通。特种交通工具多用于人工痕迹较少的自然环境，多为了满足旅游者回归自然或感知当地文化的心理需要，包括骑马、驴、骆驼和其他畜力车，以及滑竿轿子、三轮车、乌篷船、羊皮筏、雪橇等。另一种是现代型的特种旅游交通。如索道滑道、登山电梯、热气球、滑翔伞、气垫船等，实现登山、跨海、越荒原交通的现代化，既减轻了游客旅途的辛苦，又方便游客观光游览获得独特新奇的体验，还能提高景区运行效率和效益。

4. 软件配套建设

软件配套建设包括车辆租赁服务（汽车、自行车等）、自驾车维修呼叫服务、公共交通舒适度提升、旅游旺季交通保障机制等。

（三）旅游安全保障服务设施规划

1. 旅游安全设施建设

危险地带安全防护设施：在相关景区和旅游者活动区域，根据需要建设安全护栏、水上拉网、紧急避难点和安全出口等；重点部位配置消防设施等；根据需要，在危险地带和旅游者集中的区域，安装监控设备。

游览游乐服务设施安全保障涉及交通设施、游乐设施、地面防滑设施和无障碍设施等，以上这些设备和设施均应符合相关安全规定，并经常检查维护。

2. 旅游救援系统建设

建立旅游求救系统、旅游救援搜寻系统、旅游救援施救系统、旅游救援善后系统等,方便旅游者的信息及时被传达到相关旅游管理部门,以便及时找到遇到紧急情况的旅游者,并及时处理旅游者遇到的紧急情况,妥善进行事故的善后处理,降低事故造成的不良影响。

3. 旅游安全预警系统建设

旅游安全宣传教育与培训:建立和完善安全说明及须知,在各景点、景区入口和宣传资料上印有安全须知;水上项目等旅游区需要安装安全广播;建设旅游气象信息共享平台和预报、预警服务平台。

4. 旅游医疗救助体系建设

提升景区医疗硬件能力,各景区设立医务室或医疗救护站,配备专职医护人员、急救人员;在游客集中和有安全隐患的地区,包括水上娱乐区、山地度假区等,建设医疗急救点;医疗急救点需要配备常用药品、急救箱、急救担架等。

(四)旅游便民惠民服务设施规划

1. 旅游商业街区建设

打造成特色旅游购物街区、夜间休闲街区、特色餐饮街区等。

2. 住宿点建设

根据游客特征和出行需求,建设规模适度、档次结构合理,能够适应不同游客需求的住宿服务系统。

3. 公共休憩设施建设和旅游娱乐设施

公共旅游休憩设施是满足旅游者以及当地居民对于休闲、旅游过程中的间歇性休息的必要性和基础性服务设施。

4. 旅游餐饮服务设施建设

满足不同旅游者不同层次的旅游餐饮需求。

5. 旅游购物服务设施建设

在相关重要节点,结合服务中心建设旅游购物服务设施。

6. 公厕建设

公厕设置在旅游服务中心、旅游景点,以及游览区内游客集中停留地段,并根据景区级别设置厕所。

7. 景区环卫设施建设

环卫设施建设要求根据人流特征合理布局,系统规划,统一风格。

8. 特殊人群服务设施建设

为方便特殊人群的旅游出行,需要针对特殊人群的需要,建设相关的配套服务设施。重点包括盲道、轮椅坡道、无障碍公厕、特殊游览线路等。

经典案例解读

 思考与练习

(1) 为什么要打造主客共享的乡村旅游目的地?
(2) 乡村旅游目的地聚落景观打造的内容有哪些?
(3) 乡村旅游目的地公共服务体系建设包括哪些内容?

第五章

内容为王——乡村旅游创意策划

学习引导

乡村旅游策划是乡村旅游经营者实施乡村旅游项目思考的第一步,是乡村旅游创意的生产过程,是对乡村旅游资源和目标市场进行总的考量和谋划,也是发展乡村旅游成败的关键。本章将从乡村旅游策划认知、乡村旅游产品设计、乡村旅游活动策划、乡村旅游商品策划、乡村旅游形象策划等方面进行阐述,详细讲解如何结合乡村旅游资源特色和目标市场需要,准确定位乡村旅游主题特色,策划乡村旅游产品、旅游活动、旅游商品和乡村旅游形象等,为乡村旅游规划者发展乡村旅游提供帮助与借鉴。

学习重点

(1) 乡村旅游策划概念。
(2) 乡村旅游策划的重点和基本程序。
(3) 乡村旅游产品设计的思路。
(4) 乡村旅游活动类型及策划方法。
(5) 乡村旅游商品的类型及策划方法。
(6) 乡村旅游形象定位的过程与方法。

第一节 乡村旅游策划认知

一、乡村旅游策划认知

乡村旅游策划是以乡村旅游资源为基础,以创造性的思维分析旅游资源、对接市场需求并设计旅游产品,使旅游产品和市场需求相匹配,最终实现乡村旅游发展目标的过程。乡村旅游策划本质是乡村旅游经营者对旅游项目进行前瞻性的谋划和构思,以获得旅游项目最优经济效益和最佳社会效益的系统性运筹过程。

乡村旅游策划旨在解决乡村旅游发展战略、方向和路径等重大问题,是乡村旅游规划发展前的顶层设计,是旅游项目规划和开发的灵魂。乡村旅游策划内容涉及旅游主题、旅游市场、发展目标、形象定位等一系列定向、定位问题。旅游策划既是旅游规划主体(产品概念策划)的依据和立足点,也是旅游产品设计和旅游业态布局、提升、优化的前提。

乡村旅游策划的核心是根据市场需求合理整合各种资源,通过创造性思维构建资源与市场的最优路径,最终形成明确的、可行的实施方案,并对行动方案进行前瞻性、系统性计划安排与组织设计。乡村旅游策划的目的是打造具有核心竞争力的旅游产品,让游客在乡村旅游中获得完美体验。

二、乡村旅游策划要点

乡村旅游策划应以乡村资源为基本元素,保持乡土特色,体现人与自然和谐相处,生态、经济、社会协调发展,突出特色,培育亮点,培育品牌,走可持续发展之路。

(一)凸显"农"的特色

乡村旅游能够在短时间内取得快速发展,其助推力来自城市居民对自然、田园生活的向往,在产品的设计上一定要抓住游客胃口,设计出适销对路的产品。通过对乡村旅游的发展现状进行分析,发现诸多问题,很多地方为了提供"更好的"服务,将原有的农家小院拆了,建起来了一幢幢的楼,并按城市酒店进行装修设计,导致当地乡村发展存在"城市化"倾向,结果使得游客越来越少,旅游吸引力越来越弱。因此,要注重将原汁原味的乡土风情融合到服务中,做任何事情都不能够脱离"农"这个字。

(二)满足"乐"的需求

业内对旅游者的一份研究报告指出,相当一部分旅游者出游的目的是获得乐趣,所以乡村旅游不能仅限于吃住和一般的采摘等基础项目上,否则发展前景就会越来越窄。要改变传统发展思路,紧紧抓住"农",千方百计实现"乐",做足乡村旅游特色文章,让游客的乡村旅游行程更加丰富、更有内涵,让游客真正体验到不同于城市的乡村生活情趣。

(三)注重"闲"的属性

随着休闲体验时代的到来,当初的"吃吃农家饭,住住农家屋,干干农家活,摘摘农家果,玩玩农家乐"的乡村旅游形式已经不再适合现在乡村旅游业的发展了,随着经济社会的高速发展,旅游市场和游客消费需求的日趋多元化、丰富化,对乡村旅游的发展提出了转向体验和休闲方向的新要求。当前,中国旅游正处于转型阶段,乡村旅游必须顺应时代发展方向,在做好游客食、住、行、游、购、娱等传统服务保障的基础上,还要引入时尚游乐和休闲度假理念,打造乡村旅游新的休闲模式,不断挖掘内生发展动力和获得更长远的生命力。

三、乡村旅游主题策划

乡村旅游的主题是指乡村旅游目的地反映的主要题材和特点,是乡村旅游资源、市场定位和核心项目反映出来的核心旅游产品内容及形象。主题形象是乡村旅游的灵魂,主题策划是乡村旅游目的地开发的第一步,也是较关键的一个环节。

一般而言,乡村旅游主题策划应在对乡村旅游景点资源分析和同行竞争者调查分析的基础上进行的科学定位与策划。

(一)以资源分析来策划旅游项目主题

以资源分析来策划旅游项目主题是乡村旅游经营者根据旅游区旅游资源的分布与特色,按照目标市场的需求,提炼出具有特色的发展主题。分析乡村旅游资源特色,包括吸引游客进行乡村旅游活动的乡村自然景观、文化景观和生态环境。

基于自身资源特色提炼出来的乡村旅游主题定位要兼顾多个旅游元素。在定位时,首先要对资源条件有一个客观的考量,要做好本区域内旅游资源的调查,项目主题定位切忌过高或过低,评价过高有可能难以获得市场认同;评价过低可能使策划、开发出来的旅游产品不能展示当地旅游资源的魅力,或者使得本可以开发的旅游资源价值被忽视。

(二)以竞争者调查分析来策划旅游项目主题

在乡村旅游开发前期的市场可行性调研中,对同一地区竞争者的调查分析关系到旅游项目开发的成败。以竞争者调查分析来策划旅游项目主题主要考虑以下四个因素。

1. 竞争者在区域内构成的直接威胁

区域内竞争者有何乡村旅游项目在运营?竞争者的主要卖点何在?竞争者采用何种销售方式?竞争者目前盈利情况如何?竞争者可被我借鉴的优点是什么?竞争者的不足之处在哪里?以上每一项都要认真分析,做到知己知彼,才能科学策划旅游项目。

2. 竞争者在区域内构成的间接威胁

在相同区域内,竞争者还有哪些乡村旅游项目在开发或实施?这些项目的经营管理模式会发生何种变化?这些项目的正式运营会对我们即将开发的项目产生何种影响?在拟实施的乡村旅游项目辐射范围内,是否可能出现其他竞争者?

3. 本项目的比较优势

乡村旅游经营者首先要考虑本区域内的旅游市场供给侧是否存在空白?还有哪些市场需求没有得到满足?现有市场竞争者在旅游产品定位、宣传推广方面有哪些特点?如何采取有效措施?与竞争者的项目相比,本项目的周边环境及配套建设方面存在的优势有哪些?与区域邻近乡村旅游项目相比,拟实施的项目具有的优势和劣势分别是什么?面对可能存在市场后进者的挑战,该如何应对?

4. 交通方式的比较优势

不同类型的乡村旅游产品在可达性需求上存在着较大差异,因此不同交通出行方式和条件对乡村旅游主题选择有着重要影响。比如,度假型乡村旅游产品就对可进入性、交通便捷性和舒适度提出了较高要求,而观光游览、徒步远足、户外扩展等产品对交通要求就没有那么高。此外,竞争压力同样也会影响乡村旅游主题选择,重游率不同导致竞争压力存在差异,竞争压力越大,竞争要素在主题选择时的影响力就越大。比如,休闲度假类产品重游率高,面对的竞争压力就相对较小;观光类旅游产品的重游率较低,应对的竞争压力就相对较大。

由此可见,从科学定位与策划角度来看,乡村旅游主题策划是一个系统工程,需要乡村旅游经营者对乡村旅游资源和目标市场进行总的考量和规划。乡村旅游策划必须综合考量、清晰定位、突出优势并且符合实际提炼的具有竞争力的特色主题。

项目设计是完成乡村旅游策划的核心,其主要工作是根据调查、研究和分析的结果,以及发展定位和目标,设计乡村旅游项目发展的主题和实施措施。

第二节 乡村旅游产品设计

一、乡村旅游产品概述

(一)基本概念

乡村旅游产品指的是在乡村旅游过程中,能够满足游客需求的一切有形商品的购买和无形的精神体验。具体地,乡村旅游产品既包括以乡村特有的聚落景观、自然景观、经济景观及文化景观为基础的旅游形式和体验,又包括提供给游客购买的、完整的旅游服务和设施。

一般地,乡村旅游产品具有以下三个特征。

1. 鲜明的乡村特色

乡村特色是相对城市特征而言的,指在乡村地域内,人们能够感知和体验到的,明显不同于城市的所有自然和人文元素。

乡村旅游之所以能够迅速发展,正是因为乡村旅游产品相对城市旅游产品具有差异性和独特性,这也是乡村旅游不同于城市旅游的特征。城市与乡村之间的差异主要包括地理环境差异、经济发展差异、历史文化差异等。城乡仿佛磁铁的两极,存在相互吸引的能量,这种能量的放射点正是"乡村特色",这种强烈和持久的吸引力,推动城市居民回流乡村,乡村居民走进城市,两个区域内的人口实现双向奔赴与双向互动。

乡村旅游产品的"乡村特色"决定了并非所有的乡村都能够发展乡村旅游,"特色"不突出、不集中的乡村,仅依靠人造景观是开发不出乡村旅游的。只有那些区域内具有相对突出的、明显的自然或历史文化特征的乡村,才具备乡村旅游开发的基本条件。

2. 投资和消费的低门槛

乡村旅游产品贵在能够客观、真实、全面地反映乡村社会的原始面貌,乡村旅游强调的是返璞归真、回归自然、化繁为简。一方面,从旅游投资者角度看,乡村旅游产品没有必要也不可能通过投入巨资、大兴土木打造人造景观的方式来实现。比如,在乡村地域内建造的主题公园,它既不属于乡村旅游产品,还可能对乡村旅游产品造成负面影响。因此,乡村旅游产品具有开发期成本投入小、受资金限制程度低等特征。另一方面,从旅游消费者角度看,不管是国内还是国外的乡村旅游,主要客源均是国内游客,尤其是短距离城市居民。一般来说,乡村旅游市场为近程性旅游市场,具有旅途短、交通费用低、景区不收门票或门票价格较低、食宿费用明显低于城市等特征。另外,乡村旅游产品以当地自产自销土特产为主,因中间流通环节少价格相对便宜。当然,国内也有少数面向高收入消费群体的高档乡村旅游产品,但目前还不是主流。因此,城市居民到乡村旅游,其消费心理阈值本来就不高,现有的中低档乡村旅游产品存在普遍,客观上保证了乡村旅游产品低消费的持续性和经常性。

3. 产品项目和产品线的丰富性

我国地域辽阔,地大物博,地域文化和地理环境差异较大,乡村旅游产品十分丰富,乡村旅游产品线的长度和宽度都较大,而且产品线彼此之间差异较大。观光旅游、度假旅游、休闲旅游、体验参与旅游、康养保健旅游等多种类型组合,能够满足各类旅游者的需求。例如,草原牧场、民族村寨、古村古镇、江南水乡、海边渔村、果园荷塘、农科园区等。乡村旅游产品概念的内涵和外延是很丰富的。

(二)乡村旅游产品体系

1. 基于功能层次构建的乡村旅游产品体系

从营销学角度讲,产品概念是一个整体的概念,它是指在商品交换活动中,企业为消费者提供的能够满足消费者需求的所有有形或无形产品的总和。产品整体概念的提出体现了以顾客需求为中心的现代营销理念。产品整体概念可以概括为三个层次,即核心产品层、形式产品层和附加产品层。据此,可将乡村旅游产品体系分为如下三个层次。

(1)核心旅游产品。

核心旅游产品承载了游客到乡村旅游的核心利益,是游客心之所向的关键。核心旅游产品包括绿水青山的乡村景观、古村落的传统古建筑和文化、乡村慢生活的休闲度假等。

(2)形式旅游产品。

形式旅游产品包括乡村景观、乡村社区、乡村度假、农家乐、乡村民俗表演、土特产和手工工艺产品等。

(3)附加旅游产品。

附加旅游产品来源于乡村旅游区相关部门对游客需求的综合性和多元化的深入研究,其要求正视游客的整体需求体系。附加旅游产品主要包括旅游通达性、旅游回访服务,以及物流服务等。

2. 基于产业构建的乡村旅游产品体系

从产业融合视角出发,充分发挥旅游业的主导作用和牵引功能,构建基于农业、林业、渔业、文创、休闲和康养六个行业的"旅游+X"(X可以是"六业"中的一项或几项)乡村旅游产品体系。"旅游+X"乡村旅游产品体系可助力乡村实现产业联动、产业融合、产业升级,助推美丽乡村建设,促进乡村经济社会协调发展。基于"六业"的乡村旅游产品体系如图 5-1 所示。

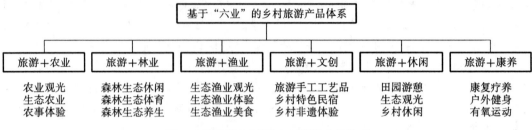

图 5-1 基于"六业"的乡村旅游产品体系

3. 基于产品特性构建的乡村旅游产品体系

从乡村旅游产品包含的具体项目角度出发,根据游客参与旅游项目活动体验程度,可将乡村旅游产品区分为观光游览型、休闲娱乐型、参与体验型。乡村旅游产品分类如表 5-1 所示。

表 5-1 乡村旅游产品分类

乡村旅游产品类别		资源载体及相关项目
层次一	层次二	
观光游览型	自然观光	乡村田园景观资源:沿海渔业、江南水乡、平原田园、丘陵盆地、畜牧草原、高原田园等,如江苏周庄、浙江乌镇等
	文化观光	乡村文化资源:特色古村落村寨、民族服饰、手工工艺品、酒品茶品、农耕展示、红色遗迹等,如江西婺源李坑古村、浙江兰溪诸葛八卦村、福建客家围垦、皖南西递宏村、浙江杭州梅家坞等
	主题型观光基地	各类农业观光园:茶园、果园、蔬菜园、花卉园、荷塘、鱼塘等各类植物园区及动物养殖基地
休闲娱乐型	滞留服务	家庭旅馆、小木屋、帐篷、竹楼等
	品尝美食	农家特色菜肴、土特产品等
	休闲项目	散步、垂钓、品茶、对弈、野餐、烧烤等
	趣味节目	斗禽(斗牛、斗鸡、小猪赛跑、斗蟋蟀)、放风筝等
参与体验型	农业体验	农业生产体验(采果、摘菜、浇灌、水稻种植全体验等)、农民生活体验(特色食品制作、动物喂食、纺织等)、农村生态体验(观赏昆虫等)
	民俗文化参与	各类礼仪活动;婚丧嫁娶;岁时节令活动,盛行于乡村的汉族传统节日有春节、元宵节、清明节、端午节、中秋节、重阳节、中元节、腊八节,以及各种农事节日等。藏族有浴佛节、雪顿节,彝族有火把节,傣族有泼水节等,并且在不同的节日有不同的活动。如春节贴春联、贴年画、包饺子;端午节悬艾叶、赛龙舟、吃粽子;重阳节插茱萸、登高、饮菊花酒等

续表

乡村旅游产品类别		资源载体及相关项目
层次一	层次二	
参与体验型	疗养保健	森林浴、平衡能力锻炼场、练功、温泉疗养、康健步道等
	科普艺术	野生动物保护、了解昆虫习性、辨识植物、植树、制作标本、户外摄影、户外写生等
	手工艺制作	陶艺制作、风筝制作、泥人工艺、木版年画、彩灯、剪纸、手编花篮、盆景制作、手工刺绣、土法造纸、皮影等

(1) 观光游览型。

观光游览型旅游产品主要以乡村特有的自然景观和人文景观为对象,包括传统农业生产环境、乡村景点、传统民俗和传统古建筑等。在观光游览型乡村旅游产品中,游客的体验主要是观光欣赏。观光游览是乡村旅游较为基础的产品形式。

(2) 休闲娱乐型。

休闲娱乐型旅游产品主要是在乡村自然环境基础上,依托家庭旅馆、乡村旅舍和当地土特产品打造的,以食宿为主的浅层体验型产品。在休闲娱乐型旅游产品中,游客主要体验"住农家屋"和"吃农家饭",呼吸乡村空气,体验乡村清新的环境,体会农家屋的自然简朴和农家菜的绿色无污染,感受农家淳朴的民风。同时,休闲娱乐型旅游产品还包括一系列具有当地文化特色的休闲娱乐项目,主打低身体消耗和较强趣味性。

(3) 参与体验型。

与前两种产品类型不同,参与体验型旅游产品侧重游客的参与性和互动效果。其目的是让游客深度参与到旅游项目中,在主动参与过程中全面感知乡村文化价值和旅游体验,以使游客提高认知、受到教育,以及留下难忘的回忆。

二、乡村旅游产品设计

(一) 乡村旅游产品设计思路

1. 符合美学要求

美学研究的是人与世界的审美关系,研究对象是审美活动,即欣赏并领会事物或艺术品的美。美好的事物令人心情舒畅、精神愉悦,美的感受让游客从身体到精神都得到放松、通畅乃至忘我。所以,整个旅游活动过程就是旅游者感受、领会美的过程。基于美产生的阶段和层次,李泽厚先生将"审美形态"分为三个层面:悦耳悦目、悦心悦意和悦志悦神。旅游者最先的审美体验是耳目愉悦,看美景、听美声。乡村旅游资源和环境在这方面具有优势,蓝天白云、鲜花绿树、溪流瀑布、飞禽走兽、鸟语花香等自然美景给游客带来视觉、嗅觉、听觉、触觉等的极大愉悦。同时,游客在全身心亲近大自然的过程中,精神不设防,心无旁骛,使游客对美的领会体验得淋漓尽致,达到"悦心悦意"的境界。

在设计和开发乡村旅游产品时,首先要发现并挖掘旅游资源中的美,并按照美学原理创造美、重构美、融入美,将分散的美聚集起来,使其成为相互联系、相得益彰的有机整体,将复杂的、粗糙的、原始的美设计开发成纯粹的、精致的、典型的美,使其符合旅游审美悦耳悦目的层次要求。然后，乡村旅游区通过深入挖掘、展示、陈列和表演乡村文化，充分调动游客参与体验兴致，促进深入互动，让游客既能获得审美享受，又能在心灵上得到升华，达到更高的审美境界。

2. 突出特色，明确主题

特色与主题是旅游产品的灵魂，也是旅游产品的核心吸引力和旅游市场的核心竞争力。主题是旅游产品的核心表达，也是整合、提炼旅游产品及相关要素形成的内在的、统一的基调。因此，主题设计要有特色，而特色需要主题来体现。旅游产品设计与开发的过程就是不断深化主题特色认识、具化主题特色内容的过程。旅游产品设计与开发，首先是综合分析旅游目的地的资源特色、区位环境以及市场需求；其次是概括、提炼、甄选、确定并突出主题和特色；最后是强化、充实、剪裁、烘托并创新主题和特色内容。旅游消费者求新、求奇、求异的情结，决定了特色是旅游业的生命线。如果旅游产品失去特色，那旅游地的发展将面临不可持续的危机。因此，乡村旅游产品一定要避免发生"模式化"现象的发生。避免"模式化"现象发生的根本途径就是要从乡村的地方研究和文脉分析开始，充分进行市场调研，分析评估游客的心理需求和市场特点，提炼出适宜的乡村旅游发展主题和特色，再根据主题开展景观设计和项目建设。

3. 注重功能，多元收益

目前，很多乡村旅游项目开发都会陷入一个困境，即旅游产品数量较少、功能比较单一，难以满足游客的多样化、个性化需求，这会对旅游地的长久吸引力和可持续发展造成很大影响。因此，乡村旅游产品的设计与开发不仅要满足游客的观光游览基本旅游需求，还要能够满足游客休闲、品尝美食、特产尝鲜、互动娱乐、拓宽视野、增长知识、锻炼意志、寻幽探奇等多重需求，兼具观赏性、休闲性、体验性、参与性、教育性和娱乐性等。总之，乡村旅游产品的设计基本要融合观光游览、休闲娱乐、参与体验三种分类体系一起进行。这样一来，乡村旅游产品既能让游客乘兴而来、满载而归，也能让乡村旅游经营者扩大收益渠道，诸如门票、食宿、娱乐项目、交通、采摘及土特产、工艺品等费用。多元化经营有助于农村经济、农业经济和旅游经济的互相促进、协调发展，不仅提高了经营者的积极性，增加了旅游地乡村就业岗位，还可以降低乡村旅游的季节性波动。

4. 塑造形象，打造品牌

乡村旅游形象设计需要构建理念基础、行为准则和视觉形象等。首先，要在文脉分析和市场调研期间建立旅游产品的设计理念，提炼出浓缩主题的宣传口号及Logo；其次，对管理行为、服务行为和公共行为进行整体设计，形成系统配套的各种活动行为准则体系；最后，将确定了字体和颜色的旅游徽标、宣传口号、吉祥物等放置在旅游者和社会公众视野内，形成系列、标准、重复出现的视觉形象。通过旅游形象定位方法、客源市场公众识别、市场营销渠道、线上线下广告媒体、社会公关宣传活动等营销传播手段，乡村旅游区即可实施旅游形象战略，在客源市场广泛建立乡村旅游区的知名度、美誉度和满意度，形成具有核心竞争优势和较强竞争力的旅游品牌。

5. 保护环境，持续发展

乡村旅游一定要走可持续发展道路，其重要基础和标志就是要保护好生态环境和旅游资源。游客之所以前往乡村旅游,就是为了享受乡村良好的生态环境、祥和恬静的生活氛围、古朴纯净的乡土气息。保护环境客观上要求旅游产品要与环境保护、资源可持续开发利用等进行一体设计、一体推进,统筹兼顾项目经济效益、环境效益和社会效益。

以乡村休闲娱乐项目为例,项目的主题应为当地的民俗文化和农趣娱乐等特色活动。设计开发的重心是充分挖掘当地文化内涵,不同的本土风俗、不同的民族习俗,以及不同的季节、不同的农作物等都可以被设计开发成不同的娱乐项目,如婚丧嫁娶、节日庆典、民歌民谣、传说典故、农事乡间娱乐游戏等。但须谨记,不要盲目引进外来文化,避免本土文化与外来文化冲突,避免本土文化流失、外来文化水土不服导致项目失去特色。

6. 康体健身,绿色时尚

国内外医学、人口学、生物学和环境生态学等领域的专家研究表明:人的健康状况、寿命与居住地物种数量呈正相关,即人类居住地动植物种类越多,人的健康状况越好、寿命越长。这是一种康体健身的新理念,体现了绿色健康旅游新时尚,非常利好发展乡村旅游。大部分乡村生态环境十分优越,有大面积的森林植被,动植物种类丰富,非常有益于人类健康。同时,清新的空气中含有大量空气负离子,这是世界公认的"空气维生素和生长素",具有强身健体、防治疾病、降尘灭菌等作用。因此,在设计乡村旅游产品时,特别是在选种植物、塑造景观环节,可选择种植更多品种、更多数量、更具康体健身功能的植物。

7. 文旅融合,创新发展

旅游业是一个文化型经济产业,文化作为旅游产品生命力的精髓,是当前旅游业发展的新增长点,也是创造差异性保持特色的核心要素。针对当前乡村旅游产品文化内涵普遍缺乏的现象,乡村旅游产品项目的设计和开发必须走文旅融合、创新发展的道路,提高项目的文化品位。文旅融合与创新发展的思路是坚持"宜融则融、能融尽融",推动文化旅游工作各领域、多方位、全链条深度融合,实现资源共享、优势互补、协同并进。

(1) 与教育开发相结合。

乡村旅游区要充分利用乡村旅游资源,开发多种形式的文化教育场所,开展形式多样的教育活动。目前,许多乡村都有条件开发建设自然教室、地理教室、花卉教室等小型教育场所,一些知名度较高、生态环境良好的乡村村落,还可以开发农村社会实践基地、生态环境示范基地等大型教育基地,寓学于游,寓教于乐。与此同时,乡村旅游区还可以深度挖掘传统的农耕文化资源,恢复并陈列传统的生产生活用具,诸如水车、水磨、石碾、风车、织布机、蓑衣、斗篷等,使游客在了解传统的农耕方式和习俗中,获得精神上的滋养。

(2) 与科技应用相结合。

信息技术、生物技术、光电技术、模拟仿真技术在农业中的应用,极大地推动了乡村旅游产业的发展,有助于设计开发出千姿百态的乡村旅游产品,营造出多姿多彩的农业自然景观。在挖掘、展示文化方面,乡村旅游区还可以进一步增加科技含量,即可以利用现代技术模拟解答农业的自然之谜、极端现象和历史上有较大影响的自然灾害,动态演示古代农耕作业、古建筑建造、节庆典礼风俗等过程,不断提高乡村旅游产品文化内涵,这样将对大多数城市游客和广大青少年更具有吸引力。

(3) 与饮食文化开发相结合。

近年来,土食主义作为新兴的消费方式,主张尊重自然,讲究时令和节气,注重健康饮食

生活,符合我们传统的饮食文化,契合乡村旅游饮食文化发展需要。因此,乡村旅游饮食文化需坚持"土食"当头、文化当家思路,在继续围绕"土"字创新当地特色菜品的同时,注重丰富当地饮食的文化内涵,深度开展"饮食与历史""饮食与文人""饮食与健康""饮食与习俗"文化挖掘,使乡村饮食不但能抓住游客的胃,还能浸润游客的心。

(4) 与旅游商品开发相结合。

开发具有本地特色的旅游商品,就是在宣传、营销旅游地。游客买下旅游纪念品,就相当于免费把旅游地的"广告"带向四面八方。乡村旅游商品的开发对象多是传统工艺品,如剪刀、筷子、折扇、风筝、油纸扇、竹编、泥塑等。传统工艺品虽然工艺简单,却承载了旅游地的民俗文化。此外,乡村旅游区还要对本地的农副土特产品做文章,做好农产品品牌建设。

(5) 增加旅游硬件设施的文化内涵。

硬件设施本身就是文化的载体,如具有乡村旅游景区标志的村门、寨门、院门、雕塑、公共汽车站台、厕所,甚至是门店招牌、路牌,都要既实用美观又有文化品位。即使是一块提醒人们爱护花木的警示牌,也要写得文雅温馨,造型也要有艺术感。

(二) 乡村旅游产品设计原则

1. 面向市场原则

面向市场原则,也称为市场导向原则。旅游作为一项产业,想要得到发展,必须遵循产业规律,突出产业属性。乡村旅游产品的开发,只有针对目标市场,满足市场需求,才能吸引游客前来消费,实现成功经营。

2. 彰显特色原则

乡村旅游产品的开发,要以求新、求异、求特为核心理念,塑造并放大其个性化、特色化、差异化,实现人无我有、人有我精。

3. 因地制宜原则

乡村旅游产品的开发,要强调地域性。要立足本地村情、镇情和特色资源、特色产业、特色文化、特色管理等开发产品,实现乡村旅游多功能、综合式发展。

4. 对接政策原则

乡村旅游开发受政策影响的程度比较高。政策对乡村旅游的支持主要体现在以下方面:拨付资金、项目审批、市场营销、产业要素(如土地等)和培训等。在乡村旅游产品开发和政策关系方面,最理想的状态是及时了解政策,准确理解政策,灵活对接政策。

三、典型乡村旅游产品设计

(一) 乡村观光旅游产品设计

1. 田园风光游

田园风光之美,重在"色"与"型"的搭配上。因此,在产品设计时,乡村旅游区要考虑不同季节农作物的色彩搭配及构型搭配,种"色彩田""艺术田",达到田园风光美如画、"画"中有"话"的效果。比如,在菠菜中点缀辣椒呈现"万绿丛中一点红"的意境;各地彩色麦田、稻田展现的本地特色文化符号图案等。在乡村适宜处设石桌、石凳、遮阳伞,或利用树荫置躺椅、秋千等,把大自然建成游客的大"庄园",让游客在乡间穿梭时,可以一边呼吸混有泥土芳香的空气,一边欣赏如诗如画的田园景致,充分领略乡村大自然之美,充分享受广阔的自由空间。

2. 农耕科普游

科普农业生产用具,可展示风车、水车、手推车、石磨、石臼、斗笠、蓑衣,以及犁、耙、锄、镐等各种常用工具,农村老物件最好,并配以文字说明。科普农耕劳动体验,可以让游客参与插秧、灌溉、收割、拾穗、耕田等,并配以讲解示范。科普农耕生活的典型场景,将当地农耕生活一些典型场景提纯荟萃,使其以源于生活又高于生活的艺术化形象再现在乡村大地上,如晒场打麦、晒麦、骑在牛背上放牛的农家小孩,用麻线纳鞋底的农家妇女,一家老少出动打豆腐、炒年货等场面,都是农耕生活形态的绝妙点缀。游客不仅能领略农家生活之美,还能体会农耕文化勤劳节俭、敬畏自然、苦中作乐、睦邻互助等的思想内涵。

3. 乡村主题博物馆

乡村主题博物馆可以有效展示乡村文化发展的历史过程和代表性成果,比如非物质文化遗产、传统工艺和传统产品、传统生产和生活方式等。乡村旅游区可以通过展示演出、文化景观重现,以及实景模拟以往生活场景等方式,让游客参与进来,现场教、现场学、现场操作、现场体验,这样不仅可以提高景区的吸引力,还能更好地传承和保护农村非物质文化遗产。

(二) 乡村休闲旅游产品设计

1. 乡村民俗与主题文化村落

这类乡村旅游产品,主要承载展示古村落在不同发展阶段的人文历史继承和发展历程。在休闲产品设计时,乡村旅游区应该深度挖掘古村落民俗和文化,营造整体民俗文化氛围,并设计开发参与体验式项目,让游客感受乡村独特的文化魅力。

2. 主题农园与休闲农庄

这类旅游产品承载农旅结合的创意体验空间、农事参与和自然教育等作用,可以将乡村设计成教育农园、租赁农园、市民农园等多种形态。这样旅游者在其中能够获得较高的体验价值,对乡村旅游区的良好印象会形成口碑效应,对外宣传。

3. 乡村俱乐部

乡村俱乐部既是乡村旅游信息机构又具有社交功能,是乡村休闲旅游的高级形态。乡村俱乐部还可以具备乡村度假、商务会议和商务谈判等复合功能,这在国外是较为多见的,也是国内乡村旅游向高层次发展的趋势。乡村俱乐部提供全方位的旅游服务,能够满足旅游者多样化、个性化需求,诸如乡村特色的体育健身、探险、竞技等活动。

4. 农业产业化庄园

农业产业化庄园集生产、研发、销售、社交、教育和旅游于一体,是现代化的乡村旅游产品形式,兼具产业化生产特点和服务型企业特征。目前,经营比较成熟的农业产业化庄园有葡萄酒庄园、草莓庄园、茶叶庄园和香料庄园等。在农业产业化庄园内游览,游客不仅能享受乡村意境,还能通过参观、参与获得相关产业和产品的知识,获得完整的乡村旅游体验。

(三) 乡村体验旅游产品设计

1. 乡野情趣体验游

乡野情趣体验游要突出趣味性、乡野性,让游客身处一个自由自在、不受约束的娱乐空

间,抚慰游客的心灵,使游客平日的紧张情绪得以放松。在与周围环境匹配的前提下,乡村旅游区要突出简单、朴实、自然的格调,营造绿水青山人家绕,人与自然和谐处的绿色生态乐园。这类产品项目可以是滑草、登山、玩沙、赛马、射击、斗牛、打陀螺、滚铁环、跳房子、踢毽子、荡秋千、跷跷板、芦笙舞等。

2. 果园劳动收获体验游

果园中可以种植花香、色艳、味美的果树品种,比如苹果、梨、杏、桃、李等。乡村旅游区可根据不同果树的开花、结果周期进行合理搭配,以保持果园的持续吸引力,延长开放期。果树开花期,可开展赏花、踏青、写生、摄影等活动;果实成熟前,可开展游客栽培浇灌果树、观察果实成长过程,以及林间休闲、野餐游览等活动;果实成熟期,可开放果园,提供采摘、品尝、购买等服务,此时,游客还可以亲自动手加工果实,使游客在收获劳动快乐的同时又能欣赏到硕果累累的丰收美景。果园内还可配套开设果品加工坊、品尝屋、专卖店、休息亭等设施。为了营造浓厚的果园文化氛围,乡村旅游区还可布设一些水果知识介绍、栽培技术、食用方法等的宣传栏,加入一些与水果有关的艺术品,如雕塑、漫画、楹联、诗词等,可以直接以水果为内容,也可以间接引述与水果有关的历史典故、传说趣闻。如,梨园可以设置孔融让梨的故事雕塑;杏园的石碑上可以雕刻"春色满园关不住,一枝红杏出墙来"的古诗名句。乡村旅游区还可以开展果树认领、认养活动,在果树上挂上认领人或认养人的姓名牌子,家长可以带领并引导孩子感受果树生长全过程的乐趣。这样,既让孩子学习实践了果树的种植技术,又在无形中激发了孩子探索的兴趣,在耳濡目染中孩子或许会联想到人类生命个体的成长,并由此引发一些对人生命题的思考。

3. 民俗文化体验游

在乡村旅游区,选择保存完整的典型民居建筑群或村寨、村落景观,整个建筑应给人以平衡对称、稳重平和之感,民居的特征应与村民的生活环境、生产发展密切相连,无论是选址、用料,还是布局和装饰都应体现"天人合一"的思想,然后将特色的民族文化和历史融入其中。旅游活动可以设计为参观特色民居建筑,带领游客感受整个建筑的文化底蕴,感悟乡民求稳、平和的心态和辛勤劳作的才智。此外,游客还可以在作坊里亲自制作工艺品,如刺绣、雕刻等。

4. 森林探险体验游

在森林探险体验游中,可以在安全前提下给游客安排特定的任务,如描绘森林的地形或寻找"宝物"等。游客在森林中要自己寻找食物和水,还要经受蚊虫侵扰等考验。在寻找"宝物"的过程中,乡村旅游区还可设计员工扮演当地居民与游客偶遇的情节,让游客与当地居民产生互动,增加游客体验感。此外,也可以将租赁农庄旅游、怀旧旅游等开发为乡村旅游产品。

5. 农业科技对比体验游

开发高新农业示范园,旨在吸引城市以家庭为主的游客。一方面,乡村旅游区可通过引进先进技术来提高农业的科技含量;另一方面,乡村旅游区可通过展示自然纯朴的农事活动,用形式多样的传统手工替代机械操作,让游客走近我国历史悠久的农耕文化。在传统手工劳作与农业高科技操作的比对中,游客不仅会为我国传统农业中蕴涵的智慧感到骄傲,同时也会自豪于现代农业科技的先进。利用周末闲暇时间体验乡村的农业发展,可以让孩子们打开眼界,使书本上的农业知识在实际的农业生产活动中得到鲜明的展示,孩子们能够深刻体会"锄禾日当午,汗滴禾下土。谁知盘中餐,粒粒皆辛苦"的情感内涵,深刻理解科技兴农的重大意义,这种旅游方式无疑是具有重要教育意义的。

此外,蕴含着较强教育意义的乡村旅游产品还有农事劳作体验游、劳动竞赛体验游、生态科考体验游等。

第三节 乡村旅游活动策划

从活动的多样性、发展形成过程、开发形式等不同分类方法出发,乡村旅游的类型各有不同。综合已有研究,从游客的角度,依据乡村旅游活动类型将乡村旅游分为如下七个类型。

一、观光型乡村旅游活动

观光型乡村旅游活动以自然和人文景观为主,包括乡野农田、特色蔬果养殖基地、花卉苗木、溪流河岸、产业园区、乡村农舍、传统民居等。观光型乡村旅游活动主要让游客感受山清水秀的自然风光和丰富多彩的民俗风情,让游客在大自然的原始美中放松身心、愉悦心灵。观光型乡村旅游活动如表5-2所示。

表5-2 观光型乡村旅游活动

类　　型	具　体　活　动
田园观光	花海(油菜花、向日葵、薰衣草、胡麻花、郁金香等)、稻田、梯田、花季果园、丰收田园、麦田怪圈、稻田画等
水上观光	荷塘、观鸟、水上农田等
建筑观光	特色民居(竹屋、土屋、窑洞、石屋等)、生态建筑、仿生建筑等
遗址观光	早期人类活动遗址、名人旧居、旧工厂、旧作坊等
农业生产观光	传统农业生产观光、畜牧养殖场观光等
设施农业观光	立体种植、容器种植、无土栽培、拇指西瓜、热带农作物北方温室栽培(香蕉、橘子、椰子、火龙果、榴莲等)、温室花卉、未来农业、基因工厂等
乡村博物馆	农耕文化博物馆、民俗博物馆、家谱馆、民居馆、民间工艺馆、乡村艺术馆、民间艺术公社等
手工企业	养蚕、刺绣、织布、制陶、制作糕点、制作干菜、制作腌菜、草编、竹编等

二、休闲型乡村旅游活动

休闲型乡村旅游活动依托宁静的乡村风景和悠闲的乡村氛围,为游客提供牌类游戏、歌舞表演、采风写生、观光等活动。同时,休闲型乡村旅游活动中还可纳入乡村生产生活场景、房屋建筑、饮食习惯、服饰、节庆活动、婚恋习俗以及民族风俗等。休闲型乡村旅游活动如表 5-3 所示。

表 5-3　休闲型乡村旅游活动

类　型	具　体　活　动
水上休闲	垂钓、游泳、泛舟、漂流、冲浪、快艇、航行等
田园休闲	放风筝、露天影院、星空营地等
乡村休闲	农家乐、棋牌室、围棋室等

三、度假型乡村旅游活动

度假型乡村旅游活动以乡村清新的空气、环境为依托，游客或在乡间散步，或攀爬于林间，或骑马、划船，或漂流、滑雪，都能充分感受乡野的朗朗星空、泉水叮咚，呼吸混着青草芬芳的空气，吹着习习凉风，体验"天人合一"的美妙境界。度假型乡村旅游活动如表 5-4 所示。

表 5-4　度假型乡村旅游活动

类　型	具　体　项　目
特色住宿	农家院、渔庄、酒庄、果庄、窑洞、树屋、船屋、木屋、竹屋、石屋、土屋、帐篷等
健康饮食	农家小饭桌等
养生养老	呼吸乡间清新的空气、温泉 SPA、中医理疗馆、药膳、长寿茶、寻找长寿秘籍、拜访长寿老人、地形疗法、园艺疗法、健康课堂等
运动健身	瑜伽、跑步等

四、体验型（参与型）乡村旅游活动

体验型（参与型）乡村旅游活动指在特定的乡村环境中，让游客一起参加农事活动或者参与民俗活动，体验当地乡村生活和农业生产过程的旅游活动。体验型乡村旅游产品对自然资源和基础设施要求不高，重点在于活动安排能吸引游客，让游客能够彻底放松身心，体验原汁原味的美好乡村生活，并在体验过程中享受收获乐趣、获得知识、修养身心。体验型（参与型）乡村旅游活动如表 5-5 所示。

表 5-5　体验型（参与型）乡村旅游活动

类　型	具　体　活　动
特色交通	徒步、骑马/驴等、坐牛车、敞篷车（摩托车等）、狗拉爬犁、长距离自行车（滑雪）等
特色餐饮	乡村酒吧、农家土菜等
文化体验	稻米文化体验、民俗文化节日；学习民间传承、手工艺；欣赏乡村民谣，参加乡村音乐会；寻找美食来源，品尝地方风味；园艺培训、厨艺培训等
农事体验	播种、收割、放牧、挤奶、捕捞、果园采摘、酿酒、农产品加工、喂养小动物（羊、牛、兔子、狐狸、猪等）、踩水车、耕地、打水井、踩打稻机、推独轮车、植树等

续表

类　　型	具　体　活　动
手工业体验	磨豆腐、打铁、手工编织、推石碾、养蚕、刺绣、织布等
竞技赛事	赛龙舟、搬粮食、运南瓜、推独轮车、扎稻草、赶鸭子上架、蚂蚁搬苞谷、剪羊毛比赛等
乡间文艺	踩高跷、扭秧歌、跑旱船、板龙灯、花灯节等
娱乐活动	乡间动物运动会（小猪快跑、小羊快跑）、乡间马戏团、斗鸡、斗羊、捉鸡、抓鸭等
亲子活动	放生鸽子、放生鱼、帮小蝌蚪找妈妈等

五、求知型乡村旅游活动

求知型乡村旅游活动的目标群体主要有两类。一类是长期在城市生活的居民，特别是城市少年儿童。他们通过乡村旅游学习农业知识、农业技术，了解乡村民风民俗。这类乡村旅游活动可以是采取PPP模式的青少年科普教育基地，或是教育系统投资的中小学农业和自然学习基地。另一类是对农业和农业技艺有特殊兴趣的群体。这类游客以研究先进农业技术、农业文化或农业技艺为主，通过"留学"乡村、参观调研或教育培训等形式了解农村、农业和农民。因此，求知型乡村旅游活动可以办成农业文化考察、农业技术培训、工艺品制作培训、特色农业调研等研修型活动，乡村农业的教育功能在这种活动中发挥得比较明显。求知型乡村旅游活动如表5-6所示。

表5-6　求知型乡村旅游活动

类　　型	具　体　活　动
生物认知	蔬菜认知、果树认知、家禽认知、家畜认知、昆虫认知等
农业科技馆	组培室、育苗室等
自然教室	植物、动物等教室
绿色学校	田园课堂、农作物识别等

六、购物型乡村旅游活动

购物型乡村旅游活动主要是为游客提供观赏并购买特色农产品及文创产品而开展的旅游活动。产品一般有绿色新鲜的特色果蔬、名贵水产和禽畜、风姿绰约的花卉、造型别致的盆景、风味独特的土特产、技艺精湛的手工工艺品、设计独特的纪念品等。购物型乡村旅游活动如表5-7所示。

表5-7　购物型乡村旅游活动

类　　型	具　体　活　动
民间艺术工坊	土特产、民俗工艺品街，包括豆腐坊、铁匠铺、油坊、酿酒坊、染坊、陶艺坊等
农产品展销会	城乡贸易大会、乡村大集、农民画展、庙会等

七、综合型乡村旅游活动

综合型乡村旅游活动是指将上述几类乡村旅游活动集中于一体的旅游活动。通常包括主体性农业活动、婚庆活动、商务活动、拓展训练等多种类型。综合型乡村旅游活动如表5-8所示。

表5-8 综合型乡村旅游活动

类 型	具 体 活 动
节庆	葡萄节、苹果节、草莓节、田野节等
婚庆	婚纱摄影基地、彩色花木园、花海、教堂、婚宴礼堂、情侣木屋、蜜月酒店等
香草	香草园(香草规模种植)、芳香花卉园、香草SPA、香草纪念品、DIY工艺品、香草鸡、香草鱼、香草猪、香草盆景、香草枕头、香料包、香草精油、香草婚礼等
中药	中药规模种植、草药园观光、药用植物园、药用植物研学、中药鸡、中药鸭、养生药膳、中药SPA等
花木	花木集中展示交易、特色花木销售、品牌花木销售、盆景、盆栽、花木创意工坊、花木检验检疫、花木产业信息服务平台、苗木花卉经纪人俱乐部、花木产业链服务基地、园艺器具市场、花木种植、婚庆园、丛林撒欢乐园、丛林酒吧、丛林木屋等
商务	小型会议、团体激励训练、企业拓展训练等
拓展	荒野求生、CS野战营地等
农场	点心农场、"狩猎"农场、竹屋部落等

第四节 乡村旅游商品策划

一、乡村旅游商品分类

乡村旅游商品指的是提供给乡村旅游市场的、具有乡村特色的产品。它是浓缩了乡村特色物产和地域文化的产物,是与乡村旅游相伴相生的。乡村旅游商品可以分为以下三类。

（一）乡村土特产

乡村土特产具有很强的地域性,以地道正宗、绿色生态为主要卖点,通常没有独立的企业品牌,但一般会有一个较有影响力的地域品牌,如赣南脐橙、信阳毛尖、怀柔板栗、杏花村酒、阳春面条等。

（二）民间工艺品

与土特产类似,民间工艺品具有较强的地域文化属性,不同文化体系下的工艺品不尽相同,更有"一村一品"之说。特色民间工艺品通常包括雕刻、剪纸、版画、陶瓷、竹编、草编、布匹、皮影、泥娃娃等。民间工艺品有精雕细琢的,也有粗犷质朴的,主要看当地的工艺水平和文化习惯。

（三）生产生活用品

随着乡土情怀的兴起和乡村创客的涌现,部分乡村的生活用品变得时尚起来,如绘有当地民族文化图案的衣服、包成为时尚界的宠儿,当地优良的木材家具、质朴的陶瓷、竹编的灯饰也被都市人喜爱。

二、乡村旅游商品特征

（一）地域性

乡村旅游商品作为乡村劳动人民劳动生产的产物,与当地地理区位、气候环境、地域文化紧密联系,带有很强的地域属性。"橘生淮南则为橘,生于淮北则为枳",也道出了这种差异性,这种地域性的特点很大程度上就是不同地方的乡村旅游商品引人购买的原因。

（二）乡土性

质朴、接地气、原汁原味,是乡村旅游商品的内在生命力,是乡村旅游商品区别于城市普通商品的最明显特色。乡土性是乡村给游客的一种关于土地和传统农耕文化的记忆,乡愁、乡味多来源于此。

（三）文化性

所有的乡村旅游商品多少都带有当地的文化特征,只不过有些商品文化感知度较强,如当地的民间工艺品,有的商品文化感知度比较弱,如当地土特产。

（四）艺术性

并不是只有著名旅游城市、大型旅游景区的旅游商品才具有艺术性,乡村旅游商品同样具有艺术性,这种艺术性的高度取决于民间艺人的水平。

（五）体验性

与普通商品待价而沽不同,乡村旅游商品十分注重参与体验性。旅游的过程本身就是体验的过程,同样,很多旅游商品的制作也带有旅游的体验性,比如亲手采摘的水果、DIY一件手工工艺品等。体验性也是乡村旅游商品引人购买的原因。

（六）实用性

抛开旅游的身份限定,它与普通的商品相似,具有实用性。

三、乡村旅游商品策划思路

（一）保护与创新并举开发

不同于现代工业商品,乡村旅游商品蕴含的淳朴乡土风情和独特的民间艺术是乡村旅游商品的灵魂,也是其得以生存和发展的根本。虽然传统工艺手工制作的效率与现代化流水线生产不能相提并论,但是每一件产品、每一道工艺、每一种风格,凝结的都是中华民族的智慧,积淀的都是中华五千年的文明。一件"原汁原味"的乡村旅游商品,能唤起人们对童年

的回忆、对历史的缅怀、对感情的怀念,也会吸引青少年去了解乡村、走进乡村、接受乡村,这也是其作为商品的卖点。因此,我们要保护这种"原汁原味",保护原汁原味的制作工艺、原汁原味的产品风格。政府也要在政策上给予扶持,鼓励"新鲜血液"加入其中,将正宗的、原真的手艺传承下去。

同时,人民群众日益多元的旅游需求,要求旅游业不断开发新的旅游项目和旅游商品。乡村旅游商品同样面临这样的挑战。"原汁原味"是乡村旅游商品的特色也是优势,但这并不意味着乡村旅游产品是故步自封、一成不变的,乡村旅游商品必须跟上时代的脚步、打上发展的烙印,否则必将被时代和市场淘汰。

"融入新内涵、推出新商品"是乡村旅游商品开发的着力点和增长点,我们应在保持传统工艺和风格的基础上,注重弘扬乡村旅游商品的内在价值,激发其当代活力,不断充实、拓展、完善其产品,增强其艺术性、创新性和纪念意义。

(二)个性化与差异化并重开发

个性化商品针对的是消费者深层次的需求,用以激发消费者的消费热情,以满足消费者的潜在欲望。个性化开发是为了适应消费者需求的不断变化而采取的"标品+个性化"策略,在确定产品的基本形态、基本功能和基本使用方式的基础上,结合用户的不同使用场景对产品做小部分的个性化调整。乡村旅游商品的发展,既要具备旅游商品的"三性"和"三风",更要突出"乡村"这个主题,充分挖掘各地乡村特色,开发出多角度体现乡村特色的商品,展现乡村旅游商品的独特魅力和价值,形成品牌效应。同时,我们也要重视地域的差别,根据不同地域的具体情况、资源、文化实际,因地制宜地定位各地乡村旅游产品,进行差异化开发,防止盲目模仿、生搬硬套产生的水土不服。最终,通过个性化与差异化开发,乡村旅游区在"知己知彼"的基础上做到"人无我有""人有我新",提高乡村旅游商品的不可替代性,才能使乡村旅游商品更有持久性,且能始终保持相对竞争优势。

乡村旅游商品既是传统文化和传统技艺的载体,也是每位游客"到此一游"的美好见证,更承载了游客的一段愉快回忆。在具体策划思路上,对于市面上出售的年画、刺绣、蜡染、剪纸、土特产等普通商品,我们可以将其作为原材料和载体,通过个性化、差异化开发,进行深加工、再赋值,就可以生产出富有乡村特色、乡土气息的乡村旅游商品。比如,开发乡村当地习俗、节庆和生活场景的年画,本地名人英雄乡贤题材的刺绣,以及本地乡村风景名胜并附带 Logo 或美好祝福语的蜡染,使乡村旅游商品兼具实用性、观赏性和纪念性。

(三)线下线上参与体验并行开发

让游客参与并体验旅游商品的设计、生产过程,是提高旅游商品认可度、知名度的好办法,线下线上可以同时进行。线下现场参与体验,可分为四个环节,即"看""做""奖""传"。"看"是指游客参观现场制作的全过程,了解商品制作大致流程和工艺方法,充分调动游客的好奇心。"做"是指为游客提供"动手"的平台,让游客亲自制作、创造,并融入其乡村旅游中,抒发自己对乡村旅游的理解。"奖"是指对游客参与制作的作品进行奖励,这种奖励更多是精神上的而不是物质上的,比如将作品在加工现场进行展示并定期评选优秀作品,满足人们希望被重视、被认可的心理需求,可以有效吸引回头客、提高重游率。"传"是指游客对乡村的宣传,对商品的宣传,对旅游的宣传。游客在参与体验过程中,能够更加深入地了解乡村、向往乡村,返回后会主动交流旅游体会、宣传乡村,甚至邀请亲朋好友欣赏自己的作品,分享参与体验的快乐,进而提升消费群体规模。

线上参与体验,主要借助网络广开言路,主要有三个环节,即"创""集"和"研"。"创"指的是创设官方论坛、网站、博客、抖音、公众号等多维平台,全方位介绍本地的风土人情、民风民俗、特色资源、传统工艺、特色产品等。"集"指的是配备专业的网络人员负责维护并及时回复网友的问题,发现和整理有价值的意见或建议,重点是游客对现有的旅游商品的看法和建议、乡村旅游商品开发设计方案建议,以及对商品感兴趣且有合作意向的投资人员等。"研"指的是定期召开研讨会,集中研究网友反映问题的整改,吸收并落实好的意见、建议,新的商品开发方案等。这种方式受众群体大,覆盖不同阶层、不同需求,甚至不同国籍的人,其中既有游客、行业人士,还有投资者,便于集思广益,有助于及时、准确地把握游客的需求动向,完善、更新旅游商品,扩大乡村旅游的开发规模和力量,推动乡村旅游的良性发展。

(四)教知识与学知识相长并发

旅游商品兼具经济属性与文化属性,文化属性是其核心和灵魂。消费者购买旅游商品,都希望了解其蕴含的文化内涵,比如制作工艺的产生、技术的改进历程、蕴含的历史典故、承载的寄托和期望等。因此,教知识就是为了满足消费者的求知欲,开发旅游商品时应注重商品相关知识的传授,可以在每件商品的包装上附上中英文内容介绍,在二维码中加入原材料种植养殖、商品制作生产过程,以及文化背景介绍的视频,这样既提升了商品的文化底蕴,还可以产生溢价收益。对于比较珍贵的乡村旅游商品,还应加上防伪标记,附上专门的质检证书,让消费者放心购买,也防止不法商贩以劣充优欺骗消费者,扰乱市场。同时,作为旅游商品的开发者和经营者,乡村旅游区相关人员还需要学习现代经济管理知识,并将其运用到商品的开发经营中去。首先,乡村旅游区工作人员要学习商标与产权知识,凡在正规渠道销售的、具有一定经营规模和品牌效应的商品,都应该到相关部门注册商标,保护知识产权。其次,定价知识也是很重要的,比如,要学习并思考怎样科学合理地定价,是成本导向还是需求导向,要不要考虑竞争者的定价,怎样应对商品的价格变化,如何同游客沟通定价等。

(五)打造品牌与整体营销并进开发

曾几何时,我国农村集市各种传统技艺精彩纷呈。而如今,很多民间手艺已经失传,只存在于影视剧、图片和人们的记忆里,很多民间手艺大师找不到传承人,陷入无人可教、没人愿学的窘境。究其原因,民间传统工艺不适应现代市场经济,产品没有被开发成商品,社会认知度、认可度较低,价格也低且无人问津,导致很多民间手艺人收入减少,转投其他行业谋生糊口,最后致使不少民间绝活失传。面对困境,开发乡村旅游商品,打造自己的商品品牌,走整体营销传播的路子,是一个很好的解决方案,可以实现乡村旅游经济发展和民间手艺传承双赢。注意,要把握好以下四个关键环节。

一是规范注册商标。首先,可采取向社会公开征集旅游商品商标的策略,引起社会各界的广泛关注;其次,采取线上线下投票、专家审定等多种方式,进一步扩大商品的宣传效果;最后,确定能够体现商品特色的商标方案,并按规定进行登记注册。规范注册商标能够牢固树立品牌意识,采取现代方式进行品牌宣传,不断提高品牌的知名度和认可度。

二是精心设计包装。商品的包装代表着品牌的形象,也是对品牌的宣传。针对乡村旅游商品的消费者主要是外地游客这一特点,包装首先要考虑的是方便游客携带。其次,要体现商品的特色,用质朴、原始的素材呈现产品的质感和内涵,通过强化特别的元素、提炼独特的风味,撑起乡土家常的风味。让游客在关注产品的同时也会被其包装吸引。最后,要融入现代美术风格,建构形象与包装的整体感,无论是图案和色彩,还是包装材料和包装工艺都要体现系列化品牌产品的规范性和统一性。

三是做好全方位售后服务。当前,很多旅游商品经营者"一锤子买卖""打一枪换一个地方"心态严重,销售劣质旅游商品,这种杀鸡取卵式经营,虽然短期可以获得较高收益,但无疑败坏了整个市场的口碑,影响了旅游商品的发展。美国学者西奥多·莱维特认为,新的竞争力不在于生产出什么产品,而在于产品有多少附加利益。售后服务便是其中的重要内容,包括送货、替换货、咨询、信贷、物流、维修等,良好的售后服务是维护品牌的重要手段。因此,政府相关部门要明确监管部门的责任,规范业内管理制度,敦促经营乡村旅游商品的商家挂牌营业,不定期对乡村旅游商品进行抽查,并受理消费者的投诉,保护消费者权益。乡村旅游商品经营者要建立并完善售后服务,与乡村旅游区共同打造良好的购物口碑,培育健康的购物环境。

四是拓展营销渠道。乡村旅游商品可以采取多渠道分销方式,即可以设立直销店、专营店,也可以通过展销会出售,还可以通过线上销售。针对不同的市场特点和不同游客的需求,乡村旅游商品经营者可设计合理的渠道,选择、评估、激励分销商,让乡村旅游商品走出乡村,走入城市,扩大品牌影响力。

第五节 乡村旅游形象策划

一、乡村旅游形象概念

我国疆域辽阔,历史悠久,拥有丰富的旅游资源。我国旅游业的发展始于1978年,主要经历了四个阶段:改革开放到20世纪80年代中期,为以接待入境游为主的资源导向阶段;20世纪80年代中期至20世纪90年代中期,是入境游和国内游并行发展的市场和产品导向阶段;20世纪90年代中期至2008年,进入入境游、国内游和出境游全面发展的形象驱动阶段;2009年至今为以国内游为重点的全面发展阶段。旅游业的发展需要理论牵引,从20世纪90年代末开始,旅游形象研究成为我国旅游研究的主要方向之一。旅游形象研究既是热点也是难点,旅游特色形象是一个旅游地具备竞争优势的重要条件。

形象是人们感受到的客观要素在心中的组合印象。旅游目的地形象是指,旅游者对某一旅游地的总体认识和评价,也就是说人们在选择旅游地时会把收集到的各种信息摄入脑中,形成对旅游地环境的整体印象,这就是人们对目的地的感知映像。

乡村旅游形象包含在旅游形象当中,不过特殊的一点在于旅游目的地特指乡村。所以,可以说乡村旅游形象是旅游者在乡村旅游过程中,对乡村旅游目的地基础设施、服务水准、景观认可度等外在感知和内在感受相结合的综合映像。因此,乡村旅游形象可以概括为人们对乡村旅游目的地的各种感知印象、看法、感情和认识的综合体现。简而言之，乡村旅游形象是人们对乡村旅游目的地的综合认识和总体评价。

二、乡村旅游形象的影响因素

旅游者来到乡村，关注的就是吃农家饭、住农家屋、干农家活、享农家乐，与大自然亲密接触，让清新的空气、泥土气息沁入心脾，一扫平时工作、生活的压力。在此旅游需求背景下，乡村旅游形象也具有区别于传统大众旅游目的地的特殊要求。

（一）凸显地方的旅游产品

地方性是指旅游目的地自身独特的地方特性，也被称为地格。乡村旅游的地格就是乡村性，它是乡村旅游的生命线，其表现既有自然物质方面的也有精神文化方面的。自然物质方面表现为乡村特色的建筑、饮食、服饰、自然环境等；精神文化方面表现为民风民俗、村风村貌、生活习惯、方言俚语等。

发展乡村旅游离不开乡村居民生活的乡村聚落，规划开发乡村旅游必须在保证当地居民正常生产生活的基础上进行。乡村旅游景观设计主要是原生态的村野田园风光和乡村聚落生产生活的结合体。整个景观环境是以原生态的自然气候、植被及地形地貌为底色，融合点缀当地人文印记的一体化景观，突出当地居民的生活生产、地区的自然景观和建设改造，做到人、景、物自然交融与和谐共生。

（二）特色鲜明的旅游主题

社会学认为，现代社会人们生活在一个信息虚拟的世界中，消费者的观念不同程度地带上了情感消费或者形象消费的特点，即越来越依靠主观感知、认知购买产品。鲜明的旅游主题一方面主导旅游产品的开发方向，有利于旅游主体对自身的理解和诠释，进而影响旅游者对旅游目的地的选择和后续活动。

基于这一要求，乡村旅游目的地需要进一步整合乡村旅游资源，优化乡村旅游格局，着力深挖本土人文特色，大力打造主题突出、特色鲜明的优质乡村旅游龙头项目，促进区域乡村旅游联动发展，提升规模和品牌效应，擦亮乡村旅游的"招牌"，推动生态旅游转型升级。

（三）生态环保的旅游环境

乡村旅游与农村生态环境应是相互促进的，发展乡村旅游需要依托良好的生态环境，也可以更好地保护和促进生态环境的发展。乡村旅游的基调是农村田园风光和文化，它们能为游客提供观光休闲、度假娱乐和教育康养等活动，乡村旅游的发展必须要与乡村自然和人文景观相协调。可以说，良好的乡村生态环境是旅游业发展的重要依托和内核。其中，乡村自然环境是乡村生态环境系统的中心，也是乡村旅游吸引游客较为直观的表现形式。乡村旅游要依靠乡村的田园风光、奇山秀水和动植物资源，乡村旅游区管理部门要提高游客和当地居民保护自然生态环境的意识，政府相关部门要通过法律法规保护野生动物、保护农田，推行绿色生产，保护其他有价值的乡村旅游资源。

（四）要求较高的服务质量

随着我国城市化和社会经济的迅速发展，人们的生活水平不断提高，闲暇时间日益增多，一个大众化的休闲时代正在到来，休闲旅游逐渐成为现代人生活的一部分。在喧嚣的都市,人多拥挤、空气污染、环境质量差,加上生活和工作压力大,人们渴望回归自然,舒展身心。乡村地区自然风景好、绿色景观多、空气新鲜,适合城市居民休闲旅游。但乡村地区的基础设施落后、饮食卫生较差、交通较不便、服务质量较差成为限制乡村旅游品牌树立和可持续发展的重要瓶颈。相比之下,拥有良好配套设施的乡村旅游目的地既能充分满足游客需求,也能拥有良好的口碑效应。

(五)综合系统的旅游管理

乡村旅游目的地区别于传统的旅游景区。传统的旅游景区发展往往依托优美的自然环境或者独特的文化资源,景区特点较为明确,且功能定位也较为清晰。然而,乡村旅游目的地是一个复杂的社会文化系统,不仅具有旅游属性,更具有传统农村聚落应有的社会属性。乡村旅游目的地的旅游管理更加复杂,既要协调景区发展与社区发展的关系,也要协调乡村生态环境与景区旅游环境之间的关系;既要强调旅游服务与社区服务的融合,也要强调农业产业与旅游产业的融合;既要保证乡村民俗文化的传承与发展,也要保证乡村地区旅游服务质量及服务设施的现代化。因此,综合系统的旅游管理也是乡村旅游目的地区别于传统景区的重要方面。

(六)持续有效的口碑效应

口碑效应是建立在产品品质和服务质量之上的,是因游客在乡村旅游过程中获得的满足感,而形成的连环递增的口口相传。通俗地讲,只有让游客全过程满意,他们才会主动传扬乡村旅游地的美名。"一个满意的消费者是你最好的推销人员"。对潜在游客而言,口传信息是更容易进入记忆且受干扰最小的信息。随着游客个性化要求越来越多,游客消费日趋理性化,人际传播效应的作用也逐渐加大。

随着移动互联网时代的到来,一个人就是一个媒体平台,一个人就是一台短波电台,一个人就是一个传声器。在O2O时代,口口相传的人际传播,有温度、有态度、有立场,更容易被消费者接受。

乡村旅游目的地的发展,本身同质化现象较为明显,吸引的更多是邻近地区的休闲游客。提升乡村旅游目的地的口碑效应,对树立旅游产品形象具有重要意义。

(七)精准有力的形象宣传

互联网时代的到来,让个体既是信息的消费者,也是信息的生产者与传播者。当前,人类已经步入大数据时代,精准营销逐渐成为旅游业需要关注并探索的营销模式。通过大数据分析,旅游行业发展的热点、游客需求的变化,以及不同季节、不同节假日的规律性变化精确的展示在经营者面前,经营者可以基于此进行有针对性的、前瞻性的旅游形象推广宣传,扎实做好相关服务保障和工作改进,这将有利于提升旅游业绩,促进整个行业的发展。

三、乡村旅游形象现状调查

乡村旅游形象,是旅游规划的组成部分。良好的旅游地形象有利于旅游品牌的形成和旅游吸引力的增强。乡村旅游形象体系的打造是乡村旅游可持续发展中不可忽视的环节。

乡村旅游目的地一般拥有较长的发展历史,且由于交通不便使得景区地方性特征明显。因此,在旅游形象定位确定前,调查现有旅游者对乡村旅游目的地特有文脉特征、自然景观特征等的印象感知,有利于为后期旅游形象定位提供经验借鉴。

(一)乡村旅游地知名度和美誉度

调查旅游者对乡村旅游目的地的了解程度、喜爱程度,即调查旅游地的知名度和美誉度等。了解游客对某地某些事务的熟知程度有利于旅游营销策略的制定和实施。

知名度指的是目标游客群体(现实和潜在的游客)对乡村旅游目的地的认知程度;美誉度指的是乡村旅游目的地在目标游客群体(现实和潜在的游客)心中的声誉和信誉;认可度是旅游者将旅游地的产品和服务纳为自己消费对象的程度。

(二)乡村旅游地感知形象调查

乡村旅游感知形象是基于游客视角得出的,是游客对乡村旅游目的地整体印象和感受的认知和评价,是旅游目的地的景观、文化、设施、服务,以及游客个人经验、传媒宣传、网络信息等多种因素综合作用的结果。在旅游决策和旅游行为理论中,旅游感知形象是影响潜在旅游者做出旅游目的地选择的重要因素。

乡村旅游感知形象的测量可以采用结构化和非结构化两种测量方法。比较常用的对感知形象的研究倾向实地调查,如对游客进行问卷调研,深入地围绕主题展开研究,维度划分如表5-9所示。非结构化的测量方法,主要结合网络信息,如游记、点评、博客等,这些信息往往能表达游客的最真实感受,网络文本分析将成为主要的调查手段。

表 5-9　乡村旅游地感知形象维度划分

感知形象类型	感知形象维度	感知形象类型	感知形象维度
认知形象	乡村旅游活动形象 乡村旅游资源形象 旅游设施形象 旅游服务形象 旅游价值形象 乡村环境形象	情感形象	安全的 拥挤的 气氛轻松的 安静的
		意动形象	形象满意度 旅游满意度 重游意愿 推荐意愿

乡村旅游形象的调查主要包括对乡村旅游地形象构成要素的调查,了解旅游地在旅游者心中的具体形象,以及为什么会形成这样的印象。通过对该问题的调查可以及时发现旅游目的地旅游形象定位是否与游客实际感知到的形象存在差异,为更合理的形象定位提供依据。

(三)旅游者形成乡村旅游地形象的信息来源调查

调查方法可采用开放式问题、多项选择、两分式问题、衡量态度问题等方式,其主要包括互联网、报纸、电视广播、亲友介绍、旅行社宣传等信息渠道。

旅游形象是影响旅游地竞争力的主要因素之一,形象的成功定位有利于提升旅游地的知名度。旅游形象需要借助人文景观、游览氛围、服务展示、公共活动等系列要素确定旅游

地在游客心中的形象感知。因此，乡村旅游区要及时展开对游客的调研，可通过传统纸媒、旅游产品营销渠道和互联网等信息渠道进行结构化的问卷调查，或者就开放式的问题直接在旅游地进行游客随机访谈，及时准确把握旅游市场发展方向，为游客消费决策提供信息服务，为调整和优化乡村旅游产品提供依据和参考。

四、乡村旅游形象定位

乡村旅游形象定位，是指在系统、全面地梳理并分析乡村旅游资源、旅游环境和旅游条件的情况下，研究提炼出影响乡村旅游发展前景的长期性、根本性、稳定性因素，得出旅游地的比较竞争优势，主动设计乡村旅游地在游客心中的前瞻性感知和定位。通俗讲就是，在旅游消费者心中要树立一种既能体现本地旅游文化内涵的同时又很鲜明、独特的形象，让旅游者容易记起，且能有效地杜绝"形象背离""形象缺位""形象消极"等问题的出现。

（一）乡村旅游形象定位要求

1. 突显区域精华

乡村旅游形象定位是构成旅游地定位的重要参考，是旅游地的资源类型和旅游产品开发前景的反映。乡村旅游形象定位必须特色鲜明、差异化明显，才能避免同类旅游产品的同质化竞争，乡村旅游地的发展才能具有比较优势和持久竞争力。旅游形象定位既要符合当地旅游资源特色，又要体现鲜明、富有个性的旅游形象。

2. 富含文化底蕴

地域性文化是构成旅游品牌的基本条件，文化内涵是旅游产品生命力的载体。在当前旅游市场竞争激烈的大环境下，缺乏特色的、丰富的、厚重的文化内涵，旅游产品将难以立足。因此，乡村旅游区必须充分挖掘开发出蕴含深厚且富有地方特色的旅游产品，只有不断提升旅游产品的品位和质量，才能有效增强其市场竞争力。同样，在旅游形象定位中，应充分挖掘旅游地深厚的文化内涵，使其成为一个具有持续吸引力和生命力的旅游胜地。

3. 突出市场原则

大量研究认为，影响旅游者决策行为的不一定是距离、时间、成本等一般因素，而是旅游地的知名度、美誉度、认可度及其他因素。因此，当旅游者计划出游时，面对众多的旅游目的地，常常表现出选择困难，不知如何下定决心等现象，这充分说明了这些旅游地具有形象定位不清晰、辨识度不高等问题，没有形象、直白地将旅游地的特征展示在消费者面前，没有为旅游者决策提供关键的信息服务。总之，乡村旅游形象定位需要从旅游者角度出发设计目的地的整体形象。

（二）乡村旅游形象定位方法

影响旅游形象定位的因子主要有四个，即当地文脉、资源条件、区位条件和战略管理。每一个因子又包括多个要素，因子和要素构成了分层级、分权重的乡村旅游形象定位基础。其中，资源条件是因子中较为重要的，也是开发乡村旅游的基点，更是旅游形象宣传的起点。

根据乡村旅游形象影响因子和要素的组合情况及权重分布情况，可将乡村旅游形象定位分为两类，即综合型定位和特色型定位。

1. 综合型定位

在一些乡村旅游目的地,其旅游形象影响因子之间相对平衡,众多的旅游资源要素都相对优越,进而在形象定位总体选择上很难有特别偏重的方面,需要采取一种兼容并包的、大概念的抽象定位,这种方式就是乡村旅游形象的综合型定位。

2. 特色型定位

虽然综合型定位具有概括性强、包含内容全面的优点,但对大多数乡村旅游目的地而言并不适用。特色型定位就是发现并聚焦乡村旅游区自身具有的特色,并始终围绕这个特色采取合理、合适的方式将其阐释并宣传出去。特色型定位,是以影响乡村旅游形象中最重要、最具吸引力的因子或要素为重点,进行的旅游形象定位。

(三)乡村旅游形象定位的基本过程

调查研究是谋事之基、成事之道。对乡村旅游形象定位来说,其基本过程也是调查和研究,即前期的基础性研究和后期的显示性研究过程。基础性研究包括地方性调查、受众调查,以及形象替代性分析等;显示性研究主要是讨论、研究、确定、创建旅游形象的具体表态,诸如视觉符号、宣传口号等。在乡村旅游形象定位的过程中,地方文脉分析是重要内容。乡村旅游地形象定位基本过程图如图 5-2 所示。

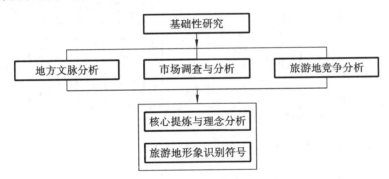

图 5-2 乡村旅游地形象定位基本过程图

1. 基础性研究

(1)地方文脉分析。

地方文脉分析的目的是找出乡村旅游地区别于其他地区有特色的和具有代表性的旅游地资源,分析的对象是乡村旅游地资源特色、民俗民风文化及乡村社区文化等。地方文脉分析在旅游地形象建立中具有基础性作用。地方文脉分析的主要对象是地方历史文化和地方民俗文化两方面。地方历史文化的考察主要围绕知名度和影响力较高的历史遗迹、历史人物的背景资料;地方民俗文化侧重民族文化、乡风民俗、地方特色分布等。

(2)市场调查与分析。

如果说地方文脉分析是供给侧情况分析,那么市场调查与分析就是需求侧情况分析。因为旅游地形象面对的是旅游者,目的是满足潜在旅游消费者的心理预期,市场调查与分析就是找到这种需求、对标这种需求,这是选择旅游地形象宣传的基础和前提。因此,市场调查与分析是根据文脉分析得出的旅游地基本形象,收集分析游客对乡村旅游地的需求和认知,以确定并充实乡村旅游地的总体形象。

(3) 旅游地竞争分析。

旅游地竞争分析的目的是体现旅游地的个性化与差异化。旅游地之间难免存在竞争,同时旅游者在对旅游目的地的认知过程中,易存在"先入为主"的效应。因此,策划定位旅游地形象时必须进行竞争性分析,以免使旅游地的形象与其他同类旅游地类似或相同。

2. 显示性研究

(1) 乡村旅游形象定位模式。

旅游地形象定位是由规划设计师为代表的开发者和旅游者共同完成的。其中,规划设计师负责旅游地形象的基础信息分析、核心理念提炼、形象设计包装等工作,旅游者承担旅游地形象评价,两者构成了乡村旅游形象的主体,客体是乡村旅游目的地区域。乡村旅游形象定位模式图如图5-3所示。

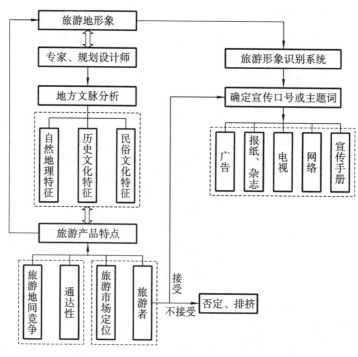

图5-3 乡村旅游形象定位模式图

(2) 乡村旅游目的地品牌形象识别。

乡村旅游目的地品牌形象识别是在乡村旅游目的地的整体规划基础上,站在品牌建设层面,为了提升视觉部分的调研分析和设计定位,而开展的一系列设计、策划和开发的战略活动。乡村旅游目的地品牌形象识别的核心就是通过视觉传达原理,将乡村旅游品牌的经营理念、宗旨和项目,以直观的、具象化的视觉形象表现出来。乡村旅游目的地品牌形象识别是由旅游地基础项目和应用项目组合的一套严谨清晰的系统。其中,基础系统项目包括品牌的名称、标志、字体、色彩搭配、吉祥物和口号等;应用系统项目主要包括包装、宣传册、信纸和广告等。

(3) 乡村旅游形象口号设计。

口号是对形象定位的语言概括表述,也是乡村旅游形象表述方式之一,更是让游客了解乡村旅游地形象的有效方式之一。

地方特征:内容源于文脉,口号的实质内容源于地方独特性,规划设计师要提取地方性的元素,并将其充实到主题口号中。

行业特征:充分了解游客的心理需求和偏好。

时代特征:语言紧扣时代,反映旅游需求的热点、主流和趋势。

广告效果:具有广告词的凝练、生动和影响力等特征。

五、乡村旅游形象管理

乡村旅游品牌形象的树立和长远发展,并不是一劳永逸的,还会不断遇到新矛盾和新问题,需要实施严格高效、长期稳定的品牌管理策略。乡村旅游形象管理具体包括营销传播、质量监控、市场监控等管理工作,通过不断修正来提高和完善品牌形象。

在具体执行时,乡村旅游形象管理部门监管责任重大、内容众多,涵盖乡村旅游形象调查分析评估、导向模式、定位策略、主体确定,以及设计、传播、评价等各个环节、各个方面。乡村旅游形象管理主要分为以下四种类型。

(一)常态管理

常态管理的关键是建立乡村旅游形象信息系统。乡村旅游形象信息是反映乡村旅游内外部环境及形象营销、评价、管理现状和特征的各类信息、数据等的总称。

乡村旅游形象信息系统包括内部报告、形象信息情报、形象信息调研和形象信息决策四个子系统。内部报告系统提供旅游形象内部运营的"结果资料",主要提供给形象策划、营销、评价和管理人员作为其开展工作的依据;形象信息情报系统提供的是旅游形象外部环境的"变化资料",主要提供给形象决策人员使用;形象信息调研系统负责设计、搜集、分析和沟通与乡村形象特定环境有关的营销资料,用于开展、修正和评估品牌形象的活动,检视形象绩效;形象信息决策系统负责收集和解释形象管理中的相关信息。在实际运作中,四个子系统相互配合、协调行动,从乡村内外部环境全方位收集各类形象信息,经过整理加工评估后,提供给旅游形象管理部门,支撑形象决策。

(二)动态管理

动态管理主要是及时追踪检测乡村旅游形象状态,及时根据情况变化采取相应的管理策略。乡村旅游形象状态受多种因素影响,特别是在市场经济下,随着市场需求和市场竞争的动态变化,乡村旅游形象状态也会发生相应变化,一般分为良好状态、一般状态和较差状态三种。

处于较差状态时的应对措施:需要在形象管理顶层采取调整措施,包括更新观念、调整形象战略、明确新的形象导向模式,以及制定切实可行的形象实施策略和具体措施;开展战略性、方向性形象策划,先立后破,以新的发展促进形象调整;引入新的形象理念,进行形象发展模式重构。

处于一般状态时的应对措施:需要采取局部针对性措施,包括全面评估乡村旅游地各种

旅游环境条件，针对变化情况进行形象战略的调整，增强发展动力；健全完善旅游市场竞争机制，重点支持优势产品、优势企业、优势功能区的发展；调整优化乡村旅游内容框架，拓展旅游产业价值链，不断提高乡村旅游区的综合实力。

处于良好状态时的应对措施：主要是进一步创新发展，不断增加比较竞争优势，包括实施形象领先战略，进行前瞻性、长期性、战略性规划；积极培育新的品牌形象，扶持特色旅游产品；做大做强优质企业和优势项目，促进乡村旅游全面、高质量发展。

（三）危机管理

乡村旅游形象危机管理是为了避免和减轻各种危机事件给旅游地形象带来的严重威胁，通过危机研究、危机预警和危机处理进行的非程序化决策。乡村旅游形象危机管理的目的是恢复正常的经营环境，恢复经营者和游客的信心。乡村旅游形象危机管理体系包括政府、旅游企业、旅游从业人员、公众（游客）等行为主体，主要管理途径为协调沟通、宣传引导、安全保障和市场研究。从管理的角度看，根据引发危机的主要风险因素的来源不同，可将乡村旅游形象危机分为外因危机和内因危机两类。

外因危机，是指危机发生在其他行业，但产生的负面影响会传导或波及旅游行业，间接导致旅游地客源剧减、乡村旅游形象受损的危机，如爆发战争、金融危机、恐怖袭击、重大自然灾害、公共卫生危机事件等。内因危机，是指发生在旅游行业运营范围内，直接威胁到游客或旅游从业人员安全，影响旅游活动的危机，如人身袭击、发生火灾、旅游设施发生意外、自然灾害等。

1. 政府危机管理

政府是危机管理的核心。政府危机管理是指及时预警和识别可能导致形象危机的因素，采取预防应对措施来消除潜在危机发生隐患、截断危机发生链条以阻止危机发生，并尽量消除和降低危机导致的不利影响的系统过程。具体来说，政府危机管理包括三个阶段：危机潜伏生成阶段，主要任务是从根本上消除危机，防止危机的形成和爆发，或尽量将危机控制在萌芽状态；危机的显性爆发和演进阶段，主要任务是危机的及时应对和处理；危机消除和解决阶段，主要任务是进行危机后果消除和总结经验。

2. 旅游企业危机管理

一个成功企业的必备能力就是危机管理能力。旅游企业的危机管理主要涉及五个方面：建立危机管理的组织领导机构，建立危机管理制度，修订完善危机应对预案；加强危机教育培训，强化各级员工的危机意识；健全危机预警系统和危机应对机制，做到快速反应、有效应对；及时组织危机应对演练和准备情况检查，评估改进企业应对危机的计划、决策能力；和媒体、公众建立并保持关系良好、敏捷高效的信息沟通渠道和系统。

3. 旅游从业人员危机管理

旅游从业人员的危机管理从培养和提高旅游从业人员的危机意识开始。当危机发生时，旅游从业人员能发挥主人翁作用，有责任、有担当，积极参与政府和所在旅游机构的危机救治。事后，旅游从业人员要善于总结学习，提高自身的危机管理能力。

4. 公众（游客）危机管理

危机事件不仅对管理部门来说是一个重大挑战，更是对整个社会面对危机时应对能力的考验。当危机发生时,社会公众也会受到威胁。因此,每一名公众都要成为危机管理的局内人,这样才能最大限度动员社会力量,调动各种资源,建立完整的社会危机应对网络。公众危机管理主要是培养公众良好的心理素质,使其做到遇事不慌、冷静应对;加强危机应对知识的学习,加强各种威胁应对的方法和手段,提升个人应对危机的能力;强化安全意识,遵守各种安全管理规定,不断规范个人行为。

（四）优化管理

乡村旅游形象优化管理的目的是提升乡村旅游形象,优化管理对象主要包括理念形象、战略形象和技术形象。理念形象指的是对形象思想、形象战略的总结和提炼;战略形象指的是对乡村旅游形象的全局性、整体性、长期性的谋划和思考;技术形象指的是具体组织实施、协调推进的形象策略。

总之,乡村旅游形象管理的目标是让旅游者满意,使其获得圆满、顺利、安全、值得回忆的旅游体验。作为乡村旅游形象的管理者,乡村旅游区必须扎实开展形象认知调查,及时发现各种问题隐患,找准问题的根源和症结,制定切实可行的整改措施,立整立改,切实维护好乡村旅游形象,提高游客的综合满意度,推动整个旅游业良性发展。

经典案例解读

思考与练习

(1) 乡村旅游策划的重点内容有哪些?
(2) 乡村旅游产品的设计思路有哪些?
(3) 如何设计典型的乡村旅游产品?
(4) 影响乡村旅游形象的关键因素有哪些?
(5) 如何策划具有乡土特色的乡村旅游商品?

第六章

运筹帷幄——乡村旅游市场开拓

学习引导

确定乡村旅游目标市场是乡村旅游开发、运营管理的关键。只有有效定位目标市场,紧跟目标市场需求,开发出具有针对性的旅游产品,才能保证旅游产品具有竞争力;只有有效细分乡村旅游市场,制定有针对性的旅游市场策略,才能保证乡村旅游向更加高效、科学、健康的方向发展。本章主要阐述乡村旅游市场概念,分析乡村旅游市场特点,结合旅游市场营销的重要理论分析乡村旅游市场营销的策略、趋势和模式等,使乡村旅游能够在我国旅游行业激烈的市场竞争中占据一席之地。

学习重点

(1) 乡村旅游市场概念。
(2) 乡村旅游市场细分类型。
(3) 乡村旅游目标市场。
(4) 乡村旅游目标市场选择策略。
(5) 乡村旅游市场营销策略。

第一节 乡村旅游市场概述

一、乡村旅游市场内涵

从营销角度讲,乡村旅游市场可被称为需求市场,即乡村旅游产品的现实购买者和潜在购买者市场。乡村旅游市场与乡村旅游活动是相伴相生、相互促进的关系。乡村旅游市场有三个要素,即人口规模、旅游欲望和购买力。乡村旅游市场分析的功能如下。

(一) 信息功能

根据现代信息理论,各种市场信息和环境信息都是客观存在的,有市场存在,就必然会有各种市场信息随市场的发展变化而不断生成。同样,各种营销环境信息也会不断生成。乡村旅游区从事市场营销活动,必须充分了解相关的各种旅游市场信息和环境信息,并将其作为日后营销决策和开展营销活动的依据。

(二) 认识功能

由于市场及其环境具有复杂性和多变性,人们对市场的认识总会或多或少带有模糊性和不确定性。这种模糊性和不确定性的存在将影响乡村旅游市场营销活动的正常进行。所以,消除营销主体对市场、营销环境及其本身状况认识的模糊性和不确定性是开展市场营销的必要条件。市场分析提供的信息,将有效消除营销主体认识的模糊性和不确定性,使其正确认识自己开展营销活动面临的内部和外部环境。

(三) 沟通功能

沟通功能是旅游市场分析的延伸功能,即旅游市场营销主体和社会公众之间进行信息的传输与交换,以此实现意见的沟通。信息学告诉我们,任何信息活动都是双向的。事实上,在市场调查过程中,调查主体不断地向被调查者传输各种信息,同时又从被调查者处获得各种信息,这是一种交互式信息沟通过程,实现了双方意见的交换,也实现了市场营销各方的相互了解、相互协调,从而保证营销活动能在和谐的氛围中顺利进行。

(四) 反馈和调节功能

反馈和调节功能也是旅游市场调查的延伸功能,即旅游市场调查主体在市场调查过程中获取信息,通过加工处理与反馈指导和调节营销活动。反馈与调节是信息工作的基本功能,也是市场调查的重要功能。市场调查本身不是目的,获取信息并不是市场调查活动的终结。旅游企业通过市场调查获取各类相关信息后,还必须对信息进行必要的加工和处理,使其成为企业营销活动的依据,能够有效地指导和调节旅游营销活动。

二、乡村旅游市场细分

乡村旅游市场细分是指,乡村旅游经营管理者基于旅游需求的异质性,根据细分变量,将整个旅游市场划分为若干个旅游群体的过程。不同群体之间,需求具有明显的差异,而群体内部则具有相似的需求。由于旅游者的购买欲望、购买实力、地理环境、文化、社会、购买

习惯和购买心理特征等的不同,决定了旅游者之间的需求存在广泛的差异性。市场细分将在某方面具有相同或相近的旅游需求、价值观念、购买心态、购买方式的旅游者划分在一起。

市场细分可以帮助乡村旅游经营管理者发现市场机会,掌握目标市场特点,制定有针对性的市场营销策略,提高乡村旅游企业的竞争力,增加农民收入。乡村旅游市场细分主要有按照地理区域细分、按照人口变量细分、按照心理因素细分和按照行为方式细分四种基本形式。

（一）按照地理区域细分市场

根据不同地理区域特征,比如区位、气候、地形、地貌等,乡村旅游市场可被划分为不同类型。有市郊区乡村旅游地、县周边乡村旅游地、高原地带乡村旅游地,以及沿海、沿湖地区乡村旅游地等。不同地理环境下的旅游者往往具有不同的旅游产品需求与偏好。一般来说,乡村旅游市场地理区域细分的是周边大、中城市的居民。

（二）按照人口变量细分市场

人口变量主要包括年龄、性别、职业、收入、学历、民族、信仰,以及国籍等,这些指标可以区分旅游者的购买力、购买欲望、购买偏好及出游概率,根据这些特征变量乡村旅游区可以细分市场。比如,男性比较偏好探险、求知类的乡村旅游活动,女性比较喜欢田园风光、采摘休闲类的乡村旅游活动;年轻人生活和工作压力比较大,比较青睐风景优美、身心放松类的度假型乡村旅游活动,中老年人偏好宁静悠远、以康养为主的乡村旅游活动。

（三）按照心理因素细分市场

心理因素细分市场指的是根据生活方式、个性和动机等特征变量细分旅游市场。生活方式是人们处理工作、个性和兴趣爱好的习惯和模式。不同的生活方式可以产生不同的产品偏好。比如,产品偏好可被分为节俭型、新潮型、环保型、传统型等。个性是个体相对稳定的性格特征,大多数情况下,内向的游客偏好大众化的旅游地,外向的游客比较喜欢新奇、冒险类的旅游地。此外,游客购买旅游产品的动机不同,对乡村旅游地的需求也不一样。求奇、求美、求实、求安等动机,都可以作为旅游市场细分的变量。

（四）按照行为方式细分市场

按照行为方式细分市场指的是根据旅游者对产品的认知和购买目的、过程及方式等方面细分市场。一般来说,乡村旅游市场可被细分为观赏乡村风光、感受回归自然、体验民俗文化和民族风情、探究农业农事、参观农业高科技园区、品尝土特产、购买新鲜农产品等几类。按照行为方式细分市场对乡村旅游市场开发及扶贫模式有着重要的参考价值。

三、乡村旅游动机

（一）乡村旅游动机产生的原因

1. 内在需求——"推"的作用

探新求异的积极性心理需求和逃避现实的消极性心理需求,均对乡村旅游动机具有"推"的作用。

探新求异是人的本能,好奇之心,人皆有之,人大多对外界有着探索的欲望,但受居住环境活动范围的限制,大多数人对外界事物一知半解或知之不多。越是这样,人们探索和好奇的心理就越强烈,希望看到新事物以开阔眼界、开辟新领域、了解外面的世界、弄清事物的来龙去脉、到新奇的世界寻求新的刺激,这些都是人们外出旅游的动机。乡村有与城市完全不同的生活环境和生活方式,正好满足城市居民亲近自然、体验不同文化和返璞归真的需求。

逃避紧张的现实是现代城市居民日益增长的心理需求。现代人生活节奏快、工作压力大,容易感到身体疲劳和精神紧张,而且人们也不可能经常通过搬家或调换工作的方式改变自己的工作和生活环境。外出游山玩水、休闲娱乐,可以满足人们暂时改变环境、调适心情,以及消除烦躁、紧张的精神状态的需求。同时,人们因工作和生活或多或少会产生各种矛盾或烦恼,外出旅游能给自己一个心理缓冲期,在结识新朋友、走亲访友、休闲娱乐活动中,人们可以获得尊重、理解、友情、爱情,内心也能得到安慰。

2. 外在诱因——"拉"的作用

乡村旅游可以让人放松身心、亲近自然、返璞归真,这是将城市居民拉到乡村旅游的重要外在诱因。

放松身心的生活状态。随着城市化进程的推进,城市人口急剧增长,有的城市公共绿地和公共基础设施建设跟不上,导致城市污染大,环境拥挤逼仄、喧嚣纷扰,直接造成人们精神的紧张,危害人们的身体健康,加之都市紧张的工作环境、复杂的社会环境、激烈的竞争环境,人们产生了对优美、宁静、清新、轻松的乡村生活环境的向往。

亲近自然的生活环境。随着工业化进程的推进,城市居民距离大自然越来越远,对原生态的自然环境的需求越来越强烈。因此,旅游者更加关注旅游环境的质量,更加期待回归自然的旅游活动。走进自然、走进乡村、走进田野,在亲近青山绿水、亲近田园牧歌、亲近农耕文化中追求回归自然、淡定怡然,这对城市居民有着强烈的吸引力。

返璞归真的文化探寻。乡村集市人来人往,民间艺人专注做工,街头小摊贩的吆喝叫卖声,各种果蔬美食土特产,乡村居民爽朗的交谈声、歌唱声,每一处都充满活泼快乐、轻松明快的生活气息,体现着乡村居民憨厚、大方、乐观的个性。这些热闹、温暖散发着乡土气息,是城市居民心中向往的地方。

(二)乡村旅游动机的类型

乡村旅游的动机是复杂的,不同的动机对行为的影响程度是有差异的。强烈的动机会激起游客态度和行为的改变。根据乡村旅游产品的类型,乡村旅游动机一般可被分为以下三类。

1. 以农事活动为主题的乡村旅游动机

游客可能是因为想要体验乡村农事活动而游览乡村,农事活动根据生产流程主要包括播种、管理和收获三个方面,如排灌、施肥和收割等。一年四季春、夏、秋、冬,每个季节的农事活动各不相同。游客通过参与农事活动,能够体验到耕耘的充实和收获的喜悦。

2. 以村寨生活为依托的环境旅游动机

体验村寨生活,其实就是游客对乡村田园风光的向往,是回归自然的内心期待。游客看腻了城市的车水马龙,到秀丽清新的美丽乡村欣赏各类生物和谐共存的自然景观,深入村寨体验民风民俗,尝尝当地的美食,放歌旷野,新鲜又有趣。

3. 以村寨特色为载体的文化旅游动机

文化旅游动机包括对乡村历史、地理、民风民俗、风土人情、特色的乡村农舍、历史古迹等的探求和向往。身临其境的文化体验,有利于游客的自我学习。

四、乡村旅游目标市场

(一)周边短期游乡村旅游者

近几年,乡村短期周边游市场发展迅速。城镇居民厌倦了喧嚣、紧张的城市生活,希望通过乡村旅游暂时远离喧嚣的生活环境,欣赏乡野风光,体验民俗风情,感受乡村文化,寻求一种回归自然的享受,获得身心的愉悦和放松。

周边短期游具有碎片化、频次高、消费低等特征,时间多在三天以内,小长假及周末都是出游的合适时间。在团队游和散客游中,选择一天以内出游时间的占比不断提升,时间短、频次高的一日游增长迅猛,周边游潜力巨大。各地高铁及高速公路的开通为周边游的快速发展提供了硬件支持。除此之外,私家车的快速普及也成为周边游发展的一大助力。从乡村旅游产品供给方面来看,周边游产品新颖且丰富,适合居民出游。

(二)年龄多元化的乡村旅游者

1. 中小学生

中小学生旅游以学校或家长安排的有目的的旅游、实习等为主要内容,通过不同于城市的乡村旅游扩大视野、开阔眼界、培养吃苦耐劳精神等。这一客源适合开发具有参与性的务农活动、高科技农业技术参观活动、乡村风光艺术展及写生等活动,增进中小学生对农村和大自然的了解。尤其应重点关注中小学生的乡村研学旅游市场。

2. 青年

青年乡村旅游市场的旅游者多为追求现代潮流的年轻人。年轻人渴望的是一种全新的体验。这一客源市场适合开发参与性和娱乐性都比较强的乡村旅游产品。

3. 中老年

中老年乡村旅游市场的本质是怀旧、回归自然。当今时代的中老年人在年幼或年轻的时候大多有生长或生活在农村的经历,工作以后或者由于某种原因从农村迁居城市。因此,他们对农村的生活会有追溯和回味,在久居城市后渴望有机会回到农村去体验和回味。这一客源市场适合开发原汁原味的、反映农村生活原貌的乡村旅游产品。

(三)出游目的多样化的乡村旅游者

1. 传统观光

乡村旅游发展的重点是传统的观光旅游。乡村自然秀美的景观和富有乡野情趣的生产生活,对城市的游客有着独特的吸引力。传统的观光游集田园风光和农业应用高科技于一体,可以采用农场的形式,这样游客可以一边参观一边品尝新鲜的瓜果蔬菜,还可以将土特产品等作为礼品赠送亲友。

2. 休闲度假

休闲度假是为了放松身心,这对白领阶层极具吸引力。乡村良好的生态环境和独特的农耕文化,满足了游客贴近自然、远离城市喧嚣的需求。针对这类旅游者乡村旅游区要开发乡村特色餐饮美食、采摘垂钓类的旅游产品,建设一些体验农园、度假农场等旅游度假区。

3. 文化体验

受教育程度较高的都市知识阶层,去乡村旅游的动机主要是体验城乡文化差异,他们更愿意选择具有历史、地理内涵的乡村进行考察、探索,体验风土人情。因此,应当保护和开发具有历史、地理和人文特色的乡村旅游产品来满足这类旅游者的需求。

4. 参与互动

随着旅游者的日益成熟,游客越来越期望能够主动参与到乡村旅游活动中。例如,以往对农家乐的需求,主要体现在餐饮上。近几年,旅游者期望参与互动性娱乐的要求越来越高,不但要求欣赏到独具特色的乡村景观,而且要亲自采摘果实和干农活;旅游者参与乡村旅游商品的生产、制作过程既充分调动了旅游者的好奇心,又能让旅游者体验到自己创作的乐趣,满足旅游者的心理需求。全方位地主动体验乡村生活,能加深旅游者对乡村生活的印象。

5. 求知求新

由于长期生活在城市,城市居民缺乏对农村、农事和大自然的了解,尤其是青少年和儿童,对乡村旅游地各种独特的农村设施和淳朴的民风民俗充满好奇,使得越来越多的城镇居民前往乡村,了解乡村的文化习俗、民间艺术等,拓宽视野,感受文化艺术之美,扩大知识面,陶冶情操,以满足自己求知求新的需求。当前,青少年乡村研学游蓬勃兴起,非常有利于青少年开拓视野、增长见识、启迪思维、提高素质,也得到学校和学生家长的认可和支持,将成为乡村旅游发展的热点和趋势。

6. 怀古怀旧

怀古怀旧是一种温馨的情感,是对那些消逝在时光长河中的岁月和场景的怀念。乡村记忆,是怀古怀旧中难以忘记的篇章之一。漫步在老街,仿佛穿越了时空,回到了那个纯真的年代。那些朴素的田园风景、辛勤劳作的场景和独特的乡音、乡情,都能激起离开故土去城里生活的游客的缅怀。这种怀旧可以是个体的,也可以是集体的、民族的和国家的。在我国,这类游客规模不小。

7. 康体养生

随着老龄化时代的到来,除了传统乡村旅游业态,还出现了康体养生需求,为乡村旅游的发展开拓了空间。旅游者希望能够满足自己在城市环境中无法获得的精神及物质需求。因此,他们会更加注重乡村的生态环境是否良好、食品是否绿色卫生、空气是否清新等,同时,他们还可在乡村进行一些体育活动,强身健体。这一客源市场主要是城市高收入阶层及其家庭。他们去乡村旅游的主要动机是疗养身心。因此,温泉疗养、水体运动等乡村俱乐部比较适合此类旅游者。

总而言之,相同类型的乡村旅游者的旅游动机趋于相似,不同类型的乡村旅游者的旅游动机差别较大，呈现一定的规律性。比如，中年旅游者看重增进同游亲朋好友之间的感情；短程旅游者看重乡村旅游地具有的放松精神的功能；受教育层次高的乡村旅游者更关注文化、民俗风情等内容；高收入的乡村旅游者更看重服务质量保障和设施设备完备程度等。

第二节　乡村旅游市场营销

一、乡村旅游市场营销趋势

随着我国乡村振兴战略的推行，乡村旅游业发生了翻天覆地的变化，乡村旅游市场不断正规并逐步成熟。乡村旅游业的发展对乡村旅游市场营销提出了新的要求。

（一）旅游产品营销更加精准化

由于不同类型、不同层次旅游消费者需求差异日益明显，导致整个乡村旅游市场需求呈现多样化趋势，推动乡村旅游产品开发也逐渐向个性化方向发展。面对消费者的个性化、多样化需求，旅游市场营销的针对性更加明显，逐渐呈现出精准化的趋势。

（二）旅游产品营销更加注重品牌化

旅游市场竞争日趋激烈，旅游营销进入品牌竞争时代。也就是说，为了推出有别于竞争者的产品、比竞争者更好地服务游客，企业的旅游市场营销需要品牌化。品牌的载体包括Logo、口号、IP形象，以及自然和人文景观等视觉表现。有品牌就有定位，乡村旅游地有自己的特色资源禀赋就能提炼地方文化和习俗，宣传、展示品牌化场景，打造并予以游客参与式的体验，让游客实现身与心的放松。这样形成的品牌就是乡村旅游重要的核心竞争力。

（三）旅游营销理念更加绿色化

乡村旅游的特色就是绿色生态旅游，其发展必须高度重视旅游资源开发与生态环境协调。从市场营销角度看，绿色营销理念是一种新兴理念，需要企业和营销人员广泛关注。因此，乡村旅游市场营销要紧扣绿色发展的理念进行宣传，通过充分的信息沟通，积极树立旅游产品的绿色形象，满足游客环保、健康、生态的绿色旅游需求。

（四）旅游营销策略更加注重沟通和协调

乡村旅游进入发展期后，营销沟通和协调显得尤为重要。在出现困境和危机时，营销沟通和协调是重要的黏合剂。在日常的经营管理中，和游客的沟通与协调是建立共识、提高游客满意度和品牌形象的重要助力，对提高重游率和口碑宣传效果具有重要意义。

（五）旅游营销模式向网络化延伸

随着乡村旅游的不断发展，区域旅游网络体系逐渐形成，客观上要求乡村旅游进行整体规划、整合营销。网络本身具备快速、便捷、手段多样等特点，利用网络进行旅游服务、促销活动成为许多乡村旅游企业营销首选模式。因此，旅游企业应本着高起点、网络化原则，积极推动旅游营销网络化发展，真正将传统营销与现代营销融合起来，促进旅游业持续、健康发展。

二、乡村旅游市场营销策略

在旅游市场营销课程中,我们系统学习过旅游市场营销的组合策略,统称"8P"策略。在乡村旅游这一特殊的旅游形式下,依然采用此营销策略,但营销的内容却存在明显的变化,这一方面受到当前信息化大背景的影响,另一方面与乡村旅游的特殊性有关。

(一)产品策略(Product)

旅游产品本身的市场吸引力是开展旅游市场营销的基础。在信息化大背景下,很多游客参观浏览某一乡村旅游区后会选用微信、微博、小红书等自媒体发布自己的旅游信息,这些旅游信息能否发挥市场推广的作用,关键在于乡村旅游产品的市场吸引力。近年来,乡村旅游百花齐放式发展,导致乡村旅游竞争激烈,旅游资源吸引力仅限地区级。乡村旅游主要吸引近郊旅游市场,依赖网络口传效应带来的营销效果将进一步被放大。

1. 乡村旅游产品的特色化开发

乡村旅游区各类旅游资源的潜在价值需要得到充分展现。因此,可针对具体的资源状况,对旅游产品进行有序开发,打造自身特色。

2. 乡村旅游产品的主题化开发

聚焦鲜明主题特色,整合乡村旅游资源,比如可以以历史人物或事件、历史建筑等为主题,打造富有历史文化特色的主题文化旅游服务,便于游客根据个性化需求选择适合的旅游产品,提高旅游的价值体验。

(二)价格策略(Price)

价格是传统营销理论中直接关联企业收益的元素,也是影响游客消费决策的重要因素,合理、有效的价格策略是打开市场、调节客流,以及提高企业收益的重要手段。乡村旅游产品的定价需要综合考虑经营目标、成本、竞争者、游客的需求状况等要素。

1. 灵活定价策略

需求价格弹性定价。一是对需求价格弹性系数较大的项目,可采取相对较低的价格吸引客源,由于弹性较大,增加的客源消费量将大于单价降低对它的影响,因此总收入会增加。二是对需求价格弹性系数较小的项目,需采取较高定价策略。一方面是因弹性较小,提价不会造成客源消费量大幅降低;另一方面适当的高价可在市场上树立高品位的形象,进一步刺激该类产品的销售。

旅游淡旺季差别定价。在旅游淡旺季应采取不同的定价策略,以达到分流旺季客源,吸引淡季客源的目的,最大限度地减少因淡旺季游客量大幅变化,给目的地持续稳定经营带来的冲击。

购买者的差别定价。对各类旅游渠道商(分销商)要灵活地调节价格,分销商可给乡村旅游区带来大量的客源,是乡村旅游开拓各级目标市场的重要力量。因此,需要根据分销商的业绩(如招来的游客数量)给予其价格上的让利空间,以保证乡村旅游区与各级、各类旅游分销商的合作联盟得到巩固和发展。

2. 捆绑定价策略

对乡村旅游区各景点经营间的竞争与合作关系进行妥善处理,形成较好的互补,实行套票(捆绑定价)制。乡村旅游景点捆绑定价不能影响游客游览的便利性和降低游客的体验感,乡村旅游企业需要仔细论证不同项目的特点,站在旅客的角度优先选取具有互补性的项目进行搭配。

3. 价格折扣折让策略

由于游客对价格具有相当的敏感性,因此可根据经营情况采取恰当的价格折扣折让策略,来最大限度地刺激渠道商和游客。价格折扣折让策略一览表如表6-1所示。

表6-1 价格折扣折让策略一览表

类 型	策 略 释 义	策 略 应 用
数量折扣	为一次性购买足够数量的购买者提供的一种价格折扣	企事业单位、政府机关、学校及其他团体组织的团队旅游,适用数量折扣
功能折扣	为足额完成销售额度的渠道商提供的一种折扣	针对旅行社等分销商在特定期限内带团进入乡村旅游区的人数达到一定数量,可给予其折扣奖励
季节折扣	为在淡季购买旅游产品的购买者提供的一种折扣	在除3—10月的时间内,可在各大目标市场推出折扣门票(套票)
折让	根据固定的价目表给符合要求的购买者的一种折扣	针对重游的游客,可持上次消费票据得到一定数额的价格折扣;自助旅游者有以家庭为主的趋势,可设置家庭式的价格折扣,以提高重游率

(三)渠道策略(Place)

渠道由各级旅游分销商构成,是乡村旅游产品连接终端市场的纽带,建立一个结构合理、敏捷高效的分销体系,是提高市场占有率和市场影响力的重要手段。

1. 渠道建设

乡村旅游渠道建设总的原则和思路是减少分销层级、降低运行成本、提高反应速度。在具体实施中,乡村旅游企业要针对不同目标市场的重要程度采取不同的渠道建设措施。对重要目标市场城市,应设立专门的营销机构;对次要的目标市场城市,可与当地相关组织建立代理合作关系,负责当地的旅游营销;对一般的目标市场城市,可根据实际需要派驻营销代表。

2. 渠道管理

渠道建设是渠道策略的基础,但是要确保渠道体系高效运作、敏捷反应,渠道管理工作是关键。可以采取以下措施加强渠道管理。

一是实行精细化管理,覆盖各级、各类渠道成员,每个渠道单位和成员均需要获得目的地的认证,每年须接受年检,及时淘汰不合格的渠道商,确保整个渠道体系的质量。

二是畅通信息传递链路,确保目的地与渠道商之间信息流通的高效、通畅,迅速上传下达旅游市场变化信息,并能使信息及时在整个渠道体系无障碍共享。

三是即时总结交流,设立旅游产品渠道商俱乐部,定期召开渠道商会议,会议可以是每个季度一次,也可以根据旅游淡旺季灵活安排,遇到重大紧急情况可即时召开。会议主要是总结交流、分析解决问题、安排部署工作,给业绩突出的渠道商、渠道成员颁奖,同时还可增进目的地与各级各地渠道商的了解与合作。

(四) 促销策略(Promotion)

1. 媒体促销

根据乡村旅游总体形象需要,委托专业广告传媒公司制订详细的推介计划。媒介的选择,通常以大众媒体为主,特定媒体为辅;以国家级和主要目标市场地方主流媒体为主,其他媒体为辅。最终,形成多媒体、多渠道、多角度、网络化、立体化的广告平台。在具体实施中,乡村旅游企业应区分乡村旅游项目开发不同阶段和市场的不同状况,精心选择、合理组合广告媒体。不同阶段广告策略一览表如表6-2所示。

表6-2 不同阶段广告策略一览表

发展阶段	树立品牌	深化品牌	延伸品牌
广告阶段	初期	中期	后期
广告目标	创造品牌	保持品牌	维持品牌
广告战略	开拓市场	市场竞争	保持市场影响力
广告策略	形象告知	通过突出本目的地的差异化和独特性来说服游客,使其加深印象	提醒
广告对象	早期游客	中期游客	后期(保守)游客
广告运用	多种媒体组合,进行多层次广告宣传,扩大声势,广告费用投入较多	广告密度、广告费投入较初期次之,说服和争夺游客	压缩广告投入量,采用长期定时发布广告的方法来唤起游客注意,延续市场

2. 销售促进

销售促进措施是指在乡村旅游区建设和运行的不同阶段,针对不同对象择机采取不同激励措施,以刺激市场获得良好的预期效果,这与媒体促销是相辅相成的。对于游客,乡村旅游企业可采取赠送纪念品、吉祥物、门票、购物优惠券、累计消费奖励券、景区套票、抽奖券等方式,不断吸引和巩固新老顾客。对于渠道商,乡村旅游企业可采取赠品、折扣、贵宾服务、销售奖励等措施,扩大渠道分销商的利润空间和发展前景,不断巩固发展与渠道商的营销联盟关系。对于乡村旅游企业自身销售体系,除薪酬制度待遇,还可采用建立业绩奖金制度、创先评优制度等激励举措,鼓励自身销售体系员工努力工作、勇创佳绩。

3. 人员促销

与媒体促销、销售促销等间接营销不同,人员促销是面对面、点对点的直接营销,具有针对性强、沟通效率高等优点。人员促销的主要方法有以下三种。

一是针对主要目标市场组织推介宣传会。一般应联合当地有关部门和机构,共同举办旅游形象推广会、产品展示会,邀请当地政府有关部门、旅行社和新闻媒体参加。

二是点对点提供服务,安排促销专员对目标市场的专业团体进行电话拜访或登门拜访,时间可以定期也可以不定期,拜访对象主要是记者协会、大型企事业单位、教育工会等潜在大客户,目的是协商有关团体旅游、会议旅游等合作事宜,做好服务保障工作。

三是在重点目标市场的中心城市设立销售代表。销售代表主要负责日常接待、处理旅游相关事项,同时与当地各团体、企业、家庭建立长期稳定的联系。

(五)包装策略(Packaging)

俗语"酒香不怕巷子深"已彻底成为历史往事。好马配好鞍,好产品需要好包装,只有引起游客的关注,才能赢得更多的印象分。乡村旅游产品的包装,要站在游客喜好角度,从研究游客心理开始,主动适应当前市场需求,既要在体现乡村风情、历史积淀、景区特色上下功夫,还要创新开发游客喜闻乐见、乐于接受的具体产品包装形式,以达到激起游客购买欲望的目的。

(六)策划策略(Programming)

作为典型的"眼球经济""注意力经济",旅游业利润来源于市场和游客的关注。营销的目的就是让更多人了解、认同和赞赏旅游产品和形象。因此,除了常规的营销手段和措施,乡村旅游区还要抓住社会热点、公众关注点,进行专门的事件营销。一般情况下,事件营销都能取得很好的效果,比如近年山东淄博烧烤、哈尔滨冰雪游、泰山平价矿泉水事件,都是典型的成功案例。总之,乡村旅游目的地应善于挖掘景区细节,抓住各种突发事件、热点事件,主动、迅速进行事件营销策划,但切记不要违反公序良俗。同时,乡村旅游企业还可以策划并争取各类选秀节目、各类明星巡回演出等活动来乡村旅游区举办,提高旅游区知名度。

(七)人本策略(People)

在经济社会发展、物质生活极大丰富的今天,游客看重的是高质量的体验和服务。贴心暖心、以人为本的服务,较能让游客感动和赞赏,这也是提高乡村旅游区形象和竞争力的重要途径。

作为情感营销的核心,人本策略强调各种营销推介都要体现对人的关怀与关爱,用真诚温暖社会,用真情打动人心。运用到乡村旅游营销上,乡村旅游企业具体可采取的措施有:积极参加公益活动,设列专项经费,专款专用,并以乡村旅游区的名义,积极参与各类社会爱心公益活动,制作并播出各种公益广告;积极宣传好人好事,在旅游形象宣传片中注重对真善美的弘扬,及时宣扬乡村旅游区场景中人与人相互帮助、共享美好的故事;渲染奉献爱心的氛围,与全国知名、社会声誉高的慈善机构联系形成常态捐赠机制,有重大灾情时及时捐款,在乡村旅游区门票(套票)上印制"您的消费已为爱心基金捐献1角钱"等字样。

(八)协作策略(Partnership)

竞争与合作是商业发展的常态,往往竞争中有合作,合作中也有竞争。只有竞争或只有合作,都不利于乡村旅游区的良性发展。有竞争也有合作才是乡村旅游区正确的发展思路。乡村旅游区应立足自身资源禀赋,扬长避短,寻求旅游区之间,以及行业内部或跨行业的协同发展。常见的协作方式有区内和区间协作两种。

乡村旅游区食、住、行、游、购、娱六个子系统构成了一个有机整体,它们是相辅相成的,"一荣俱荣,一损俱损",彼此之间必须加强合作。此外,随着"全域旅游"概念的提出,乡村旅游地应积极寻求与周边景区的合作,尤其是要加强在互补领域的合作与发展。这样不但能产生"先进带动后进"的效应,还能提高乡村旅游区的客容量,促使乡村旅游区得到可持续的发展。

三、乡村旅游市场营销模式

(一)体验旅游营销

体验旅游营销是伴随体验经济而生的一种新的营销模式。体验旅游营销指的是游客通过观摩学习、聆听实践等方式,取得与产品或服务的感官体验,从而对产品或服务的品质或性能产生积极情感,进而产生购买欲望或行为的营销模式。体验旅游营销需要旅游经营者站在游客的角度分析游客的购买动机、购买决策过程和购后评价。产品、服务对顾客来说是外在的,体验是内在的、存在于个人心中的。

体验旅游营销的主要策略有以下四个方面。

1. 感官式营销策略

感官式营销策略是通过视觉、听觉、嗅觉与触觉建立感官上的体验。它的主要目的是创造知觉体验,增加产品的附加值。如江西婺源的油菜花见图6-1。

图6-1　江西婺源油菜花

(图片来源:百度,https://baijiahao.baidu.com/s?id=1767214914537101149&wfr=spider&for=pc)

2. 情感式营销策略

情感式营销策略的目的是触发游客的内心情感,为游客创造情感体验。情感式营销追求的是情感的影响力和心灵的感召力,乡村旅游企业需要真正找到有效的心理方法激发游客积极的情感,并使游客自然而然地融入情景中去,促使营销活动顺利进行。图6-2所示为银川镇北堡西部影视城。

图 6-2 银川镇北堡西部影视城

(图片来源:网易,https://www.163.com/dy/article/IBKHG9C405413HB3.html)

3. 思考式营销策略

思考式营销策略是启发顾客的智力,创造性地让顾客认识和解决问题的营销策略。一般情况下,思考式营销用惊奇、诱惑引发顾客兴趣,如千岛湖水上迷宫路线图(见图 6-3)。

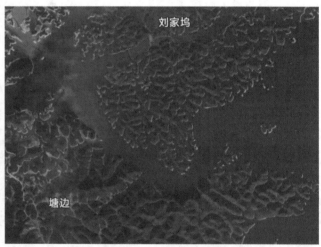

图 6-3 千岛湖水上迷宫路线图

(图片来源:搜狐网,https://travel.sohu.com/a/603643984_451480)

4. 行动式营销策略

行动式营销策略是通过名人现身说法等方式来激发游客的旅游动机,强化游客的旅游体验认知,并影响游客的生活习惯,以促使营销策略的成功。比如云南文山普者黑景区因录制某综艺节目而闻名,如图 6-4 所示。

(二)娱乐旅游营销

娱乐旅游营销就是借助娱乐的元素或形式,使产品与消费者的情感建立联系,从而达到销售产品的营销模式。娱乐旅游营销的目的在于,让消费者"潜移默化"地接受品牌信息。湖南卫视、江苏卫视、浙江卫视等相继推出的真人秀节目带火了一批乡村旅游区,图 6-5 所示为浙江建德大慈岩镇。

图 6-4 云南文山普者黑景区

(图片来源:百度,https://baijiahao.baidu.com/s? id=17637694104981644618&wfr=spider&for=pc)

图 6-5 浙江建德大慈岩镇

(图片来源:搜狐,https://roll.sohu.com/a/620616258_121372601)

(三)体育旅游营销

体育旅游营销就是以体育活动为载体来推广企业品牌和产品的一种营销模式。体育旅游营销包括两个层面:一是指将体育本身作为产品营销;二是指运用营销学的原理,以体育赛事为载体进行的非体育产品的推广和品牌传播等营销活动,这点也是我们指的体育营销模式。由于体育活动背后蕴藏大量的商机,体育活动的公益性和公信力较高,一些景区通过举办体育赛事迅速成名。宁夏中卫沙坡头景区于 2010 年举办宁夏国际汽车摩托车沙漠拉力赛、2019 年举办宁夏中卫沙坡头杯沙漠国际越野拉力赛,这些赛事,使得景区的"江湖地位"得以保持。2016 年,宁夏中卫沙坡头旅游景区荣获 2016 年中国体育旅游精品项目。2023 年丝绸之路电动陆冲拉力赛在宁夏中卫举办,如图 6-6 所示。

图 6-6 宁夏中卫 2023 年丝绸之路电动陆冲拉力赛

(图片来源:网易,https://m.163.com/dy/article/ICQLVN440552AZ3T.html)

(四)概念营销

概念营销是在市场调研和对消费者进行分析的基础上,提炼出产品或服务的特征,创造性地概括出具有核心价值的概念,再向目标顾客营销这一概念,从而激发目标顾客的心理共鸣,促成最终消费的一种营销理念。

概念营销的特征表现有:创造需求,引导消费;细分市场,主动定位;差异营销,个性营销共三种。从消费者的心理需求出发,通过市场的细分来创造消费者的需求核心。

(五)事件营销

事件营销是通过策划、组织,或利用具有新闻价值以及一定社会影响力的人物或事件,引起社会公众的关注,达到提升企业、产品的知名度,培育良好的品牌形象,提升营销业绩的一种营销方式。事件营销也是当今众多景区经常采用的营销手法。2016年春节期间,野象谷景区利用一头叫"竹笋牙"的野象因失恋破坏路边停放的小汽车这一事件进行营销,一时名声大作,得到了多家媒体的转载,为本来声名鹊起的野象谷再添"一把火"。云南普洱国家森林公园利用公园散养动物这一特性,在暑期举办了"动物奥运会",中秋节举办了"森林音乐会",使得一个新兴的景区在滇西南极具竞争力。云南普洱动物运动会如图6-7所示。

图6-7　云南普洱动物运动会

(图片来源:搜狐,https://www.sohu.com/a/112970777_439815)

(六)关系营销

关系营销不同于交易营销,它是建立、维护和巩固与消费者、中间商、竞争者、政府机构及社会公众的良好互动的长期关系的过程。关系营销的本质可被概括为双向沟通、合作、双赢、亲密、控制。关系营销的中心是顾客忠诚。

(七)网络营销

网络营销指的是借助网络和数字媒体技术等宣传推介产品或服务的过程。乡村旅游网络营销,主要包括以下六方面内容。

1. 网站营销

乡村旅游区要搭建自己的乡村旅游网站,网站是一个展示给用户看的窗口,最好将其设计成营销型网站,在网站上讲清楚乡村旅游景点、乡村旅游活动、乡村旅游路线、乡村旅游事件、乡村旅游商品及乡村旅游消费情况等。

2. 借力第三方平台

乡村旅游区要借助去哪儿网、携程网、飞猪旅行等旅游平台。这些平台本身拥有很多用户,可通过跟他们合作来宣传乡村旅游地。第三方平台既可以发布信息,将其曝光给潜在客户,扩大营销,也可以销售产品,增加收益。

3. 搜索引擎营销

搜索引擎营销(Search Engine Marketing,简称 SEM)是指运用搜索引擎付费推广的方式进行乡村旅游区推广,客户通过搜索自己的需求看到企业付费推广的广告,进而看到营销型网站信息,实现精准引流。

4. 搜索引擎优化

搜索引擎优化(Search Engine Optimization,简称 SEO)是指旅游公司可以借助百度等搜索引擎平台,通过 SEO 把旅游公司的网站排在百度首页,当客户搜索某旅游区时,可以找到相应的旅游区,客户信息获取也非常精准。

5. 自媒体营销

旅游公司可运用微信、微博、抖音、快手、小红书等自媒体平台,开通官方账号,安排专门人员去运营,这些自媒体平台可为客户提供旅游方面的知识,建立客户信任感从而吸引潜在客户前来咨询。

6. 论坛发帖推广

针对各论坛的特征,发布相关的旅游信息,如摄影论坛等,这是旅游公司做好网络营销的一个方法。

(八)影视营销

影视营销是借助景区资源和特色景观设计拍摄以景区场景为主的营销作品,宣传推广景区形象,塑造乡村旅游品牌故事的营销方式。这种营销方式引起的游客情感共鸣是一般的营销沟通形式难以企及的。在国内借助影视营销成功的景区有蜀南竹海(借助《卧虎藏龙》)、甘肃甘南风光(借助《天下无贼》)、额济纳旗胡杨林(借助《英雄》)等。

乡村旅游在乡村的自然资源和历史人文资源基础上,以旅游度假为宗旨,利用村庄的场景空间、人文景观、和谐生态、独特的建筑等为特色设计开发各类旅游活动。乡村旅游发展是实现乡村振兴的路径之一。乡村旅游必须形成自己的、独特的营销理念,建立核心吸引点——体验度和参与度,构建切实有效的管理体系和营销机制,才能长久、有序地发展。

第三节 乡村旅游市场销售

一、乡村旅游目标市场选择策略

（一）差异化市场策略

差异化市场策略是指乡村旅游企业根据各个细分市场的特点，选择与其他乡村旅游产品不同的目标市场，并以此制定不同的营销办法。目前，乡村旅游产品雷同、市场竞争激烈，实施差异化市场策略迫在眉睫。

首先，挖掘差异化的乡村旅游资源。有机地整合资源，通过不同的资源实现利益的最大化，将资源转化成产品，将地理环境、风土人情等都融入其中，但不得脱离总体的规划，实现有形产品和无形产品的结合。

其次，满足旅游者差异化需求。旅游者本身就具有差异性，城乡的差异、文化水平的差异、经济收入的差异、消费观念的差异，正是这些差异的客观存在使旅游者的需求存在差异性。因此，要满足不同的旅游者需求，做好不同的市场细分，实现可进入性、可营利性发展。

最后，开发差异化的旅游产品。深度挖掘乡村旅游产品的文化内涵，增加个性和时尚的旅游方式，推出各项专题旅游，丰富旅游产品的类型，注重开发休闲农业旅游产品和参与性较高的乡村文化旅游产品，推陈出新，满足旅游者需求。例如，可将传统旅游产品和专题旅游产品相结合，充分利用村落本土文化及自然资源，形成以民俗风情、乡村体验为一体的差异化旅游产品体系。

面对古村落旅游产品雷同现象，山西许村国际艺术公社另辟蹊径，以艺术复兴乡村，有效带动了当地村民脱贫致富。许村保护原村庄格局、环境、古民居、民俗等，吸引国内外艺术家来采风，驻村创作，建设了许村酒吧、艺术品商店、乡村集市等。另外，许村每两年举办一次颇有影响的国际艺术节，每次大约15天。大学艺术院校到村里挂牌，境内外大学教师和志愿者给乡村小孩上英语课和绘画课。许村现已建立国际艺术公社基金会。

（二）文化创意市场策略

文化创意产业是当前热门的新兴产业，乡村旅游可作为发展文化创意产业的平台，实现双方的融合发展。农村环境的独特性对城市游客来说本身就是具有吸引力的，乡村振兴应该立足当地的自然、人文资源设计旅游产品和服务，促进文旅融合，强化游客的参与度和体验度。乡村旅游经营者可充分挖掘乡村旅游产品的文化内涵，通过乡村旅游产品与生态旅游、民俗文化、研学旅游，以及乡村饮食文化、乡村建筑文化、乡村公益文化等，增加乡村旅游产品的文化内涵，提升产品的知名度。

乡村旅游和文化创意产业的融合发展有利于乡村的现代化发展。首先，产业融合发展需要更多高素质的技术和管理人才，乡村旅游区要加强人才储备。其次，要强化本地文化传承人的培养。乡村旅游依托当地具有较高文化价值的民俗活动、历史村落吸引游客。因此，要培养更多了解、喜爱当地旅游项目文化内涵的专业人士来向游客讲解并宣传。最后，在针

对乡村旅游设计文化活动、展览活动中,要注重同行业名气高的创意设计人才展开合作,不断扩大乡村旅游区的知名度和影响力。通过对乡村文化的深度开发,使其与乡村旅游业有效融合以打造富有特色的文化乡村旅游业,这样既有效开发、利用保护了民间文化,也赋予了乡村旅游业丰富的文化内涵,提升了乡村旅游业的吸引力和竞争力,从而有效推动当地旅游经济快速发展,助力农民尽早致富。

杨家埠民间艺术大观园位于山东省潍坊市寒亭区,潍坊自古有"世界风筝都"的美誉,杨家埠民间年画具有悠久的历史和独特的艺术风格,大观园总占地16万平方米,园内以年画、风筝为主导,民风民俗为主题,开设潍坊风筝博物馆、绘制馆、十八女子作坊、年画博物馆、年画作坊、民俗馆、文物馆、百年婚证展、老粗布作坊、农具展、红色收藏展、书画院、嫦娥奔月台、古店铺一条街、三星湖等数十个景点和展厅,让游客在体验风筝扎制、年画印刷等乐趣的同时领略几百年来杨家埠人们的生活方式,体味杨家埠人们古老的民俗、民间风情。

(三)多元市场组合策略

乡村旅游是自然生态与传统文化的完美结合,乡村旅游产品市场可依托丰富的自然和文化资源进行拓展。

坐落于福建泰宁群山之中的际溪村,是首批全国乡村旅游重点村,有着独特的丹霞田园风光和悠远的人文历史,是多元市场组合策略的典型案例。际溪村以"绿水青山就是金山银山"的发展理念为引领,依托优美的生活环境、秀丽的田园风光、底蕴深厚的历史文化发展乡村旅游,推进乡村振兴。际溪村以丹霞地貌为主,世界地质公园样板景区——寨下大峡谷就坐落于此,辖区内奇峰俊秀、岩穴棋布、丹崖斑斓、流水清幽,村落散落其中,民风淳朴浓厚,田园风光尽收眼底。际溪村以打造"耕读李家"乡村旅游为契机,充分挖掘李春烨、朱熹、李纲、杨时等历史名人在此地隐居耕读的文化底蕴,秉持以人为本、文化为魂的理念,将文化产业、旅游产业进行深度结合,大力发展文旅康养产业,积极招商引资,引进静心书院、鹿趣园、星空民宿、读隅山居、闽台文化交流中心等项目,推动产业发展,带动群众共同致富,逐步打造成"一座丹霞山乡、一脉岩穴文化、一处心灵静地、一方农耕乐园"为一体的特色村落。

二、乡村旅游市场销售渠道

对乡村旅游企业来说,开拓销售渠道的目的是方便旅游者前往乡村酒店、餐馆以及景区、景点享用设施与服务。为了吸引更多的旅游者,乡村旅游经营管理者必须了解销售渠道的类型,以便进行分销渠道决策。

(一)网络销售

网络销售,是指在网络环境下(包括互联网和移动终端)销售产品和服务的行为。随着移动互联网技术的普及和乡村旅游的发展,采用网络营销方式销售乡村旅游产品是必然趋势,也是推广乡村旅游中必不可少的环节。

1. 自建乡村旅游企业网站销售

对有目的搜集信息的旅游者来说,乡村旅游点网站是其判定旅游信息的重要平台,网站应设立与乡村旅游点有关的各种栏目,这将有利于旅游者了解更多、更准确的乡村旅游点信息。对普通乡村旅游经营者来说,如果只是把自己的产品集成到官方或非官方的智慧旅游平台上,就能够向全国各地旅游者实时展示乡村旅游产品信息,接受咨询和预订,成本也相对较小。经营者只需要配备上网设备,派专人负责网络销售工作,租赁第三方服务平台,即可正常开展网络销售工作。

如图6-8所示,安徽巢湖三瓜公社的网站内容非常丰富,包括公司简介、新闻资讯、景区简介、联系方式等相关内容,且网站图片精美,版式对旅游者有一定的吸引力。网站中有乡村旅游资源信息、乡村旅游特色餐饮信息、乡村旅游民宿信息、乡村旅游创业信息等。在官方网站的在线订购平台上,游客可以随时查询和预订景区门票、景区民宿、景区农家乐、特色商品等。此外,官方网站中专门设有在线咨询窗口,为旅游者出游、购物、交通等提供全方位的咨询服务。

图6-8 安徽巢湖三瓜公社官方网站

2. 第三方网站发布平台的推广

对大多数乡村旅游点来说,官方网站的运营维护需要耗费人力资本和维护成本等,因此他们会利用第三方网站进行信息发布、产品销售和景区推广。目前,市场上有很多旅游网站通过向旅游企业提供在线发布平台的方式来帮助旅游企业推广和销售旅游产品,如携程旅行、驴妈妈、马蜂窝等。很多乡村旅游区会主动跟这些平台合作,扩大乡村旅游点的知名度,进而从平台上直接获得客源。

如图6-9所示,携程旅行网充分发挥OTA的平台流量优势,于2018年上线"美丽乡村"旅游扶贫专区,与全区1000多家经典乡村旅游目的地积极开展深度合作,吸引游客到贫困地区旅游和消费,增强贫困地区"内生动力",不仅让贫困群众逐渐富裕起来,也使经济落后地区"旧貌换新颜"。

3. 自媒体平台销售

近年来,自媒体持续升温,从早期的论坛、贴吧、博客到现在的微博、微信、抖音等,每次都引发一轮市场热点。因自媒体具有平台技术门槛低、操作简单、信息传播效果强等特点,受到人们的热捧。

图 6-9 携程网销售的乡村旅游产品

  微信销售作为目前较流行的自媒体推广销售方式之一,在用户注册微信后,便与周围同样注册的"朋友"形成一种联系。另外,用户还可通过微信公众号订阅自己需要的信息。乡村旅游经营管理者可通过"朋友"的联系,提供用户需要的信息,推广自己的产品,从而实现点对点的营销。注册微信账号后,商家可以建立自己的朋友圈或旅游群,既可以通过向微信好友发布产品信息的方式进行在线营销,也可以通过微店开通网上商店,直接向朋友圈进行宣传推销,建立微信公众商城。

  微博销售,主要是通过发微博的方式,对微博粉丝进行销售。微博有字数限制,不能发布太多内容。所以,多以发布介绍产品的链接为主,业主应建立自己的产品网站或网页,或者建立独立的 App 链接,能够提供在线咨询和在线支付服务,方便旅游者获取信息,购买产品。

抖音销售,是基于吸引群众眼球的视频内容,通过网络好物种草的方式分享网络购物链接,从而实现网络销售。抖音小视频的经营服务平台在消化吸收了传统营销渠道方法的优势外,还添加了自身的自主创新营销方式。对电商行业而言,短视频的刺激比图片和文字更能激发用户的购买欲。抖音短视频的垂直分发算法,能够让企业精准地找到自己的用户群体,从而实现精准营销。随着抖音商品橱窗功能的日渐完善,淘宝等电商"玩家"找到了打开流量的新入口。抖音销售乡村旅游产品形式如图 6-10 所示。

图 6-10　抖音销售乡村旅游产品形式

（二）口碑销售

口碑销售指的是游客在旅游结束后,对旅游产品和服务感受做出主观评价,并主动向潜在游客传播和销售的过程。口碑销售虽然发生在旅游消费后,却来源于游客对独特的旅游体验感到满足,也就是说只有游客满意才会产生口碑销售。口碑销售与旅游消费没有必然关系,这一点对旅游产品销售非常重要。鉴于乡村旅游的目标客户一般是以家庭、亲朋好友或单位同事为主,旅游者很愿意向周围的人分享旅游体验并提出旅游建议,而且这些建议一般都会被认真对待并接受。因此,口碑销售是影响潜在乡村游客做出决策并实施的重要因素,满意度高的游客是旅游产品的渠道载体。对乡村旅游区来说,培塑、树立正面、积极的口碑可以有效提升乡村旅游区的品牌形象,拓宽客源渠道。

（三）乡村旅游推介点销售

以联合经营管理为纽带，在各目标市场区域选择专营性合作伙伴，共同组建旅游零售代销商，对旅游信息进行深加工，以强化咨询服务的增值功能，在实体连锁体系的支撑体系下实现旅游零售代理商品牌塑造。将乡村旅游推介点设置在相近的辐射城市中心广场和生活区，一方面推介乡村旅游点，另一方面销售乡村旅游点门票食宿折扣券，推荐乡村旅游点自驾线路，并提供发往乡村旅游点的旅游客车服务。乡村旅游企业可以自己建立推介点，也可以联合多家乡村旅游点共同打造乡村旅游"自选超市"，还可以借助社区便利店、购物中心、洗车行、客栈等设立旅游项目售卖点，提供自驾线路、旅游车服务，方便旅游者了解乡村旅游产品信息并实现销售。

（四）其他方式

1. 事件营销销售

乡村旅游经营者根据乡村自身的特色和优势，打造各种时效性节假日或主题文化活动，举办一年一次的文化旅游节庆活动，进一步挖掘地方文化内涵，注重创新、突出主题特色，并通过宣传海报、网络推广、发送邀请函等形式，使其丰富化、多样化，以期吸引更多的潜在旅游者。

2. 旅游交易会销售

近年来，会展经济的不断发展促进了旅游市场营销渠道的建设，国内的各种旅游交易会十分红火，种类繁多，已经成为乡村旅游点向市场推介产品的重要平台。一般而言，大型的旅游交易会云集了各类旅游代理商、分销商以及旅游者等。交易会的参与者往往具有明确的目标和较为专业的背景。因此，借助旅游交易会平台，乡村旅游点能够以较低的成本获得更多的营销网络和信息。

3. 自驾车营销

自驾车旅游者成为各乡村旅游点增长较快的客源市场之一，越来越受到乡村旅游点的重视。乡村旅游点通过建立与各地车友会的联系，进行不同形式的广告宣传，特别是在客源地城市的公共媒体上、自驾车游杂志上做宣传广告。在进入乡村旅游区的主要通道上设立大型广告看板，并设立指路牌，以吸引来乡村旅游区旅游的自驾车旅游者、自助游旅游者。

经典案例解读

思考与练习

(1) 为什么要分析乡村旅游市场?
(2) 如何进行乡村旅游市场细分?
(3) 乡村旅游者的旅游动机有哪些?
(4) 如何进行乡村旅游市场营销?

第七章

产业振兴——乡村旅游产业发展

学习引导

实现乡村振兴,产业兴旺是重要内容,也是基本前提。习近平总书记强调:"紧紧围绕发展现代农业,围绕农村一二三产业融合发展,构建乡村产业体系,实现产业兴旺。"深入贯彻落实习近平总书记重要指示精神,以旅游业为引领,因地制宜发展乡村特色产业,构建农村一二三产业融合发展,激发农村产业发展内生动力,不断提升乡村产业发展水平具有重要意义。本章通过阐述乡村旅游业态内涵、乡村旅游业态特征及主要类型、乡村旅游产业融合路径、乡村旅游创客空间建设的举措及意义,为学生更好地了解乡村旅游产业、乡村旅游开发者发展乡村旅游提供借鉴。

学习重点

(1)乡村旅游业态的概念、特征及主要类型。
(2)乡村旅游产业融合的驱动力。
(3)乡村旅游产业融合的路径。
(4)乡村旅游创客基地的发展模式。
(5)乡村旅游创客基地的建设措施。

第一节 乡村旅游产业业态

一、乡村旅游业态内涵

业态是指特定企业针对特定消费者的特定需求,围绕特定的经营目标,有针对性地运用多种经营手段,提供特定产品和服务的类型化经营形态。西方国家认为,乡村旅游指的是目的地为乡村的各种旅游活动,乡村旅游的核心和特色是乡村性。综上所述,乡村旅游业态是旅游企业为适应乡村旅游资源特点和乡村旅游市场需求变化,有针对性地进行经营要素调整组合而形成的旅游经营形态,是旅游业态在乡村旅游中的延伸和落地。

理解乡村旅游业态内涵应重点把握四方面内容。一是乡村地区是乡村旅游业态的发生地和存在地;二是企业是乡村旅游业态的经营主体;三是导致乡村旅游业态变化的动因是市场需求发生变化;四是乡村要素以及各要素之间协调配合是乡村旅游业态的依托和支撑。

随着时代的不断进步,经济社会高质量发展和人民群众收入水平不断提高,人们对乡村旅游的消费需求不断变化,为乡村旅游经济发展带来了新的机遇和挑战。面对不同层次、不同类型的旅游消费新需求,旅游企业要不断挖掘和利用乡村旅游发展要素潜力,有机组合、优化各种乡村固有的、外来的发展要素,促进不同层次、不同种类的乡村旅游业态不断向前发展。

二、乡村旅游业态特征

乡村旅游业态发生并存在于乡村地区,依托的是乡村特色环境资源和人文资源。乡村旅游的主要客源是城市居民,资源导向和市场导向特征明显。而且,和一般业态相同,乡村旅游业态具有要素性、市场性、演进性、复合性特征。

(一)要素性

作为乡村旅游重要组成部分,乡村自然资源和人文资源是支撑乡村旅游业态形成和发展的基础。在乡村旅游业态发展初级阶段,乡村旅游主要依托的是乡村固有要素,即自然要素和人文要素、物质要素和非物质要素。在乡村旅游业态向精品化、高级化发展阶段,在乡村固有的要素基础上,还需要融入乡村外部的产业发展要素,特别是资本、管理、人才、信息、技术等现代产业发展要素。因此,不管是什么发展阶段,要素性都是乡村旅游业态的重要特征。

(二)市场性

作为乡村旅游的主要目标市场,城市居民的旅游期望构成了乡村旅游的市场需求,也决定着乡村旅游发展要素的供给、组合关系和组合主体,影响着乡村旅游业态的发展,即城市居民旅游需求决定了乡村旅游经营形态。因此,乡村旅游业态市场性特征比较突出。

(三)演进性

市场需求和要素供给的变化决定着乡村旅游业态的变化,市场需求始终是一个动态变

化的、不断升级的过程。伴随着需求的升级,乡村旅游发展要素供给发生着根本变化,呈现出由单一要素向多元要素融合发展,要素构成及组合方式向多样化、复杂化发展的趋势。需求的升级也推动了乡村旅游业态不断从初级业态向高级业态、从简单业态向复杂业态转型发展,并处于动态演化过程之中。需要明确的是,乡村旅游业态演进是一个逐渐过渡的过程,有早有晚、有快有慢。因此,一定区域内的乡村旅游往往同时存在初级业态、中级业态和高级业态。

(四)复合性

乡村旅游发展要素包括乡村固有的土地、生态和文化要素,以及乡村外来的资本、人才、信息、技术、管理等要素,是乡村固有的、外来的各种发展要素有机组合的结果。乡村旅游需求也是因人而异、因地而异、因时而异的,是包括乡村观光、乡村休闲、乡村体验等多种需求在内的复合体。因此,乡村旅游需求和发展要素的复合性决定了乡村旅游业态的复合性特征。

三、乡村旅游业态的主要类型

乡村旅游业态类型划分,主要根据要素构成、组合方式、组合主体,以及空间形态、旅游需求等方面来确定。乡村旅游业态具体包括农家乐、乡村民宿、乡村精品酒店、露营地、风景道、传统村镇、田园综合体、旅游小镇八种主要类型。乡村旅游业态类型及主要特征如表7-1所示。

表7-1 乡村旅游业态类型及主要特征

业态类型	要素构成	组合方式	组合主体	空间形态	旅游需求
农家乐	乡土生态、乡土文化	简单组合	个体户	点状、相对分散	观光、休闲旅游
乡村民宿	乡村生态、乡土文化、土地、资本、管理	相对复杂	个体户、小企业	点状、相对分散	度假旅游
乡村精品酒店	乡村生态、乡土文化、土地、资本、人才、管理、品牌	相对复杂	大企业、品牌企业	点状、相对分散	度假旅游
露营地	乡土生态、土地、资本、人才、技术、管理	相对复杂	大企业	点状、相对分散	自驾旅游
风景道	乡土生态、土地、资本、技术、管理	相对复杂	企业、沿线居民	面状、空间集聚	自驾旅游
传统村镇	初期为乡土生态、乡土文化要素,后期加入资本、设计、管理、人才等要素	初期为简单组合,后期组合方式相对复杂	初期为居民、村委会,后期为企业	面状、空间集聚	观光旅游
田园综合体	乡土生态、乡土文化、土地、资本、人才、信息、技术、管理、品牌、政策	多元组合	政府、大企业	面状、空间集聚	多元旅游需求

续表

业态类型	要素构成	组合方式	组合主体	空间形态	旅游需求
旅游小镇	乡土生态、乡土文化、土地、资本、人才、信息、技术、管理、品牌、政策	多元组合	政府、大企业、社会组织	面状、空间集聚	多元旅游需求

(资料来源:陆林、李天宇、任以胜、符琳蓉《乡村旅游业态:内涵、类型与机理》,《华中师范大学学报(自然科学版)》,2021年)

(一)农家乐

农家乐是乡村旅游业态的重要类型和基本层次,是初级业态的代表,也是乡村旅游产品从观光向休闲转变的初始类型。农家乐是指农民家庭利用田园景观、自然生态、农村文化及农民生活等资源,以农业体验为特色,接待游客开展的吃农家饭、住农家屋、干农家活、享农家乐的乡村旅游活动。发展农家乐是需要客观条件的,一般应在城市周边的景区附近,或是当地有独特的物产资源、民俗风情可以依托,才能开发出具有特色的农家乐产品。

农家乐特征主要包括:发展要素本土化,农家乐主要依靠的是城市周边的有利空间区位要素,或者本地乡村生态和文化要素,不需要外来要素供给,而且要素的组合方式比较单一;经营主体个体化,农民家庭等个体经营户是农家乐发展要素的主体;空间形态分布点状化,农家乐分布于乡村村落,一般不会在空间上形成聚集区。

(二)乡村民宿

在日本及英美等国,民宿指的是提供住宿和早餐的家庭旅馆。国内认为,乡村民宿是利用村民住宅、村集体房屋或其他设施建成的小型住宿场所。民宿主人参与接待工作,一般为游客提供旅游食宿服务,方便游客到乡村旅游观光、休闲体验。乡村民宿可以看作是转型升级版的农家乐,除了乡村本土的生态、文化资源发展要素,还需要引入资本、信息、管理等要素,要素种类更加多样,要素组合方式更加复杂,因而提升了乡村旅游业态的层次。

此外,与农家乐相比,乡村民宿经营主体存在变化,既可以是乡村家庭等个体经营户,也可以是租赁当地村民房屋的外来投资经营者和中小型企业。外来投资者和企业为乡村民宿带来了资本、管理、信息等发展要素,并与乡村原有的自然资源、文化资源、房屋、土地等发展要素进行有机组合,逐步形成了乡村民宿旅游业态。

(三)乡村精品酒店

乡村精品酒店指的是乡村小型精致旅游饭店,酒店建设品质精良、小型时尚、文化内涵丰富、运营专业、特色鲜明、服务优质,是乡村旅游发展进入规范化、精品化和国际化的表现。乡村精品酒店是乡村旅游发展到度假旅游阶段的产物,成为发展乡村旅游的一种重要载体,承载着乡村旅游转型发展造就的新型生产生活方式。

与农家乐和乡村民宿相比,乡村精品酒店增加了更多外部发展要素,资本、人才、信息、技术、管理、品牌等要素与乡村原有的要素之间组合方式更加复杂。同时,乡村精品酒店经营主体一般是品牌企业,具备成熟的运营和管理体系及经验,其专业性是农家乐和乡村民宿经营者不可比拟的,是乡村旅游发展到高级阶段的一种业态形式。

根据管理要素不同,乡村精品酒店可以被分为单体精品酒店、集团精品酒店和精品酒店联盟三种类型。单体精品酒店,是由开发商独立投资、建设并负责运营管理的酒店,没有连锁分支机构,具有资金投入少、市场份额小、经营方式灵活等特点;集团精品酒店,是以酒店集团为代表的一些专营精品酒店集团或酒店集团旗下品牌的酒店类型,这类酒店资金充裕,投资模式成熟,经营管理模式先进、专业、完善;精品酒店联盟,是指按照标准的经营管理平台和规则,用品牌统一整合单体精品酒店资源,有利于传播品牌和提高效益。

(四)露营地

截至2023年底,我国汽车驾驶人数达到4.86亿人,新登记注册汽车连续10年每年超过2000万辆。私家车保有量持续增加,为自驾旅游和露营地旅游、风景道旅游打下了坚实的基础,极大地激发了人们的出游需求,大规模推动乡村地区露营地和风景道的建设。

按照主导要素的不同,露营地的发展模式可被划分为景区依托型、交通依托型、休闲度假型和项目依托型四种单体发展类型。景区依托型营地,在国家3A级以上景区内或周边开设,以乡村自然生态等发展要素为基础,以景区游客为主要目标客源,承接景区部分旅游业务功能。交通依托型营地,主要是发挥区域交通要素优势,一般沿区域公路骨架网开设,必须具备加油、加水、充电等功能。休闲度假型营地,主要依靠生态资源等发展要素,一般选择地方宽敞、环境优美、地势平坦处开设,配置较为完备的休闲、娱乐和度假设施设备。项目依托型营地,主要依靠乡村节事活动要素,为季节性旅游项目、节事活动提供相关配套服务。

(五)风景道

风景道是由政府主导规划建设,连接乡村与乡村、乡村与城镇,将沿途交通、景观、休憩和遗产保护等有机融合于一体的"线性"乡村旅游业态,它既是一种重要旅游空间,也是乡村旅游业态发展的重要载体。风景道发展主要依靠乡村自然生态、文化风俗等发展要素,要素组合方式比较复杂,经营主体一般为沿线村民及企业。当前,相关部门应抓住自驾游蓬勃发展的机遇,不断丰富充实风景道的旅游功能,鼓励沿线村民、企业不断挖掘和优化组合沿线旅游发展要素,将风景道打造成一种新型乡村旅游业态。

(六)传统村镇

我国自古以农业立国,是世界三大农业起源中心之一,农业文化源远流长、博大精深,农耕文明孕育了大量乡村聚落,成为中国传统乡土文化的重要载体。拥有丰富的自然和文化资源的乡村聚落具有很高的遗产价值。自改革开放开始,人们逐渐发现这些聚落并开始发展乡村观光旅游,这便是我国较早的乡村旅游形式。传统村镇旅游,一般由村民或村委会等个体或基层组织经营,经营的主要内容是开发村民、镇民私有的古宅院(历史文化遗产),主要发展要素是精美、珍贵的遗产要素,只需要对各类要素进行简单组合便可开发村镇旅游。正是因为传统村镇旅游发展依托的是珍贵的历史文化遗产,历久弥新,村镇旅游始终是一种高品质的乡村旅游业态,一直保持着强大的吸引力。这种传统村镇旅游到现在依然是乡村旅游主流业态之一。在传统村镇旅游发展过程中,部分传统村镇引入外部资本、设计、管理、技术、人才等发展要素,进行有机组合、创新运用,使传统村镇成为吸引民宿、精品酒店的聚集地,并向旅游小镇方向发展,有利于实现乡村旅游业态的空间聚集和功能的转型升级。

截至2023年3月,住房和城乡建设部等部门已公布六批中国传统村落名录,全国已有8171个村落被列入其中。截至2019年,住房和城乡建设部等部门已公布了七批中国历史文化名镇名村,共312个历史文化名镇和487个历史文化名村入选。通过传统村落和名村名镇评选保护工程,我国形成了世界上规模较大、内容价值较丰富、保护较完整的活态传承农耕文明遗产保护群,让中华千年农耕文明彰显新时代的魅力和风采。这些入选的传统村落和名镇名村是乡村遗产资源的突出代表。部分具有突出价值的名镇名村和传统村落先后被列入世界文化遗产,被评为国家5A级景区,成为重要的乡村旅游目的地。

(七)田园综合体

2017年,田园综合体作为乡村新型产业发展亮点被写进中央一号文件,即《中共中央 国务院关于深入推进农业供给侧结构性改革加快培育农业农村发展新动能的若干意见》提出,要支持有条件的乡村建设以农民合作社为主要载体,发展集循环农业、创意农业、农事体验于一体的田园综合体。随后,国家层面先后出台了一系列政策措施,支持和促进了田园综合体建设发展走上快车道。田园综合体是一种综合利用乡村发展要素新发展模式,在同一空间聚集多种乡村旅游业态,融合现代农业、休闲旅游和田园社区于一体。根据发展要素的不同,田园综合体可分为农业休闲型、农业科技型、乡村电子商务型和乡村创客基地型四种旅游发展模式,各种模式之间相互融合、相互促进。田园综合体的主要发展模式及特征如表7-2所示。

表7-2 田园综合体的主要发展模式及特征

发展模式	主导要素	主要特征	典型业态
农业休闲型	生态、文化、市场	利用乡村景观、自然生态,结合农事活动、乡村文化,将农业生产、乡村生活与游客体验融于一体,以满足游客乡村观光、乡村度假、乡村休闲的多重需求	乡村露营、乡村骑行、田园采摘、户外运动、垂钓休闲等
农业科技型	科技、人才、资本	以技术密集为主要特点,以科技开发、示范、辐射和推广为主要内容,促进区域农业结构调整和产业升级	农业科技博览园、农业科技园、农产品集市、农产品加工物流区、农业重点实验室和农业科技工程中心等
乡村电子商务型	互联网、信息、科技、交通	以互联网、云计算、大数据等为支撑的电子商务渗透到乡村旅游各领域、各环节,改变乡村消费方式,提高乡村消费水平	网上农贸市场、数字农家乐等
乡村创客基地型	人才、信息、技术、设计	以大学生、返乡农民工、专业艺术人才、青年创业团队为主要群体,在乡村地区从事乡村旅游创业项目或实践活动	艺术小镇、民俗文化村、民俗风情街等

(资料来源:陆林、李天宇、任以胜、符琳蓉《乡村旅游业态:内涵、类型与机理》,《华中师范大学学报(自然科学版)》,2021年)

(八)旅游小镇

小镇介于城市和乡村之间,是城市连接乡村的纽带,兼具城市和乡村特性,但更倾向于乡村,比如农村人口和集体土地比重较大、非正式经济占比较高、独户家庭住宅多等。尤其是在旅游发展方面,小镇有着与乡村联系更为密切的自然环境和人文环境。因此,研究旅游小镇可以看作乡村旅游研究的延伸,即旅游小镇也被纳入乡村旅游业态范畴。一般认为,旅游小镇是指以旅游休闲产业为主导的小城镇,走的是旅游景区、旅游休闲产业区、新型城镇化区"三区合一"一体化发展的路子。旅游小镇既是乡村旅游业态空间"聚集区",也是乡村旅游业态功能"集合体"。根据发展要素的组合方式不同,旅游小镇可分为资源主导型、产业依托型、集散型、城郊型四种类型。旅游小镇的主要类型及特征如表 7-3 所示。

表 7-3 旅游小镇的主要类型及特征

小镇类型	主要要素	主要特征	典型代表
资源主导型	生态、文化、资本、人才、管理	位于自然条件优越或历史文化悠久的地区,以资源优势为基础,以旅游休闲度假为目的,具备观光、休闲、度假、养生、会议、康体、文化体验、居住等多种功能	南京汤山温泉康养小镇、日照东夷小镇、阿坝藏族羌族自治州九寨沟、黄山宏村镇、嘉兴西塘镇等
产业依托型	资本、市场、人才、技术、管理、品牌、政策	依靠某种特色产业发展形成的旅游小镇,特色产业是当地经济发展的主导产业,旅游业提升了特色产业的休闲价值	琼海博鳌小镇、金华横店影视小镇、遵义茅台镇等
集散型	生态、文化、土地、资本、人才、信息、管理、政策	依托高品质风景区或旅游区,一般是景区重要门户或重要集散地	黄山汤口镇、宁德甘棠镇、张家界索溪峪等
城郊型	市场、生态、文化、管理、政策	主要位于城乡接合部,满足游客和城市居民旅游休闲需要	北京古北水镇、成都山泉镇、杭州梅家坞等

(资料来源:陆林、李天宇、任以胜、符琳蓉《乡村旅游业态:内涵、类型与机理》,《华中师范大学学报(自然科学版)》,2021 年)

第二节 乡村旅游产业融合

一、乡村旅游产业融合的作用

乡村旅游产业融合是指,旅游产业与农业或者旅游产业与乡村其他产业之间发生的相互联系、相互渗透的关系,最终形成一个新的产业形态。旅游产业融合充分利用了旅游产业覆盖面广、对相关产业带动力大等特征。

旅游产业融合在新时代被赋予了新名词"旅游+",如"旅游+互联网""旅游+文化""旅游+农业""旅游+工业"等。乡村旅游在新时代也变成"乡村旅游+","乡村旅游+"更为形象地表述了乡村旅游产业融合概念,也凸显了新时代乡村旅游产业融合的重要性。

当前,我国正大力开展社会主义新农村和新型城镇化建设,取得了很多成果,但在实践中也遇到了很多矛盾和困难,比如农村空心化问题,以及人民群众乡村文化旅游需求日益增长但供给不足等问题。实践证明,大力推进乡村旅游产业融合,是破解乡村发展难题和促进乡村可持续发展的一种有效方式,意义及作用重大。乡村旅游产业融合的作用主要表现在以下三个方面。

（一）乡村旅游产业融合促进区域产业结构优化

一方面，乡村旅游产业与第一、第二产业融合形成新型产业，新型产业结合区域特色产业优势强强联合，形成区域具有竞争优势的产业，提升区域产业层次；另一方面，乡村旅游产业与区域其他优势产业融合的过程，间接性促进区域产业竞争力提升，形成鲶鱼效应，推动区域产业结构优化，促进经济发展。

（二）乡村旅游产业融合促进企业成长

从企业发展角度考量，乡村旅游与农业的融合以及乡村旅游产业间的融合，都是促进区域优质企业资源整合的过程，是促进区域企业合作、并购的过程，也是区域企业成长壮大的过程。同时，企业壮大势必会拉动区域经济的发展。

（三）乡村旅游产业融合促进区域协调发展

乡村旅游产业融合是不同地方、不同产业的融合，是实现乡村旅游全域化的过程，也是促进区域协调发展的过程。因此，乡村旅游产业融合有助于实现城乡一体化，也有助于促进区域之间经济共同增长。

二、乡村旅游产业融合的驱动力

乡村旅游产业融合，一方面是通过政府自上而下的政策引导进行的；另一方面是社会发展自然形成了一系列的乡村旅游产业融合机制，从而促使社会企业进行自下而上的乡村旅游产业融合。

但总体上讲，政策机制是主观的、人为的，如背离社会发展规律便无法落地，因此社会发展主导形成的驱动因素显得更为重要，乡村旅游产业融合驱动力可总结为以下四个方面。

（一）多元产业的集成

旅游产业是集食、住、行、游、购、娱于一体的多元产业，是系统性产业，而非单一的产业，多元产业集成性质是旅游产业融合发展的原动力，也是乡村旅游产业融合发展的原动力。

乡村产业融合多元产业性体现在，乡村旅游产业发展可带动系统内其他产业发展，其他产业一旦形成特色也可以促使乡村旅游产业的发展，多元本质就是资源整合的外在表现形式，为乡村旅游产业融合其他产业发展奠定基础。

（二）多样化的旅游需求

多样化的旅游需求是推动乡村旅游产业融合的根本动力。社会经济进步推动社会消费水平提高，消费需求也呈现出多样性，乡村旅游作为重要的旅游消费方式，消费者需求也在不断变化，如乡村旅游层次发展由观光休闲向休闲度假升级、向乡村体验升级、向乡村养生养老等产品升级，乡村旅游者由简单的走马观花式的旅游方式逐渐向深度旅游方式升级，乡村旅游消费者更加追求旅游便利化、乡村旅游产品个性化等。因此，为避免被淘汰，乡村旅游需要充分融入不同产业进行旅游产品的深度创新。

（三）激烈的市场竞争

旅游产业竞争激烈，乡村旅游产业也难以避免。近年来，随着乡村旅游产业加快发展，乡村旅游产业市场细分也更加清晰，开发模式更加多样，市场进入群体更多，市场争夺也更加激烈。在此背景下,唯有极致的产品才能打动顾客,才能赢得市场。乡村旅游产业融合是实现旅游产品创新的一种途径,是打造差异化旅游产品的有效模式,是在激烈竞争中脱颖而出的法宝。

（四）技术的创新

随着信息技术的广泛应用,旅游设施建设、项目开发、市场拓展、管理营销、咨询服务等领域信息化水平明显提高。信息化促进乡村旅游产业发展战略、经营理念模式和业态格局的变革和转型,有利于推动整个乡村旅游产业体制、经营管理和产品市场不断创新发展。

三、乡村旅游产业融合路径

乡村旅游产业融合实现机制可分为与农业的融合和与其他产业的融合。与其他产业的融合可采用渗透的融合方式,即通过乡村旅游产业与康体养生、会议会展、文化娱乐、房地产业、商贸零售、加工制造等产业之间的功能互补和延伸实现。乡村旅游产业融合方式如图7-1所示。

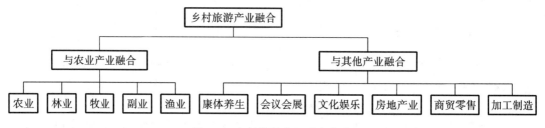

图7-1 乡村旅游产业融合方式

（一）乡村旅游与农业融合路径

乡村旅游与农业的融合指,与"大农业"范围内的农业、林业、牧业、副业、渔业之间的整合,乡村旅游与农业的融合实质上是旅游与农业产业价值链的纵向整合。从价值链结构角度分析,旅游与农业的结合可以从资源、技术、产品、市场四个方面进行价值链重塑。

1. 资源融合

乡村旅游与农业产业资源融合指,乡村旅游依靠农业产业景观资源、文化资源、农事生产工具、农村建筑等物质文化资源发展乡村旅游,乡村旅游与农业产业资源的融合就是乡村旅游的本质。与主要依托的农业资源种类不同,乡村旅游类型也不同,如乡村旅游与渔业资源结合形成的乡村旅游类型同乡村旅游与牧业形成的乡村旅游类型不一样,但本质都是资源共用模式下形成的乡村旅游。

乡村旅游景观打造常利用乡村农事生产生活的犁、陶器等进行景观布点,用辣椒、南瓜等乡造产品进行装饰点缀,很好地体现了乡村景观资源在乡村旅游打造中的作用。乡村旅游资源中有农业种植、农业养殖等传统,进行相关农事体验活动设置,可增加游客体验感,是乡村农事生产在乡村旅游中运用的体现。乡村民俗表演、乡村民俗体验、乡村美食等项目充分挖掘了乡村地域文化内涵,是乡村文化资源在乡村旅游中运用的体现。

2. 技术融合

乡村旅游与农业产业技术融合体现在两个方面。一方面,农业技术与旅游产品相结合形成农业体验项目;另一方面,农业科技进步带动的生态农业旅游、农业科技园旅游,也属于乡村旅游与农业技术的融合。

国家级生态农业科技园是由农业生产技术延伸的乡村旅游与农业生产技术结合的代表,国家级生态农业科技园以现代化农业生产为主,以农业生产技术展示为辅,农业生产技术与乡村旅游的发展为乡村旅游游客提供了解农业技术的平台,同时也对科技园品牌、产品进行了推广。

3. 产品融合

乡村旅游与农业产品功能渗透型科研表现为乡村农业产品可以转变为乡村旅游商品。如乡村种植的蔬菜、水果、粮食,养殖的牲畜等都可以转变为乡村旅游商品销售给游客,通过旅游产业促进乡村农业产品的销售。

4. 市场融合

乡村旅游市场与农业市场融合主要表现为市场群体的融合、产业资金的融合、产业销售渠道的融合等方面。乡村旅游的旅游客源与农业需求客源的融合共同构成乡村旅游的客源市场。乡村旅游与农业产业发展资金的融合形成了产业发展的资金渠道,旅游发展增加了农业产业的销售渠道,农业产品的品牌价值提升对增加乡村游客数量有很大促进作用。

(二)乡村旅游与其他产业融合路径

采取多元融合路径,构建多样化融合模式,是乡村旅游与各产业融合的有效途径。乡村旅游与各产业的融合需要充分考虑相容产业的不同功能与作用,既要考虑相容产业的技术优势、资源特色优势,又要兼顾相容产业的关联性、可融合度,还要充分利用各地区的物质条件、景观资源禀赋和社会经济支持系统。同时,要根据旅游市场需求的变化,找准产业交叉点、企业互动点和产品交汇点,善于创新,在资源融合路径、技术融合路径、市场融合路径和产品融合路径中选择恰当的方式,主要表现为通过资源融合路径、技术融合路径、市场融合路径,以及产品融合路径等方式达到产业间的融合。

乡村旅游产业间的融合可以用"1+N"模式表述,"N"代表康体养生、会议会展、文化娱乐、房地产业、商贸零售及加工制造。

1. "乡村旅游+康体养生"

乡村旅游与康体养生产业结合实质是,乡村旅游自然生态环境、淳朴民俗风情文化为康体养生奠定基础,而将康体养生融入乡村旅游中,拓宽了乡村旅游发展路径,丰富了乡村旅游产品的多样性。乡村旅游与康体养生产业融合是"资源+技术+市场"的结合体。

乡村旅游康体养生之道体现在:利用乡村景观资源的"静",让养生人有"天人合一"的精神感受,达到身心的和谐;乡村农耕活动体验,采取以"动"养生,在运动与快乐中养生;乡村绿色有机食品也是养生的重要资源。乡村旅游与康体养生的结合是未来乡村旅游发展的重要方向之一。

2. "乡村旅游+会议会展"

乡村旅游与会议会展产业融合对客源市场要求较高,目前国内市场发展还不成熟,相对来说,莫干山与乌镇西栅较为成功。乡村旅游与会议会展产业的融合实际上是市场与产品的融合过程。乡村旅游提供与都市不一样的环境,会议会展产业提供专业市场群体,两者的融合实现了产品与市场的结合。

3."乡村旅游＋文化娱乐"

乡村旅游与文化娱乐产业融合,创新出乡村文化与乡村娱乐旅游产品,乡村文化与乡村娱乐产品的创新不仅为乡村旅游创造了新的旅游吸引物,也为文化娱乐提供了别样的体验,乡村旅游与文化娱乐产业融合是技术、市场群体的融合。

中国进入泛娱乐时代,文化娱乐是当前产业发展的良好基础。乡村旅游与文化娱乐结合是资源跨界整合的体现,如在一定条件下,可将网络热门IP植入乡村旅游中,进行乡村旅游品牌、形象、项目活动以及旅游商品的重组。乡村旅游与文化娱乐都属于精神休闲性消费,拥有共同的消费市场和主体,两者的结合将产生新的乡村旅游消费产品,激发消费者购买欲望。

4."乡村旅游＋房地产业"

乡村旅游与房地产业结合是乡村旅游发展的趋势之一,乡村度假型景区、乡村田园综合体、乡村养生养老社区等开发模式都是乡村旅游与房地产业融合的产物。乡村旅游与房地产业融合发展主要是资源、产品、市场的融合。乡村旅游与房地产业结合模式有很多,如2017年中央一号文件点名的"发展田园综合体"就是"乡村产业＋乡村旅游＋乡村地产"的综合体;再如,乡村特色小镇项目,也是典型的"乡村旅游＋房地产"的结合。

5."乡村旅游＋商贸零售"

乡村旅游与商贸零售的结合主要表现为,乡村旅游商品通过商贸零售渠道到达顾客端,是典型的市场融合模式。

6."乡村旅游＋加工制造"

乡村旅游与加工制造结合可从两个价值链端进行:一是技术融合,即加工制造技艺具有旅游价值,对旅游消费者而言具有观赏体验价值;二是产品的融合,加工制造的产品可作为乡村旅游商品进行销售。

第三节　乡村旅游创客空间

一、乡村旅游创客空间的发展背景

创客(Maker)译自英文单词"Mak-er",最初是麻省理工学院微观装配实验室的实验课题,指勇于创新、努力将自己创意转变为现实的人。在我国,创客特指具有创新理念、自主创业的人。与城市相比,我国农业农村现代化任重道远,从另一个角度讲,农业农村也是蕴含着巨大创新和发展空间,需要各个领域的创客,将适合农村实际和市场需要的新技术、新思维、新模式引入乡村。乡村旅游大有可为,乡村旅游创客也大有可为。乡村是创客"希望的田野",创客是乡村"发展的新主角"。

(一)乡村旅游创客政策支持

2015年,《国务院办公厅关于进一步促进旅游投资和消费的若干意见》明确提出,开展百万乡村旅游创客行动。同年,国家旅游局发布《国家旅游局办公室关于开展百村万人乡村旅游创客行动的通知》。很快,各地结合自身实际,先后出台创客创业帮扶、创客创业融资、创客群体培训系列配套支持政策措施,并积极开展乡村旅游创客大赛、农村创业创新大赛,搭建创业创新孵化平台和设立"农创日"等活动,鼓励引导大量大学生、返乡农民工、专业人才、青年创业团队等各类"创客"下乡,为乡村旅游产业引进、培育了一大批创新创业人才,有力推动了乡村旅游向更高层次转型、向更新理念转变、向更长产业链延伸。从2016年全国旅游工作会议召开到2017年7月,国家分三批公布了100家"中国乡村旅游创客示范基地"。

2019年9月,习近平总书记到河南省新县田铺乡田铺大塆,考察创客小镇、乡村旅游,并专门听取了乡村创客们的汇报,开启了乡村旅游创客创业新时代。

(二)乡村旅游创客主体

乡村创客来自五湖四海,有一直生活工作在当地或者返乡创业的本地村民,可以称他们为"本土型"创客人才;还有外地人员主动入驻、村落项目引入的人才,可以称他们为"外来型"创客人才,这是创客的主要来源,具体包括返乡创业的大学生、大学生村官、科技人员、网络电商、城市精英、个体户及其他各界人士。创客们原来从事的职业也是五花八门的,有农业、制造业、服务业、IT行业、房地产业、金融业、文化体育业等。创客们对农业的了解差别很大,有的对农业非常感兴趣,认识体会也很深刻,有的基本不懂农业,但是对农业农村的前景非常看好,果断加入乡村创客群体。总之,跨行越界奔赴乡村的创客们,敢于求变,勇于创新,不受传统农业思维桎梏,往往能取得很好的成绩。

(三)乡村旅游创客对象

相对于传统农民一头牛、一把锄、一根扁担、一把镰刀来务农,乡村创客往往运用科技含量较高的现代农业技术,开展规模化、集约化、智能化农业生产。他们注重从技术机理上探索种植养殖规律,在操作实践中不断进行技术改良、种子改良、土壤改良,最终生产出来的农产品,具有个头大、品相好、口感佳、味道香等特征,让当地老把式也叹为观止。而且,乡村旅游创客深谙商品营销之道,常常另辟蹊径,生产出来的产品具有差异化的特点,比同类产品更受市场欢迎。

(四)乡村旅游创客理念

绿色理念:传统农业种植更看重农产品的"量",而乡村创客把种植重点放在农产品的"质"上。因而,在选种育苗、耕田翻地、除草施肥、杀虫杀菌、光照浇灌等方面乡村创客们都特别精心,慎用化肥、农药等,一般都采用零污染种植方式,还有一些创客追求极致,专门生产种植有机农产品。他们认为,小时候的味道、妈妈做菜的味道才是真的美食,才是刻在骨子里的乡愁,这也是他们执着"质"的原因。

休闲理念:有些乡村创客寄情于山水之间,依托农业"大玩"休闲旅游,农业是手段,休闲才是目的。这种"玩法"的特点在于不靠天吃饭,也就是说农作物产量并不重要,而是看人吃饭,符合消费者的胃口乡村旅游才能真正地发展起来。

(五)乡村旅游创客思维

乡村创客是一批手握互联网"利器"的农耕人,在"互联网+"连接万物的信息时代,互联

网真的可以"专治各种不服"。互联网就是连接农村与城市、生产者与消费者、从农田到餐桌的纽带,真正地让农产品走出了大山,也让休闲客走进了乡村。酒香不怕巷子深,乡村创客们不遗余力地运用互联网的优势来推广自己的产品,各种嫁接互联网思维的创意营销层出不穷,无论是天猫、京东、途牛、去哪儿,还是褚橙、柳桃、潘苹果,都印证了互联网连接农业的传播优势。

二、乡村旅游创客基地的发展模式

(一)生态基地模式

1. 社区支持农业模式(生态+农业+社区)

社区支持农业模式,简单来说就是社区出钱,农场出力,让农民与消费者互相支持以及承担粮食生产的风险和分享利益。针对生产,乡村创客会制订计划和预算,所有的成本会分摊到每一个"股东"(消费者)身上。每个"股东"可以投入资金,也可以投入劳动力——参与农场的劳动,而产品,不管多少,都会分给每一个"股东"。这种模式在无形中拉近了消费者与生产者之间的距离,也建立起一种互信互惠的机制,消费者能够享用到安全、放心的食物,生产者也找到了对口的销售渠道。

2. 创意农业模式(生态+农业+创意)

在生态农产品当中植入文化元素的创意农产品也获得了市场的认可,例如一个带有吉祥图案纹路的"善果"(苹果),包裹了一季风华雨露的"掌生谷粒"(牛皮纸和纸藤包裹住的大米)。这些新创意可以让一个鸡蛋卖出一只母鸡的价钱,除了还原农产品原汁原味的自然属性,创意农业还强化了创意属性和情感属性,通过讲故事拼创意,为消费者编织了一个又一个不得不买的理由,然后通过电子商务,将产品和创意一并打包邮寄给消费者。

(二)休闲基地模式

1. 新民宿(休闲+农业+民宿)

民宿周边环境融合度高,具有干净清爽、设施简陋、价格低廉等特点。随着乡村游的火热,民宿散发出来的浓浓乡愁和淡淡情怀,深深地吸引了来自城市的休闲客。民宿旅游逐渐从一片原属于低端发展的行业中,创造出另一片欣欣向荣的景象,向更加多元化的方向发展。现在的新民宿不拘一格,创客们独具匠心地打造出了各种个性鲜明的民宿爆款,"故乡田野风""传统年代风""运动休闲风""康体养生风""艺术文化风",款款都不"撞衫",总有一款能触碰到消费者的情怀。

2. 亲子农业(休闲+农业+亲子)

亲子类综艺节目的热播带火了乡村亲子游。乡村亲子游不需要高大上的场景,而重在内容,需要的是寓教于农,丰富城市里生长的孩子们对乡村自然的认知,同时在体验式情景中增加父母与孩子的互动交流。在拓展亲子游蓝海方面,乡村创客具备优势,生活在城市的乡村创客更懂城市休闲客的需求。另外,创客中不乏教育界的精英人士,他们在亲子游的内容打造上更具有专业性。

三、乡村旅游创客基地建设措施

（一）建立乡村创客联盟

相关部门要鼓励和协助乡村创客牵头整合资源，联合专家学者、高校院所、创投机构等主体，组建多种形式的乡村创客联盟、合作社、区域联盟等共同体，互联互通、互帮互助，走联合联动发展之路。同时，依托联盟，乡村旅游区还可以按照统一品牌、统一技术、统一购销，逐步创立创客自有品牌，促进产业链良性循环，有效推动乡村建设高质量发展。

（二）升级乡村旅游民宿，走精品化、品牌化、特色化道路

在安全前提下，对当地民居统一进行装修、管理、标识和营销，带动有空余房源的农户共同经营，走出一条规模化、品牌化的发展之路。

针对消费者的不同需求，推出不同价格的中、高、低档民宿，与此同时，依靠民宿业的发展带动当地农产品的销售。

打造各具特色的精品民宿。比如，有的以喝茶看书为主，有的以手工作坊为主。民宿统一在网上经营，统一定价，具体风格可由游客自主选择。

（三）构建"乡村旅游＋互联网"平台

建立旅游电子商务平台，乡村文化旅游运营主体（农家乐、乡村度假、生态园、农业专业合作社、民俗文化机构等）可免费入驻。旅游电子商务平台可在产品开发、电子商务、业务培训等方面提供全方位服务和支持，全面提升乡村文化旅游产业发展水平。

（四）打造乡村旅游创意农产品

要开发好乡村，创意必不可少。成功的案例，都有自己的独到之处。比如用照片，有画面感的地方未必能成功，但没有画面感的地方肯定无法成功。福建的霞浦就是用一张照片，改变了一个地方的旅游面貌。日本青森地区没有山也没有海，当地居民用自家的黑稻、白稻、黄稻拼画，打造艺术效果，也有效地吸引了客人。更绝的是，中国台湾新创的一款产品——"掌生谷粒"米，给农作物赋予了情感价值，将米用最简单无华的素材——牛皮纸或者花布包裹，同时也包裹了这一季的风雨黄昏，变成了饭桌上情感交流的媒介，还有对山川自然的渴求与尊敬。用来包装的花布，展现中国台湾20世纪50年代左右农业时代的风情，美好的事物、喜庆的事物中都有这块花布的出现。这样，米又变成了结婚的礼物。结婚送新人米是一个祝福，祝福他们齐家，祝福他们米缸永远满，生活不匮乏，永远富足。

（五）发展乡村旅游度假综合体

农家乐作为乡村度假的初级阶段产品，已满足不了消费者的多样化需求。乡村度假项目已趋向农家乐、民宿、农庄、古村落度假村、乡村度假公寓、乡村度假综合体等多元化发展模式。大体量的乡村度假综合体，多在项目配比上花心思，比如增设一定量的养生度假公寓（出售后可委托相关管理公司租赁），通过出售物业使用权的方式减轻重资产持有压力，缩短盈利周期。

第四节 乡村旅游产业扶贫

一、乡村旅游扶贫内涵

旅游扶贫是一种产业扶贫开发方式。旅游扶贫适合在具有一定旅游资源、区位优势和市场基础的贫困地区,通过乡村旅游开发撬动地区经济发展,帮助贫困群众致富。旅游扶贫不是单向的、直接的物质扶贫,而是依托当地特色旅游资源开发特色旅游产品,构建乡村旅游产业链,带动困难群众参与旅游产业各个环节,实现先开发后扶贫、先就业后脱贫,并具备"造血"功能的扶贫方式。

旅游扶贫突出的特点和优势是市场机制,通过市场进行资源配置,具备高效率、低成本的特点,尤其是社会成本低,这是转移支付和直接援助等"输血"式扶贫无法比拟的。开展旅游扶贫,旺盛的市场需求是根基,活跃的市场机制是动力,美好的产业前景是支撑,从运行机制上排除主观意识主导决策,可以有效避免其他扶贫模式带来的一些问题。

由于脱贫攻坚的"战场"主要集中在广大农村贫困地区,所以乡村旅游和旅游扶贫就自然而然地紧密融合在一起,即乡村旅游扶贫。

2016年,国务院印发的《"十三五"旅游业发展规划》部署了"实施乡村旅游扶贫工程"任务,要求各地以发展乡村旅游为主要形式,以乡村旅游扶贫重点村为重点,积极推动乡村旅游与扶贫开发、生态农业等融合发展。支持贫困村、贫困群众开展乡村旅游创业、就业,分享旅游发展红利,实现稳定脱贫。

二、乡村旅游扶贫政策背景

从2015年至今,国务院、国家发展改革委等部门陆续发布或联合发布了一系列乡村旅游扶贫政策,涵盖乡村旅游、休闲农业、田园综合体以及农业方面政府和社会资本合作(PPP)等诸多方面,为乡村扶贫旅游提供了支持和保障。

(一)2014年《国务院关于促进旅游业改革发展的若干意见》(国发〔2014〕31号)

关键点:大力发展乡村旅游。

加强规划引导,提高组织化程度,规范乡村旅游开发建设,保持传统乡村风貌。加强乡村旅游精准扶贫,扎实推进乡村旅游富民工程,带动贫困地区脱贫致富。统筹利用惠农资金加强卫生、环保、道路等基础设施建设,完善乡村旅游服务体系。加强乡村旅游从业人员培训,鼓励旅游专业毕业生、专业志愿者、艺术和科技工作者驻村帮扶,为乡村旅游发展提供智力支持。

(二)2015年《国务院办公厅关于进一步促进旅游投资和消费的若干意见》(国发〔2015〕62号)

关键点:实施乡村旅游提升计划,大力推进乡村旅游扶贫。

加大对乡村旅游扶贫重点村的规划指导、专业培训、宣传推广力度,组织开展乡村旅游规划扶贫公益活动,对建档立卡贫困村实施整村扶持。

各级人民政府要加大对国家重点旅游景区、"一带一路"及长江经济带等重点旅游线路、集中连片特困地区生态旅游开发和乡村旅游扶贫村等旅游基础设施和公共服务设施的支持力度。

(三)2016年《中共中央 国务院关于落实发展新理念加快农业现代化实现全面小康目标的若干意见》

关键点:大力发展休闲农业和乡村旅游。

强化规划引导,采取以奖代补、先建后补、财政贴息、设立产业投资基金等方式扶持休闲农业与乡村旅游业发展,积极扶持农民发展休闲旅游业合作社。引导和支持社会资本开发农民参与度高、受益面广的休闲旅游项目。

加强乡村生态环境和文化遗存保护,发展具有历史记忆、地域特点、民族风情的特色小镇,建设"一村一品""一村一景""一村一韵"的魅力村庄和宜游宜养的森林景区。依据各地具体条件,有规划地开发休闲农庄、乡村酒店、特色民宿、自驾露营、户外运动等乡村休闲度假产品。实施休闲农业和乡村旅游提升工程,振兴中国传统手工艺。

开展农业文化遗产普查与保护。支持有条件的地方通过盘活农村闲置房屋、集体建设用地、"四荒地"、可用林场和水面等资产资源发展休闲农业和乡村旅游。将休闲农业和乡村旅游项目建设用地纳入土地利用总体规划和年度计划合理安排。

(四)2016年,国家旅游局等12个部门制定并印发《乡村旅游扶贫工程行动方案》

关键点:确定了乡村旅游扶贫工程的五大任务和实施乡村旅游扶贫的八大行动。

五大任务:一是科学编制乡村旅游扶贫规划,各地要将乡村旅游扶贫规划与国民经济和社会发展规划、土地利用总体规划、县域乡村建设规划、易地扶贫搬迁规划、风景名胜区总体规划、交通建设等专项规划有效衔接,探索"多规合一";二是加强贫困村旅游基础设施建设,各地要集中精力解决好乡村旅游扶贫重点村旅游基础和公共服务设施,完善乡村旅游服务体系;三是大力开发乡村旅游产品,挖掘文化内涵,开发形式多样、特色鲜明的乡村旅游产品;四是加强重点村旅游宣传营销,各地要因地制宜,加大对旅游扶贫重点村的宣传推介,通过电商平台、节庆推广、主题活动等一系列载体,开展乡村旅游扶贫公益宣传;五是加强乡村旅游扶贫人才培训,各地要创新乡村旅游人才培养方式,积极开展乡村旅游经营户、乡村旅游带头人、能工巧匠传承人、乡村旅游创客四类人才和乡村旅游导游、乡土文化讲解等各类实用人才培训,依靠人才支持和智力投入促进乡村旅游发展。

八项行动:一是乡村环境综合整治专项行动;二是旅游规划扶贫公益专项行动;三是乡村旅游"后备箱"工程和旅游电商推进专项行动;四是万企万村帮扶专项行动;五是百万乡村旅游创客专项行动;六是金融支持旅游扶贫专项行动;七是扶贫模式创新推广专项行动;八是旅游扶贫人才素质提升专项行动。

(五)2017年《中共中央 国务院关于深入推进农业供给侧结构性改革加快培育农业农村发展新动能的若干意见》

关键点：大力发展乡村休闲旅游产业，扎实推进脱贫攻坚。

充分发挥乡村各类物质与非物质资源富集的独特优势，利用"旅游+""生态+"等模式，推进农业、林业与旅游、教育、文化、康养等产业深度融合。

丰富乡村旅游业态和产品，打造各类主题乡村旅游目的地和精品线路，发展富有乡村特色的民宿和养生养老基地。鼓励农村集体经济组织创办乡村旅游合作社，或与社会资本联办乡村旅游企业。多渠道筹集建设资金，大力改善休闲农业、乡村旅游、森林康养公共服务设施条件，在重点村优先实现宽带全覆盖。

打造"一村一品"升级版，发展各具特色的专业村。支持有条件的乡村建设以农民合作社为主要载体，让农民充分参与和受益，集循环农业、创意农业、农事体验于一体的田园综合体，通过农业综合开发、农村综合改革转移支付等渠道开展试点示范。深入实施农村产业融合发展试点示范工程，支持建设一批农村产业融合发展示范园。

(六)2018年《中共中央 国务院关于实施乡村振兴战略的意见》

关键点：实施休闲农业与乡村旅游精品工程，全面谋划乡村振兴。

实施休闲农业和乡村旅游精品工程，建设一批设施完备、功能多样的休闲观光园区、森林人家、康养基地、民宿、特色小镇。利用闲置农房发展民宿、养老等项目，研究出台消防、特种行业经营等领域便利市场准入、加强事中及事后监管的管理办法。发展乡村共享经济、创意农业、特色文化产业。

加强扶持引导服务，实施乡村就业创业促进行动，大力发展文化、科技、旅游、生态等乡村特色产业，振兴传统工艺。培育一批家庭工厂、手工作坊、乡村车间，鼓励在乡村地区兴办环境友好型企业，实现乡村经济多元化，提供更多就业岗位。

(七)2018年《中共中央 国务院关于打赢脱贫攻坚战三年行动的指导意见》

关键点：精准施策，集中力量，推动脱贫攻坚工作更加有效开展。

深入实施贫困地区特色产业提升工程，因地制宜加快发展对贫困户增收带动作用明显的种植业、养殖业、林草业、农产品加工业、特色手工业、休闲农业和乡村旅游，积极培育和推广有市场、有品牌、有效益的特色产品。将贫困地区特色农业项目优先列入优势特色农业提质增效行动计划，加大扶持力度，建设一批特色种植养殖基地和良种繁育基地。支持有条件的贫困县创办一二三产业融合发展扶贫产业园。

改造建设一批贫困乡村旅游路、产业路、资源路，优先改善自然人文、少数民族特色村寨和风情小镇等旅游景点景区交通设施。

(八)2019年《中共中央 国务院关于坚持农业农村优先发展做好"三农"工作的若干意见》

关键点：聚力精准施策，夯实农业基础，决战决胜脱贫攻坚。

加快发展乡村特色产业。因地制宜发展多样性特色农业，倡导"一村一品""一县一业"。积极发展果菜茶、食用菌、杂粮杂豆、薯类、中药材、特色养殖、林特花卉苗木等产业。支持建设一批特色农产品优势区。

支持发展适合家庭农场和农民合作社经营的农产品初加工,支持县域发展农产品精深加工,建成一批农产品专业村镇和加工强县。培育农业产业化龙头企业和联合体,推进现代农业产业园、农村产业融合发展示范园、农业产业强镇建设。健全农村一二三产业融合发展利益联结机制,让农民更多分享产业增值收益。

(九)2020年《中共中央 国务院关于抓好"三农"领域重点工作确保如期实现全面小康的意见》

关键点:立足资源优势,打造农业全产业链,形成有竞争力的产业集群。

支持各地立足资源优势打造各具特色的农业全产业链,建立健全农民分享产业链增值收益机制,形成有竞争力的产业集群,推动农村一二三产业融合发展。加快建设国家、省、市、县现代农业产业园,支持农村产业融合发展示范园建设,办好农村"双创"基地。重点培育家庭农场、农民合作社等新型农业经营主体,培育农业产业化联合体,通过订单农业、入股分红、托管服务等方式,将小农户融入农业产业链。继续调整优化农业结构,加强绿色食品、有机农产品、地理标志农产品认证和管理,打造地方知名农产品品牌,增加优质绿色农产品供给。有效开发农村市场,扩大电子商务进农村覆盖面,支持供销合作社、邮政快递企业等延伸乡村物流服务网络,加强村级电商服务站点建设,推动农产品进城、工业品下乡双向流通。

(十)2021年《中共中央 国务院关于全面推进乡村振兴加快农业农村现代化的意见》

关键点:构建现代农业产业体系,推进现代农业经营体系建设。

依托乡村特色优势资源,打造农业全产业链,把产业链主体留在县城,让农民更多分享产业增值收益。加快健全现代农业全产业链标准体系,推动新型农业经营主体按标生产,培育农业龙头企业标准"领跑者"。立足县域布局特色农产品产地初加工和精深加工,建设现代农业产业园、农业产业强镇、优势特色产业集群。推进公益性农产品市场和农产品流通骨干网络建设。开发休闲农业和乡村旅游精品线路,完善配套设施。推进农村一二三产业融合发展示范园和科技示范园区建设。

突出抓好家庭农场和农民合作社两类经营主体,鼓励发展多种形式适度规模经营。实施家庭农场培育计划,把农业规模经营户培育成有活力的家庭农场。推进农民合作社质量提升,加大对运行规范的农民合作社扶持力度。发展壮大农业专业化、社会化服务组织,将先进适用的品种、投入品、技术、装备导入小农户。

三、乡村旅游扶贫模式

旅游扶贫模式是指在开展扶贫工作的过程中,根据地区的经济、政治环境以及现有条件采取的一种普遍遵守和可供复制的标准化运行机制。

(一)政府主导型扶贫模式

政府主导型扶贫模式是指国家或地方政府利用政策手段、法律手段、行政手段和经济手段对旅游开发给予引导和支持,营造旅游环境,有意识地发展旅游业,引导贫困地区旅游业健康发展的模式。这是旅游扶贫较早采用的模式,同时也是对旅游影响较深远的扶贫模式。

适用于正处于旅游开发初期的社区。

政府主导型扶贫模式的主要内容包括以下三方面。

一是，制定有利于贫困地区旅游发展的政策、法令、法规，做好地区的旅游发展规划工作。在政策允许范围内，给予景区开发商充分的政策扶持和提供政务服务，要求企业在开发建设期间，优先安置项目所在地及周边村屯的贫困户就业。

二是，加大基础设施建设的投入。本着适度超前的原则、高水平建设旅游基础服务设施，改善旅游环境。同时，吸引企业投资和经营旅游接待设施、休闲娱乐设施，开发专项旅游产品。

三是，推动乡村旅游区旅游发展。聘请旅游规划公司结合地方特色，制定适合本地发展，具有地方特色和市场竞争力的旅游规划，优化自身环境，开发优质产品，推进旅游项目建设。同时，加强乡村旅游区的宣传力度，促进地区联合发展，整体营销推广。

（二）景区主导型扶贫模式

景区主导型扶贫模式，具体表现为景区景点或企业将工程建设优先承包给当地村寨，使村民获得劳务收入；景区会优先雇佣符合条件的村民或当地农家大中专生；景区景点将摊位、商店、游乐设施、交通工具、停车场等免费或优惠出让给村民经营等方面，以促进社区旅游经济发展。这种模式仅局限于受益人群，带动小部分群体实现利益创收。

景区主导型扶贫模式的具体内容包括以下三方面。

一是，以国家精准扶贫战略为导向，开发原始的乡村自然资源、挖掘传统的乡村文化资源、融合质朴的食、住、行、游、购、娱乡村旅游要素，形成特色的旅游景区和项目。

二是，在开发资源的基础上，以市场需求为导向、以品牌打造为核心，突出独特性和差异性，实现乡村旅游景区的差异化发展。

三是，确定参与主体，实现精准扶贫。要求明确参与原则，倡导多方合作，划分权益职责，以科学、严谨的态度实施景区管理，搭建景区运营盈利的模式，发挥脱贫效应，突出精准扶贫对象，让当地群众脱贫受益。

（三）"亦农亦旅"扶贫模式

"亦农亦旅"扶贫模式是指在保留社区农产的基础上适当开发旅游产品，居民既能参与旅游生产，又没有丢弃原有的生产劳作，也称为"农旅结合"模式。这种模式对乡村旅游的发展具有促进作用，保留了乡土气息，在很多乡村旅游区普遍存在。

"亦农亦旅"扶贫模式的具体内容包括以下三方面。

一是，充分利用生态资源优势、农业资源优势、旅游资源优势，策划推进具有市场竞争力的旅游项目，扩大地区知名度，推动地区旅游经济发展。

二是，不断探索高效农业、观光农业、乡村旅游与扶贫生态移民工作的有机结合，实现农业产业化运营，促进扶贫对象尽快脱贫致富。

三是，理顺龙头企业、专业合作社和农民的利益关系，构建多赢发展格局，让农民真正共享农业产业化发展成果。

此外，还包括其他旅游扶贫模式，如移民搬迁模式、企业主导模式、农民自主开发模式等。

经典案例解读

思考与练习

(1) 乡村旅游产业业态有哪些类型?
(2) 乡村旅游产业融合的路径有哪些?
(3) 乡村旅游创客基地的发展模式有哪些?

第三篇
管理篇
GUANLI PIAN

第八章

运营保障——乡村旅游经营管理

学习引导

随着乡村旅游的逐渐转型与提质升级,乡村旅游经营管理愈来愈发挥独特而显著的作用。本章从经营策略、业务管理、运营管理、游客管理四个层面讲解乡村旅游运营管理中出现的常见问题、经营管理的具体内容以及经营管理的具体策略,帮助学生掌握乡村旅游经营管理的技巧和方法,使学生能够用相对宏观的视角解决乡村旅游经营管理中的常见问题。

学习重点

(1) 乡村旅游经营策略。
(2) 乡村旅游业务管理的内容。
(3) 乡村旅游运营管理的内容。
(4) 乡村旅游游客行为管理。
(5) 乡村旅游游客体验管理。

第八章
运营保障——乡村旅游经营管理

第一节　乡村旅游经营策略

一、企业经营策略

企业经营策略是指企业在市场经济环境下，为实现其长期发展目标而制订的总体计划和决策方案。它涉及企业的战略定位、产品开发、市场定位、供应链管理、营销策略、人力资源规划、财务管理等多个方面，旨在通过整合内外部资源，建立并保持竞争优势，最终实现可持续增长和盈利目标。伴随着科技进步、数字化转型、全球化进程加快，以及消费者需求日益多元化、个性化，企业必须具备高度的市场敏感度和灵活性，根据市场需求及时进行产品创新和优化，提供具有独特价值主张的产品或服务，只有通过技术创新、流程优化、规模经济等策略降低成本，提高运营效率，保持产品价格竞争力，才能保证企业在复杂的商业环境中取得持续、稳定的发展。

美国战略管理专家迈克尔·波特（Michael Porter）在其著作中提出，产品或服务要在竞争激烈的市场环境中胜出，必须具备两个关键特征，分别是独特性和顾客感知价值。独特性是指产品或服务具有与众不同的特性、功能、设计、品质或其他能够区别于竞争对手的元素。如技术创新带来的先进性能，品牌形象塑造的独特价值主张，用户体验和服务模式上的创新与改进等。顾客感知价值是指产品或服务本身的质量、性能、价格，以及附加服务等各方面带给消费者的实际利益和心理满足感。企业需要深入了解目标客户群的需求和期望，确保提供的产品或服务不仅能满足顾客的基本需求，还能够超出顾客的预期，创造额外的价值体验，从而赢得客户的满意和信任，形成持久的竞争优势。基于这两大特征，迈克尔·波特提出企业经营的两大策略，分别是低成本策略和差异化策略。低成本策略是指企业通过优化内部运营、提高效率、减少浪费、采用规模经济等方式，使自己在提供相同或相似产品时的成本低于竞争对手。这样可以使得企业在定价上具有更大的灵活性，即便是在价格敏感的市场环境下也能保持盈利。差异化策略是指企业通过创新、设计独特的产品特性，以及提供卓越的服务或建立品牌影响力等手段，创造出与众不同的产品或服务，使顾客感受到产品价值高于市场上的同类产品。在这种策略指导下，即使产品或服务的价格较高，顾客也愿意为此支付额外的费用，以满足他们对高品质、独特性或者定制化的需求。企业也可以运用混合策略，在市场竞争中保持竞争优势。

二、乡村旅游经营策略

按照波特（Porter）的企业竞争策略思考架构，休闲农场的经营策略可研定为以下六个方面。

（一）以农为本的策略

乡村旅游在设计和开发过程中应遵循"三农"与"三生"的整体特色理念。"三农"指的是农业、农民、农村；"三生"指的是生产、生活、生态。

乡村旅游应该以"三农"为体，以"三生"为用，立足当地丰富的农业资源、独特的农耕文

化、农民生活方式、乡村田园景观、乡村建筑风貌等开展乡村旅游规划,构建旅游产品体系,开发特色乡村旅游活动,让游客亲身体验淳朴的乡村生活,享受优美的生态环境,感受农林渔牧产业的魅力,确保乡村旅游产业发展既能符合乡村振兴战略的实施要求,又能满足现代都市人回归自然、亲近自然的精神需求。

(二)建构特色的策略

乡村旅游经营的关键在于挖掘和利用农业与农村资源的特性,构建特色鲜明、体验丰富的游憩产品和服务。农业资源本身具有的季节性特点会带来乡村旅游四季各异的景观变化和活动安排;地域性特点蕴含着各地不同的农耕文化和特产资源;生长性特点会让游客有机会参与到农业生产中,感受生命的力量;景观性特点会为游客提供美丽的视觉享受;知识性与生态性特点体现在自然教育和环保理念的传播上。农业资源也具有其独特的价值,产业性特点展示了乡村产业结构及其衍生的多样化业态,如民宿、农家乐、手工工艺品制作等;传统性特点体现了深厚的乡土文化和民族风情;情感性特点基于人们对乡村生活的怀念与向往,有利于营造温馨、和谐的乡愁氛围。在乡村旅游运营过程中,乡村旅游区可以充分利用这些资源特性,有针对性地开发类型多样的旅游项目。

(三)体验参与的策略

乡村旅游要让游客感受到真正的价值,需要从满足游客多重感官体验出发,通过精心设计活动项目和互动环节,使游客在享受美好自然风光的同时,能够深入参与其中,获得全方位、沉浸式的旅游体验。如利用丰富的农业资源,让游客闻到花果苗木的香气、品尝地道的乡村美食、亲手采摘蔬果、亲自喂养家禽、亲身体验农事劳动的乐趣等。随着体验经济的到来,设计参与性强、灵活性高的休闲体验活动是增强乡村旅游区旅游满意度和实现乡村旅游产业可持续发展的重要经营策略。

(四)提高服务品质的策略

乡村旅游区提供的服务内容相当丰富,包括交通导览服务、导游讲解服务、活动指导服务、商品销售服务、餐饮服务、住宿服务等各个方面。随着游客游憩需求的提高,产业竞争的加剧,乡村旅游改善服务品质成为基本的运营策略。如乡村旅游区应满足自驾游客的需求,设立清晰的自驾游路线指引;应结合乡村旅游资源,开展特色自然教育、环保教育、农业知识普及等活动,丰富游客的旅游感知。在当前竞争激烈的乡村旅游市场环境下,乡村旅游区只有不断提升服务质量,创新服务模式,打造差异化竞争优势,才能保证其持续的市场竞争力。

(五)创新的策略

进入竞争时代,创新是建立优势的有利策略,不论是在体验设计方面,还是各项服务措施方面都应融入创新。因为只有表现出与众不同的变化,才能吸引游客重游。农业具有季节性,生物具有成长性,这都是乡村旅游创新的有利资源。在经营管理措施上,也要运用创新,开发新市场、使用新方法,求新求异,使游客感受到不一样。

(六)合理化经营的策略

乡村旅游应当重视合理化经营,以有效利用资源、控制成本、追求效率。乡村旅游经营不仅要正确处理好物与物、人与物的关系,也要处理好人与人之间的关系,这已超越一般农业的营运范围。乡村旅游要应用科技建立网页,分析市场特性,加强与顾客的联系,以提高行销效果。人力资源管理以及财务管理等内部管理,亦是乡村旅游合理化经营极重要的环节。

第二节 乡村旅游业务管理

一、乡村旅游生产管理

乡村旅游是以农、林、牧、副、渔产品为体验的核心资源,所以农、林、牧、副、渔的生产管理(Production Management)特别重要。生产管理是针对农产品的生产流程加以规划与控制的活动,包括以下内容。

(一)乡村旅游区规划

乡村旅游区规划应兼顾工作效率与田园景观美化。因此,公路、灌溉渠道、农舍设施也应该成为综合规划的内容。

(二)田区规划

田区、果园规划应考虑游客体验的需要,每块田区面积不宜过大,排列不必方正,布局线条要有美感。果园栽植果树不宜过密,要留出解说及游客拍照的空间。区域内要透光,园中环境要干净、舒爽。

(三)设置设施或机械设备

现代化设施以及先进的机械设备,具有农事教育的作用。

(四)设定生产制度

农产品有特殊的生产制度,如轮作制度、差异化生产制度或专业化生产制度。为配合四季生产,实现开花、结果的不间断,应妥善规划生产制度,乡村旅游区可以详加解说这些生产制度。

(五)品种资料分析

品种资料包括农产品种类、产地来源,以及产品的市场定位,这些都可以列为解说材料。休闲农场可根据自身的主题性,选择单一品种专业化生产或多元复合式生产。

(六)栽培管理

在追求高品质、高产量,以满足市场需求的同时,必须注重经济性。因此,应加强栽培过程的适时、适料、适量控制,并以价值分析法降低成本。栽培管理的各个阶段都可设计成游客的体验活动。

(七)收获管理

农产品的品质重点在新鲜度、安全性、美观性、消费者口感。因此,应加强收获前相关因素的控制,包括收获技术、产品分级、包装,以及必要的保鲜处理或加工、收藏及运输等。农

产品的采收是游客参与体验的高潮,乡村旅游可通过举办节庆活动招徕游客。

二、乡村旅游餐饮管理

田园餐饮以提供乡土口味的菜肴与当地土特产品为主,因此田园餐饮较具地方特色。

(一)餐饮管理的意义

乡村旅游提供的餐饮更多的是地方风味餐饮,即田园餐饮。餐饮管理(Catering Management),即是在游客满意及经营效益的目标下,提供特色餐饮服务的计划、执行和考核的过程。

(二)餐饮服务的特性

餐饮服务具有四方面特征:一是乡村旅游极其重要的营业项目;二是乡村旅游主要经营活动的辅助单位;三是若客人不满,容易影响乡村旅游区的声誉;四是卫生安全、服务态度与菜色是成败的关键。

(三)餐饮作业管理

1. 餐饮作业流程

食物送至客人桌前均会经过以下流程。

采购:以最合理的价格购买适当的物品为原则。

验收:每次采购的物品入仓前,均需要对其品质、数量进行检查。

储存、发放:对购进的物品加以妥善储存,并依据先进先出的原则加以利用。

准备:每次菜肴在完成前,均需要经过处理、挑拣、洗涤、切割等手续。

菜肴成品:将准备好的菜肴烹调为成品。

2. 作业标准化

作业标准化包括配方标准化、建立标准化采购规格、烹调程序标准化、建立标准分量。

3. 厨房卫生

厨房应区分烹调区、准备区及清洁区,并保持各区的整洁卫生。

4. 安全与消防

厨房是较易发生意外的场所,故餐饮从业人员应特别重视厨房工作安全与消防安全。

(四)经营成功的要素

一是建立持久竞争力,即建立独家口味;建立特有的服务系统;卫生安全值得游客信赖;改进菜肴口味并不断推出新菜色。

二是稳定既有客源并不断开发新客源。

三是控制餐饮成本,即做好餐饮成本分析;寻找降低餐饮成本的办法。

三、乡村旅游住宿管理

(一)住宿管理的意义

住宿管理(Accommodation Management),就是乡村旅游在游客满意及经营利益的目标下,提供住宿服务的计划、执行、考核的过程。

（二）住宿经营与管理的流程

确定经营动机：副业经营或主业经营；季节性经营或全年经营。

农家内部资源与社区环境分析：经营住宿业务资源的优势与弱势；促进或影响有利与不利于住宿发展的环境因素。

投资评估：预估游客全年住宿人数及营收；预估住宿设施房间数及投资额；估算投资报酬率及回收年数；评估投资可行性。

确定经营策略：通俗化、简易化服务，低价位；高格调，高价位；建筑造型特殊，另类风格。

制订发展计划及营销计划：住宿业务中、长期发展计划；住宿业务年度营运计划（含体验设计、行销、服务、人力、财务等计划）。

行销管理：市场调查，游客行为分析；同业调查，市场地位分析；住宿设施融入农场的企业识别体系；决定定价方式；游客订房方式；广告宣传（含架设电脑网站）；同业组织（如休闲农业区或地方民宿协会）行销的协力。

服务管理：制定住宿服务的项目；制定各项服务的水准；居住环境整理；客房卫生管理；住宿安全维护；废弃物及废水处理；同业组织（如休闲农业区或地方民宿协会）服务事项的协作。

人力管理：住宿业务的人力预估；自家人力与雇工人力运用；乡村旅游其他营业部门与住宿业务人力调配；员工教育训练；员工沟通与指导、激励与考核。

财务管理：建立收支记账及会计制度；计算民宿的损益平衡点人数；编制财务报表，实施财务分析。

绩效评估：根据各项营运指标，实施住宿业务的绩效评估；实施经营诊断，研究提升住宿业务营运改善方案。

（三）住宿经营成功的要素

一是融合农村资源，引导游客参与乡村旅游体验或乡村旅游活动，以突显住宿体验的特色。

二是动人的行销计划，抓住游客的心。特别是精美生动的网页较能吸引年轻客群。

三是亲切温馨的服务态度，让游客有回家的感觉。

四是营造特殊的风格，如传统建筑、地方文化、标新立异、异国风情、生态景观、绿建筑等亮点。

五是企业化经营管理，有效运用人力、物力、财力资源控制成本，追求适当利润，以达到永续经营。

第三节 乡村旅游运营管理

运营管理是指，对运营过程的计划、组织、实施和控制，是与产品生产和服务创造密切相关的各项管理工作的总称。简单地说，生产、运作、运营管理是把投入的资源（生产要素）按照特定要求转换为产品的过程，运营管理主要面对的是服务型企业或行业。

乡村旅游的运营管理大致可分为人力资源管理、财务管理、资讯管理及经营诊断管理等。

一、乡村旅游人力资源管理

乡村旅游区人力资源管理不仅涵盖了传统企业人力资源管理的基本内容，而且注重结合乡村特色和旅游行业特点进行个性化、针对性管理。具体包括以下内容。

1. 组织架构与职位设置

根据乡村旅游业务的特点和发展需求，科学合理地划分部门和岗位，明确各岗位的工作职责、权力范围，以及相互间的协作关系，确保整个运营体系顺畅、高效。

2. 工作分析与岗位描述

深入分析乡村旅游区各个环节的工作内容、操作流程、技能要求等要素，为招聘、培训和考核提供准确依据，确保员工具备履行岗位职责需要的能力和素质。

3. 职位评估与分类

通过系统的职位评价体系，将乡村旅游区中各个岗位按照工作性质、复杂程度、责任大小等因素进行分类，并据此设定合理的薪酬等级和晋升通道，实现人力资源的优化配置。

4. 人力招聘与选拔

根据乡村旅游区的发展战略和岗位需求特点，制定并执行有效的招聘策略，通过多渠道筛选和评估候选人，选拔出较适合乡村旅游发展的人才。

5. 员工培训与发展

针对新入职员工和在职员工的不同需求，开展多层次、多样化的培训活动，提升员工的专业技能和服务水平，促进员工职业成长和能力提升。

6. 薪资和激励制度

构建具有竞争力且公平公正的薪酬体系，包括基本工资、绩效奖金、福利补贴等多元化报酬形式。同时，引入激励机制，如业绩提成、股权激励等，激发员工的积极性和创造性。

7. 员工福利与保障

建立健全的福利政策，包括法定节假日、带薪休假、社会保险、员工健康关怀、子女教育支持、住房补贴、退休规划等，提升员工满意度和忠诚度。

8. 绩效考核与管理

建立客观公正的绩效评估标准和方法，定期对员工的工作成果、行为表现进行考核，考核结果可以作为员工奖惩、晋升、调岗、解雇等决策的重要参考。

二、乡村旅游财务管理

乡村旅游区财务管理是通过科学、系统的方法进行财务规划、决策和控制，确保乡村旅游企业在资金运用、成本管理、投资回报、风险控制等方面实现优化配置，以达成企业价值最大化的目标。具体包括以下内容。

1. 财务预测

基于预期的游客流量、市场趋势和投资活动，利用游客人数百分比法、回归分析法等进行现金流入、流出预测,为后续的财务规划提供基础数据。

2. 投资分析

在确定投资项目前,采用回收期法、净现值法、内部报酬率等对多种投资方案进行比较和选择,确保投资决策的合理性与效益最大化。

3. 利润规划

根据财务预测结果,协调各部门活动,制定年度利润目标,并通过损益平衡点分析计算达到目标利润需要的经营条件,如游客接待量或销售额等。

4. 预算管理

建立全面的预算体系,将收益、费用和利润目标具体化,指导企业日常运营活动,实现资源的有效配置。

5. 成本控制与管理

对各项直接成本和间接成本进行精细化管理,制定并实施有效的成本控制措施,提升整体运营效率。

6. 资产管理

优化资源配置,提高资产使用效率和保值、增值能力,包括对固定资产、流动资产、无形资产等的管理和维护。

7. 财务分析

编制完整的财务报表(如损益表、资产负债表),运用各种财务指标进行深入分析,评估企业的盈利水平、偿债能力和成长潜力。

8. 现金流管理

密切关注并有效管理企业的现金流状况,确保企业在不同季节和市场环境下拥有充足的资金流动性,避免出现资金链断裂风险。

9. 风险管理与保险规划

识别并量化潜在风险,采取相应策略降低风险影响,同时购买合适的商业保险转移部分风险。

10. 税务筹划与合规性

充分利用税收优惠政策,合理安排税务计划,在合法、合规的前提下减少税收负担,保持良好的法律遵从性。

11. 长期发展规划与资本运作

结合战略目标,进行长远的财务规划,并探索潜在的投资机会、融资渠道,以及可能的并购重组等活动,促进企业持续发展。

12. 财务报告与信息披露

定期编制并向相关方提供准确、透明的财务报告,加强信息沟通,提升企业公信力和社会形象。

13. 绩效考核与激励机制

根据预算执行情况设定绩效考核标准,通过科学合理的绩效管理体系激发员工积极性,推动企业实现目标。

14. 资金筹措

在自有资金不足时,寻找合适时机和方式筹集外部资金,如银行贷款、发行债券,以及引入战略投资者等,满足企业扩张和发展需要。

三、乡村旅游资讯管理

乡村旅游资讯管理是指,将电脑应用于农场业务经营,即利用电子信息的收集、分析、储存、应用等技术提高经营效率、改善服务品质、增加游客满意度。

(一)全球资讯网的应用

充分利用全球资讯网的无地区限制优势,利用虚拟方式提供服务,通过及时提供乡村旅游景色,供游客观赏,达到广告促销的目的。

与游客直接互动,提供个性化的服务,提供行程建议服务、行程安排服务、订房服务等。

(二)社群网络应用

社群网络是指,一个为使用者建立并维持关系的平台。在该网络中,使用者能主动、公开地使用该网站提供的服务。

现今,较具代表性的社群网络有Facebook、小红书、微博等。其特点是将线下的关系移至线上持续发展。

(三)App应用

乡村旅游点专属App,有利于发布农场介绍、体验活动项目、优惠项目、农场套装旅游行程、交通资讯、邻近游憩点等信息。

四、乡村旅游经营诊断

乡村旅游经营必须面对外部环境的自然、市场、社会、产业、法规等因素的影响,同时面对内部环境的员工、资金、设施、动植物等因素的影响。所以,经营环境充满风险与不确定性,难免发生调适不良、经营不力等问题。因此,乡村旅游必须借助专家对问题展开研究与分析,提供改进建议,以促进乡村旅游区的健康经营。

以分析问题为手段,解决问题为目的,乡村旅游诊断小组应根据以下程序实施诊断。

(一)收集资料

收集的资料包括现有资料及需要调查的资料,前者以乡村旅游的记账资料以及经营记录为主。诊断小组可采用观察法、访问法、问卷调查法、实验法收集必要的资料。

(二)分析资料

分析资料包括财务分析及统计分析,通过财务分析确定整体运营的绩效。统计分析包括游客成长预测、游客需求调查分析及经营资料分析等。次数分配、平均数、百分比、卡方检验、相关系数、回归分析等,都是常用的统计方法。

(三)研判问题症结

研判问题症结,尽量使用图表,以探讨问题成因,指出改进方向。

(四)研商经营改进方案

研商经营改进方案,须经全体诊断人员协商,并与经营者恳谈,以激发思考,改进方法。

(五)提出诊断报告

诊断报告包括改进的建议等事项。建议事项应具体可行,必要时可分为短期与长期的改进建议。

第四节 乡村旅游游客管理

游客管理是旅游管理部门或机构通过运用科技、教育、经济、行政、法律等手段组织和管理游客行为的过程。通过对游客容量、行为、体验、安全等的调控和管理来强化旅游资源和环境的吸引力,提高游客体验质量,实现旅游资源的永续利用和旅游目的地经济效益的最大化。

一、游客行为管理认知

游客行为是指在旅游活动过程中,游客个体基于自身认知、需求、动机,以及对旅游产品和服务的评价,在购买决策、体验消费、情感感知等全链条、各环节中表现出的一系列外显和内隐的心理活动和实际操作行为。这些行为涵盖了从信息搜寻、目的地选择、产品购买,到现场体验、满意度评估及口碑传播等多个阶段,体现了游客的个性特征、价值取向、情绪反应及其与旅游环境的互动关系,是影响旅游服务质量和目的地可持续发展的重要因素。

乡村旅游管理者需要深入理解并掌握游客在旅游过程中的心理变化、需求偏好、决策模式及行为表现等。这包括但不限于游客对乡村旅游产品的选择与评价、参与体验活动的动机、环境保护意识,以及对当地文化的尊重程度等。通过对游客行为的全面认知,乡村旅游区管理者可以更有效地进行服务设计、产品创新和环境优化,以提升游客满意度,促进乡村旅游的可持续发展。

二、乡村旅游游客行为管理方法

(一)服务型管理方法

在乡村旅游中,采用服务型管理方法的核心在于提供优质、个性化的服务以引导游客形成良好的游览习惯和环保意识。例如,通过提供细致入微的导览解说、人性化的设施配套服务,以及丰富多彩的文化体验活动,使游客自觉遵守景区规定,同时增强他们对乡村旅游目的地的好感度和忠诚度。

(二)控制型管理方法

控制型管理方法是通过建立和完善旅游景区规章制度、明确游客行为规范,并辅以必要的监督手段来约束游客的行为。例如,编制详细的入园须知、环保公约和文明旅游倡议书;设置明显的警示标识和提示信息;实施垃圾分类制度,严禁破坏生态环境行为的发生;必要时配合执法部门对严重违规游客进行处罚。这样既能有效保障景区资源的安全和完整,又能培养游客的公共道德和社会责任感。

综上所述,乡村旅游游客行为管理应结合服务型管理和控制型管理两种方法,通过"软""硬"两手抓的方式,既满足游客个性化需求,又确保了乡村旅游目的地的秩序,以及持续、健康发展。

三、乡村旅游游客文明管理

(一)乡村旅游区文明旅游

乡村旅游区文明旅游是指在乡村旅游活动中,游客及旅游从业者应当遵守的一系列道德规范、环保理念和社会责任要求,以确保乡村旅游区资源保护、环境友好、文化尊重、公共秩序维护以及社区和谐。

1. 资源保护

游客尊重并保护乡村旅游区的自然资源和人文遗产,不破坏生态环境,不在非指定区域随意采摘植物、捕捞或狩猎动物,不损坏文物古迹,尊重乡村特色,维护乡村景观的整体和谐与独特魅力。

2. 环境友好

游客在乡村旅游区旅游过程中应注重保护当地生态环境,实现旅游与环境保护的和谐共生。如倡导游客绿色出行、减少垃圾排放、严禁乱丢垃圾,以及垃圾随身带走或投入指定回收点,尽可能选择和参与低碳环保型的旅游活动和服务项目等。

3. 文化尊重

在乡村旅游过程中,理解和尊重当地的文化传统和风俗习惯是文明旅游的重要组成部分。这就需要游客在参观村民家庭、参加民俗活动、参观家族祠堂等地点时,充分尊重村民的生活空间和文化活动,对当地文化不贬低,未经同意不拍摄照片或视频,并在互动中遵循当地社交礼仪等。

4. 公共秩序维护

每位游客都应当遵守旅游地的各项管理规定,在购票窗口、入口处等公共场合自觉排队,展现良好的公民素质。在乡村旅游区游览过程中,游客应尽可能低音量交流,不在公共场所大声喧哗或使用扩音设备,不在设有禁烟标识的地方吸烟。自驾游游客按照指示标识将车辆停放在指定停车场,不得随意占道停车,影响游客通行或景观风貌。

(二)游客文明行为管理方式

对于游客的不文明行为,乡村旅游区管理部门应多采用引导式的游客行为管理方式,主要包括以下方面。

1. 宣传教育引导

乡村旅游景区利用广播、LED显示屏、温馨提示牌、活动宣传海报、宣传单页、展板等形式设置文明旅游提示牌,通过宣传、教育、提示、引导等方法,让游客了解并自觉遵守乡村旅游规范。

2. 设施建设与管理

在旅游旺季,为有效管理和维护公共秩序,减少插队现象,可以通过在游客排队区加盖遮阳篷、雨棚,以及增加座椅和临时休息点等设施使游客舒适地停留,并通过增加售票窗口,启动电子购票系统、预约制度等方式减少游客购票和入园时间。为防止游客乱丢垃圾，乡村旅游区在各个重要节点应设置足够的分类垃圾箱，标明正确的垃圾分类标识，并设置专人负责每日多次清运垃圾，保证环境卫生整洁，营造安全、有序、舒适的乡村旅游环境。

3. 工作人员示范引导

乡村旅游区倡导人人都是旅游景区的形象大使。只要是公司的员工，不管是保洁员、导游、服务员，还是公司领导，看到垃圾，都应第一时间捡起。员工个人的行为规范能够引领游客效仿，并遵守景区规范。

4. 志愿者服务与监督

招募热心公益且具有一定服务意识和社会责任感的志愿者，在为游客提供信息咨询、道路指引等服务的同时，提醒游客正确投放垃圾、爱护环境，使游客养成良好的旅游习惯。当发现游客存在乱丢垃圾、不尊重当地文化和环境的行为时，志愿者可通过柔性劝导的方式帮助游客养成良好的行为习惯。

5. 规则制定与执行

结合乡村旅游区实际情况制定具体的内部管理规定，明确各种不文明旅游行为的惩治措施。在重点活动区域和可能发生不文明旅游行为的地方增设监控设备，安排专人进行定期和不定期巡逻检查，及时制止并采取必要的纠正措施。对于违反规定的游客，乡村旅游区管理部门应严格依法、依规进行处罚，以维护旅游区秩序。

四、乡村旅游游客安全管理

乡村旅游安全管理是指为了保障乡村旅游区域内的游客、居民及环境安全，旅游区管理部门有目标、有计划地对乡村旅游区进行系统的安全管理，包括对游客与从业人员的安全管理、设施设备的安全管理、物资的安全管理、环境的安全管理等内容。

由于乡村旅游区及其活动区域本身具有季节性、地域性以及乡村性等特点，乡村旅游区的餐饮安全、住宿安全、交通安全、游览安全等问题显得尤为突出。如，餐饮安全中的食物中毒现象；住宿安全中的偷盗、火灾现象；游览安全中的意外伤害和疾病传播现象等。针对这些问题，乡村旅游区管理部门应有针对性地加强这些环节的风险防控并制定应对措施。

（一）乡村旅游安全原因分析

1. 行业标准不完善

目前，乡村旅游正处于快速发展阶段，仍缺乏针对乡村旅游发展的完善的行业标准。食、住、行、游、购、娱等关键服务环节的标准缺失会导致服务质量的参差不齐，游客体验不稳定、旅游安全问题显现。如，部分民宿和农家乐设施简陋、卫生状况不佳，会影响游客住宿体验和健康安全；在餐饮方面，缺乏对食材来源、加工过程、餐具消毒等方面的明确规定，可能引发食品安全问题，损害游客权益。

2. 安全培训不到位

乡村旅游区从业人员缺乏安全培训的现象普遍存在，导致他们对安全管理的重要性认识不足，在各种旅游服务环节中不能规范操作，在面对突发安全事件时，往往会不知所措，不能及时有效地进行问题识别和应对措施的实施，进一步加大安全隐患。如，在没有经过专业

培训的情况下,从业人员可能不了解食品加工过程中的各项标准和操作流程,如食材的新鲜度把控、烹饪温度控制、餐具消毒规定等,从而无法有效预防食源性疾病的发生等。

3. 行业安全意识淡薄

(1)管理者角度。

乡村旅游区的安全状况在很大程度上取决于管理者的领导与示范作用。遗憾的是,许多乡村旅游区的管理者未能充分履行其应履行的职责,在引导服务人员和游客行为方面存在不足。管理者未能对服务团队的行为实施有效监督和规范指导,导致服务质量参差不齐;同时,他们也未能充分向游客传达旅游安全知识和注意事项,降低了游客的安全防范意识。这种缺失不仅影响了游客旅游体验的质量,也在无形中加大了景区的安全隐患。

(2)服务者角度。

乡村旅游活动因其独特的乡村特色,服务人员多为当地农民,往往缺乏专业的服务技能。他们在提供餐饮、住宿等服务时,可能由于自身卫生习惯欠佳,对食物储存加工知识了解有限,无法保证食品的安全卫生。此外,在面对突发情况或紧急事件时,这些服务人员往往因经验不足而无法迅速做出正确反应。

(3)旅游者角度。

由于乡村旅游通常行程较短且随意性较大,部分游客在出行前并未做好充分的信息准备和安全规划,甚至为了追求新奇体验不顾潜在风险,自行探索未知路径,进一步增加了整个乡村旅游过程中的安全隐患。

4. 行业硬件设施落后

许多乡村旅游区受到经济发展水平、投资能力和建设时间等的限制,在硬件设施方面普遍存在不足。如许多乡村旅游区在急救医疗基础设施上尤为欠缺,往往不具备必要的急救器械、专业的急救团队,以及救护车等救援设备,这种状况意味着一旦出现安全事故,旅游区将无法快速有效地实施现场救治和转移伤患,对游客的生命安全构成潜在威胁。

(二)乡村旅游游客安全管理措施

通过对乡村旅游安全原因进行分析,得出可以采取的对策主要有以下三个方面。

1. 完善硬件设施

硬件设施设备是乡村旅游区旅游活动正常运作的基础,也是保障旅游安全的一个重要因素。乡村旅游区的硬件设施建设可主要从以下方面入手。

交通设施:乡村旅游区的交通设施主要从防护栏、警示桩、交通标志、停车场等方面进行完善。特别是停车场,应当适当扩大停车场面积、改善停车场环境,以及增加摄像头等防盗设施,安排现场指挥和看管人员等。旅游旺季时,乡村旅游区应适当增派现场指挥人员,维持现场秩序,避免混乱。必要时,适当控制人流,以保证游客的安全。

游览设施:乡村旅游区的游览设施主要从景点的线路、标志、警示牌等方面进行改善。第一,乡村旅游区坑坑洼洼的道路要及时改善;第二,一般乡村旅游区的游览道路比较狭窄,旅游旺季时很容易发生堵塞、拥挤、摔倒等,所以可以在一个景点设置多条旅游线路;第三,乡村旅游区的每一个景点都应该设置明显的景点标志,在危险地带设立如"为了您的安全,请不要擅自冒险"等警示牌。

食宿设施:食宿安全是乡村旅游安全中游客较关心的,也是较容易发生安全问题的方面。餐饮方面,每一家经营餐饮的农户都应该配置一间独立、干净的厨房,拥有消毒柜、冰箱、保险柜、吸油烟机等配套设施。已经破裂或沾有污渍的餐具要及时换新,保证用餐环境的干净、卫生。

急救医疗设施:在旅游活动中,由于天气、人为等原因引起的旅游安全事件不胜枚举。当发生安全事件时,及时的救助可以在一定程度上降低伤害,所以乡村旅游区应该配置必备的急救医疗设施,如常用的药物、担架、救护车、消防器材等。同时,还应该配备一定数量的急救人员,无论乡村旅游区发生任何类型的安全事件,乡村旅游区的救援人员都可以第一时间开展救援行动。

2. 提高旅游者安全意识

旅游者是旅游活动的主体,所有的安全问题都围绕旅游者产生。

加强安全引导:通过导游解说、线上平台等多种方式加强对游客的安全引导,使其形成良好的旅游行为习惯。

强化安全信息传递:通过旅游宣传册、旅游指南、告示等多种渠道加强对旅游者安全信息的传递。

3. 加强行业安全管理

建立安全预警机制:乡村旅游区根据气象部门预告,及时获取关于台风、地震、暴雨等各种灾害性天气情况,也可以根据以往发生突发性事件的经验进行统计预测,并把相关的信息告知游客。

严格行业准入制度:旅游行业是一个服务性行业,从业人员应该具备相应的知识和技能,如餐饮从业人员应该参加食品卫生安全培训,同时需要办理相关证件,如健康证、营业执照、卫生许可证等。

建立跟踪考察制度:在日常的经营管理活动中,管理人员应对相关的经营场所,以及从业人员的卫生、安全、制度遵守等情况进行定期检查及不定期抽查。对于表现优秀的人员进行奖励,对于检查或抽查到的不合格者,责令马上改正、停业整顿或直接撤销营业执照。

加强信息沟通:应第一时间向社会公众公布乡村旅游景区发生的安全事件。一方面,可以加强游客的旅游安全意识,提高警觉;另一方面,可以避免社会公众的猜疑,以讹传讹,损害旅游地的形象。

建立行业反馈机制:可以通过旅游服务接待中心、游客调查问卷、网络论坛等多种形式获取游客对乡村旅游地的看法,建立反馈机制,听取游客的建议,不断调整、完善景区建设。

五、乡村旅游游客体验管理

(一)乡村旅游中的游客体验

美国未来学家阿尔文·托夫勒(Alvin Toffler)在其1970年出版的著作《未来的冲击》中提出了关于形态演进的前瞻性见解。他指出,随着社会进步和技术发展,人们的需求层次将从物质消费向非物质、体验性消费转变。在书中,托夫勒预言了服务经济时代之后将是体验经济时代,商家和企业将不仅提供商品或服务,而是创造并销售独特的、沉浸式的体验给消费者,以满足消费者对个性化、情感化,以及自我实现等更高层次的需求。实际上,体验经济概念在21世纪得到了广泛的应用和发展,尤其是旅游休闲产业、文化娱乐产业,以及高端服务业等领域,都日益重视提供丰富的用户体验,以期在竞争激烈的市场环境中取得优势。

20世纪60年代以来,旅游体验这一概念开始受到关注,尽管学界至今尚未形成统一的定义,但在中国,谢彦君教授在《基础旅游学》中的阐述被广泛接受。他提出,旅游体验是旅游者个体通过旅行活动与外部世界取得联系,在此过程中,个体的心理状态、认知水平和心理结构发生动态变化。旅游体验是在游客参与观赏风景、社交交往、学习模仿,以及消费等行为活动中内在心理活动与外在环境相互作用的结果,旅游体验还是一个随时间推移而展开的连续性过程。

乡村旅游作为特定地理区域(乡村地区)的旅游现象,其本质在于为旅游者提供独特的旅游体验。乡村旅游体验不仅包含了游客对乡村自然景观和人文风情的欣赏,还包括了游客与当地社区居民的交流互动、参与农事活动、品尝地方特色美食等,这些活动共同构成了游客在乡村旅游过程中的全方位感受和与乡村的情感连接。

(二)乡村旅游中的游客体验动机

在乡村旅游活动中,游客参与的动机可以分为两个主要驱动力:推力和拉力。

推力因素主要源于城市生活的环境压力。现代都市居民面临快节奏、高强度的生活压力,包括升学竞争、职场升迁、就业挑战、家庭关系处理等多个方面。这些压力使得部分城市居民产生逃避心理,远离喧嚣、宁静和谐的乡村生活成为他们舒缓压力的理想选择。

拉力因素来自乡村地区的吸引力,它满足了人类对未知世界探索的本能欲望。乡村地区相对于城市居民而言具有神秘感和新鲜感,丰富的自然风光、淳朴的人文风情、独特的农耕文化,以及与自然更为紧密的联系,都构成了对外界尤其是城市居民的巨大吸引力。

结合这两种力量的强弱差异,理论上我们可以分析出四种不同的游客参与乡村旅游活动的动机组合。乡村旅游推力、拉力分析如图8-1所示。

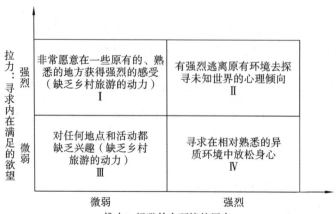

图8-1 乡村旅游推力、拉力分析

(图片来源:张健华、陈秋华《试论乡村旅游中的游客体验》,《商业研究》,2023年)

组合Ⅰ：推力较弱而拉力较强。乡村地区的魅力和吸引力超过了城市生活的压力，游客更多是出于对乡村独特文化和生活方式的向往而主动参与乡村旅游。

组合Ⅱ：推力与拉力均较强。游客既受到城市生活压力的驱使，又被乡村地区强烈的吸引力吸引，在两者的共同作用下形成了强烈的乡村旅游意愿。

组合Ⅲ：推力与拉力均较弱。在这种情况下，游客参与乡村旅游的可能性较低，因为无论是从城市压力角度还是乡村吸引力角度来看，都不足以成为游客进行乡村旅游的主要动因。

组合Ⅳ：推力较强而拉力较弱。主要是由于城市生活压力巨大促使游客逃离城市，而乡村地区的吸引力相对较小，但足以作为暂时放松身心的去处。

（三）乡村旅游中的游客体验类型

对于乡村旅游中的游客体验分类，可以借鉴约瑟夫·派恩（B. Joseph Pine）和詹姆斯·吉尔摩（James H. Gilmore）对体验类型的界定。他们根据人的参与程度和人与环境相关性的不同把体验分成四种类型，即教育（Education）体验、娱乐（Entertainment）体验、逃避现实（Escape）体验和审美（Aesthetic）体验，并认为最丰富的体验包含以上四种类型。相似的，乡村旅游中的游客体验也可以分为这四种类型。

1. 教育体验

对于城市居民来说，农村是一个充满未知的新奇世界，传统的农事活动、建筑风格及空间布局、淳朴的人际关系、民风民俗等都使城市居民充满好奇，对其有着强烈的认知意愿。游客通过积极参与农事活动，在乡村旅游轻松愉快的氛围中满足了求知的欲望，得到了精神上的充实、自豪与愉悦。

近年来，许多乡村旅游地开发了多种教育体验项目，城市里的父母往往会利用这些项目来完成对子女劳动技能和吃苦耐劳精神的教育，让孩子参与各种农事活动，如放羊、喂鸡、种植蔬菜、采摘水果和砍柴等，使孩子学习劳动的知识并体会劳动的乐趣，从而实现了教育的目的。

2. 娱乐体验

娱乐体验指的是游客在乡村旅游中通过观看各种演出和参与各种娱乐活动，利用各种感官获得的身心愉悦。许多乡村旅游地都有着传统的文化体育活动，如各种地方剧目、斗鸡、斗牛等，可以考虑把这些活动搬上舞台，供游客在旅游之余观赏，从而达到消遣的目的。此外，乡村旅游地还可以开发一些有乡村情趣的表演活动，如笨猪赛跑、野鸭放飞、松鼠散果等，尽可能给游客带来更多的娱乐体验。

3. 逃避现实体验

多数游客在城市深受工作及生活压力之苦，此时他们急需找到精神上的乐园，来缓解心理和精神上的压力。这些游客希望通过逃离城市，在乡村的自然环境中放松自我，与自然融为一体，从而达到自由、超越和解脱的状态，这种体验成为游客寻找精神乐园和缓解压力的一种方式。游客到农村体验田园生活，可以使自己在相对淳朴的人际关系中放松自我，在与平常生活隔绝的田园世界中把自己从日常的紧张状态中解脱出来，在无牵无绊的状态下，使自己的身心自由地融入这片纯净的世界，最终得到彻底放松后的舒畅、愉悦。乡村旅游地要为游客带来良好的逃避现实体验，就一定要保持乡村的自然风貌，为游客营造一种轻松、与世无争、远离喧嚣的乡村氛围。

4. 审美体验

审美体验需要游客的主动参与和全身心投入,使游客获得其他几种类型体验无法比拟的情感经历,甚至达到一种忘我的境界。因此,审美体验是乡村旅游中较高层次的一种体验。游客在乡村旅游中的审美对象包括农村自然生态环境、农民的生产生活、农村特有的民俗文化等。只要游客有一个良好的心态,就能在这些审美对象上得到美的感受,获得审美的愉悦。小桥流水、渔舟唱晚,乡村处处有美的影子,只要游客用心感受,就能得到令人难以忘怀的审美体验。

(四)乡村旅游中的游客体验管理

游客体验管理是指,乡村旅游地战略性管理游客对旅游地全面体验的过程。要使游客在乡村旅游地获得全面并且高质量的旅游体验,采取必要的步骤及措施对游客体验进行全面管理是必要的。

1. 确定游客体验管理目标

在乡村旅游管理中,追求游客体验最大化无疑是管理者的重要目标。然而,在实际操作过程中,由于信息的不对称和游客决策行为的非完全理性,游客体验最大化这一理想目标往往难以精准实现。鉴于此,乡村旅游地管理者需要设定一个更为务实且可执行的管理目标。例如,管理者可以先确定一个游客普遍能接受的基本体验阈值(最低体验下限),确保每一位到访的游客至少能在这个基准线上获得满意。接着,选取一系列与游客满意度密切相关的合理指标,如服务质量、环境整洁度、活动丰富性、文化体验深度等,将这些指标作为游客体验管理的具体衡量标准和目标来执行。通过这种方式,乡村旅游地管理者可以有的放矢地提升旅游服务品质,确保即使在基础层面也能提供良好的游客体验,并在此基础上持续优化和提升,从而促进整个乡村旅游产业的健康发展。

2. 分析游客的体验需求

乡村旅游游客体验动机的推力、拉力模型揭示了两类主要的旅游群体。一类群体以追求新奇体验为主要动机,这部分游客主要由未曾亲历乡村生活且对田园生活抱有浓厚兴趣的城市成年人构成,同时也包括城市中对新鲜事物具有强烈求知欲望的儿童。他们参与乡村旅游活动的主要动机在于满足自身的探索、求异和娱乐体验需求。另一类群体以规避环境压力为主要动机,这类游客主要是那些在城市生活中承受压力,同时又对乡村生活环境相对熟悉的人,例如曾在农村度过童年时光的城市居民以及部分有过下乡经历的知青等。对于这一群体来说,相对质朴而熟悉的乡村环境能为他们提供一个理想的避世之地,让他们得以较大程度地放松身心,缓解城市生活的紧张与压抑。因此,他们的乡村旅游行为更多的是出于逃离压力、寻求宁静及恢复精神的体验需求。在分析乡村旅游体验动机时,需要结合不同推力、拉力组合的特点,系统梳理并量化相关影响因素,运用多元化且有针对性的研究方法,以便更准确地理解游客选择乡村旅游的内在动因及其行为模式,从而为乡村旅游目的地提供有效的营销策略和管理决策依据。

3. 建立游客体验供给平台

为了满足不同游客的多元体验需求,乡村旅游区必须具备构建丰富、有效的体验供给体系的能力。其中,建立多样化游客体验平台是实现这一目标的关键。在乡村旅游区,游客可获得的主要体验类型包括教育体验、娱乐体验、逃避体验以及审美体验四大类别。教育体验通过传递乡村文化、农耕知识及生态环境保护等内容，满足游客求知与学习的需求；娱乐体验涵盖了各种互动性活动和趣味项目，旨在带给游客欢乐和休闲时光；逃避现实体验是为应对城市生活压力而设计的，如田园风光下的宁静休憩或深度参与农事活动，帮助游客暂时逃离都市喧嚣，寻求心灵上的放松与慰藉；审美体验侧重于展示乡村自然风光之美和人文景观的独特魅力，让游客在欣赏过程中得到美的享受和精神层面的升华。为了更好地匹配各类游客的体验需求，乡村旅游区需要将这些不同的体验要素精心组合，并通过创新设计转化为多样化的体验产品。只有这样，乡村旅游区才能构建起一个功能齐全、内容丰富的游客体验平台，确保每位来访者都能在此找到符合自身兴趣和期待的旅游体验。

4. 与游客保持密切接触

当前，乡村旅游区的游客体验平台提供的各类体验产品，在满足游客多元化体验需求上取得了一定成效，但其满足程度仍有待深入评估。要了解这些体验产品在多大程度上满足了游客的需求，以及游客的实际体验水平是否达到预先设定的管理目标，管理者必须建立一个有效的游客反馈机制。通过构建这一机制，管理人员可以直接与游客进行面对面的访谈和交流，深入了解游客对现有体验产品的感受、建议，以及需求变化；同时，也可以设计并发放游客体验调查问卷，收集游客在游览过程中的满意度数据，并对回收的信息进行分析与研究。这种双向沟通方式，不仅有助于管理者及时获取游客对体验产品质量的真实评价，还能根据反馈结果调整或创新现有的体验产品，确保旅游服务品质始终符合游客期待。由此，管理人员能够实现对游客体验质量的动态监测和持续改进，以推动乡村旅游区朝着更高质量、更具吸引力的方向发展。

5. 游客体验产品创新

一旦发现乡村旅游地原来提供的体验产品无法满足游客需求或游客体验感受低于事先设定的游客体验管理目标后，乡村旅游地要致力游客体验产品的创新，使新的游客体验平台能更好地满足游客需求。乡村旅游地通过这种不断创新的机制，能给游客提供超乎想象的旅游体验，这必将大大增强游客的忠诚度和重游率，从而使乡村旅游地始终保持旺盛的生命力，避免其迅速走向衰弱。

经典案例解读

 思考与练习

(1) 乡村旅游经营管理包括哪些内容?
(2) 乡村旅游经营管理的策略有哪些?
(3) 如何有效进行乡村旅游游客管理?

第九章

以人为本——乡村旅游优质服务

学习引导

随着乡村振兴和脱贫攻坚战略的深入实施,乡村旅游作为推动乡村经济发展、农民增收致富的重要途径,在各地均得到了广泛的推广与发展。各地依托自身的自然资源、人文景观、民俗风情等特色资源,打造出一系列富有地方特色的旅游项目,以满足不同游客的需求。然而,旅游项目的吸引力只是乡村旅游成功的一个方面,实现乡村旅游的可持续发展和持久繁荣,提供优质、舒心且放心的旅游服务至关重要。因此,本章在阐述乡村旅游服务的基本概念、基本要素、服务特点、服务种类等基本概念的基础上,分析影响乡村旅游服务质量的因素和提升乡村旅游服务质量的策略,以推动乡村旅游服务质量的提升。

学习重点

(1) 乡村旅游服务的基本概念和基本要素。
(2) 影响乡村旅游服务质量的因素。
(3) 提升乡村旅游服务质量的策略。
(4) 乡村旅游从业人员的培训内容。

第一节 乡村旅游优质服务概述

一、乡村旅游优质服务的基本概念

乡村旅游优质服务是旅游者在乡村旅游过程中购买、消费、享受和使用的以满足其游览需求的无形"经历"。乡村旅游优质服务是乡村旅游服务中的一种特定类型,受制于乡村旅游的发展。

乡村旅游服务的核心在于其提供了一种独特的、沉浸式的旅游体验,它超越了传统旅游产品的物质属性,更加注重情感交流、文化感知和生活体验。对消费者来说,乡村旅游服务不仅包括住宿、餐饮、交通等基础服务,还包含深度参与当地农事活动、感受乡村风俗习惯、领略自然风光、了解地方历史文化等多种无形的、不可移动的体验内容。对生产者来说,提供乡村旅游服务需要深入挖掘和利用本地特色资源,将这些资源转化为游客可以亲身体验的产品和服务,如组织农业采摘体验、民俗文化节庆、手工艺制作课程等活动。这种服务的生产和消费过程往往在同一地域完成,使生产者可以直接与消费者接触、互动,增强了游客对乡村旅游目的地独特性和真实性的感知。

此外,由于乡村旅游服务具有无形性特点,服务质量的高低在很大程度上取决于服务人员的专业素质、服务设施的完善程度以及整体环境的舒适度。因此,提升乡村旅游服务质量的关键在于持续创新服务模式,提高从业人员的服务技能,优化旅游环境,并结合现代科技手段为游客创造个性化、差异化的高品质旅游体验,从而实现乡村旅游产业的可持续发展。

二、乡村旅游服务的基本要素

乡村旅游服务的基本要素是由乡村旅游从业人员、乡村旅游设施设备、乡村旅游服务接受者和其他利益相关者四个要素组成。

(一)乡村旅游从业人员

乡村旅游从业人员是乡村旅游服务的劳动主体,主要包括图 9-1 所示的六种类型。他们在服务过程中借助现有的服务设施设备为游客创造使用价值,以此满足游客的不同需求。乡村旅游从业人员服务质量成为影响游客体验的重要因素。

(二)乡村旅游设施设备

设施设备是乡村旅游经营者提供高质量旅游产品和服务的基础保障,其建设和管理水平直接关系到乡村旅游区的整体品质。具有乡村特色、地方特色的设施设备可以提升乡村旅游目的地的整体形象和吸引力;多样化的设施设备能够满足不同年龄层次、兴趣爱好游客的需求;高效先进、绿色低碳的设施设备有助于提升乡村旅游区的服务质量和乡村旅游的可持续发展。

(三)乡村旅游服务接受者

乡村旅游服务接受者即到乡村旅游的游客或组织。在乡村旅游过程中,从业人员的服

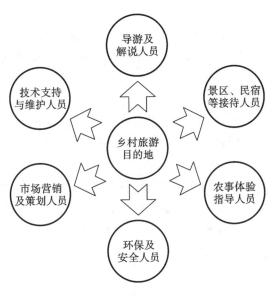

图 9-1 乡村旅游目的地从业人员类型

务劳动及经营者的产品生产必须尊重乡村旅游服务接受者的要求,接受其合理调配,按照接受者的具体需求提供恰当的服务。乡村旅游服务接受者的满意度是衡量乡村旅游从业人员服务质量的重要标准,从业人员应努力使接受者满意,并尽可能地带来超出接受者期望的满意度。

（四）其他利益相关者

乡村旅游服务的其他利益相关者,主要包括政府、当地居民、其他企业经营者三方面。政府是乡村旅游政策的制定者与推进者,为乡村旅游服务提供政策依据和行政保障;当地居民,在乡村旅游发展的过程中或受益、或未受益,甚至可能出现受益不平衡或出现负面效益的情形,村民对乡村旅游的支持力度将极大影响乡村旅游服务质量的水平,也将直接影响一个地区乡村旅游发展的力度与前景;其他企业经营者,主要是指当地非乡村旅游经营的其他企业,其在经营过程中受乡村旅游的影响程度会直接决定其对乡村旅游的支持力度。

三、乡村旅游服务的特点

（一）乡村旅游服务的一般性特点

1. 综合性

乡村旅游的发展涉及食、住、行、游、购、娱六大要素,乡村旅游服务是若干服务环节串联的有机整体,其中任何环节出现问题都将影响游客的满意度。因此,乡村旅游服务具有综合性特点。

2. 时效性

人们开展乡村旅游活动的时间有限,不允许出现无限等待的情况。若等待时间过长,乡村旅游服务将变得毫无意义。对乡村旅游服务而言,应当在有效的时间内提供高质量的相关服务,以使游客满意。

3. 直接性

在商品经济社会中，一般物质产品的生产必须借助中间环节才能到达消费者手中，但乡村旅游产品不同，乡村旅游生产、消费同一性的特征决定了乡村旅游服务具有直接性，即对游客开展当面服务，当面消费。

4. 无形性

与一般产品的有形性不同，乡村旅游服务具有无形性，它的无形性决定了无法用包装、数量、外观设计等有形标准对其质量进行衡量，而是应当用游客的满意度对其进行评估。

5. 特定性

乡村旅游服务的特定性体现在服务对象、服务内容、服务地点等方面。从服务对象上看，乡村旅游服务对象是乡村旅游者；从服务内容上看，乡村旅游服务依托农家乐、农事体验等具体乡村旅游项目提供特定服务；从服务地点上看，乡村旅游服务的主要范围是乡村。

（二）乡村旅游服务的特殊性特点

1. 服务的个性化和原生态

在服务的个性化方面，乡村旅游区通常能够根据当地独特的地理环境、历史文化、农业特色等资源，设计并提供定制化的旅游项目和服务内容。游客可以根据个人兴趣选择参与不同季节的农事活动，如春季播种、夏季采摘、秋季收割等，这些活动不仅能让游客亲身体验乡村生产生活的乐趣和艰辛，而且每一个环节都充满了地域性和个性化特色。此外，乡村旅游区还可以根据当地的非物质文化遗产资源，组织手工艺体验课程，让游客亲手制作陶瓷、编织篮子、学习剪纸等传统技艺，这种深度互动式的体验极大地增强了旅游活动的趣味性和教育意义。

在服务的原生态方面，乡村旅游强调的是对乡村生态环境和人文传统的保护与传承。游客在乡村旅游中可以深入到未经雕琢的自然景观中去，如漫步在田野小径，欣赏四季不同的田园风光；探访古村落，感受历史文化的厚重；参与到村民的日常生活中，参加一场婚嫁或丰收节庆活动，品尝地道的地方美食。这种沉浸式、无痕化的旅游方式使游客能够在休闲娱乐的同时，深切体会到乡村的宁静、和谐与自然之美。

乡村旅游通过提供个性化与原生态的体验，成功打破了传统旅游景区单一观光游览模式，赋予了旅游新的内涵和价值，满足了现代人返璞归真、身心放松的深层次需求，并且有力推动了乡村经济的发展和传统文化的传承。

2. 服务的高社区参与度

在乡村旅游中，当地居民是积极的服务提供者。他们作为主人，将自身的乡土知识、传统技艺、生活方式等转化为游客可以体验和感知的旅游产品和服务。比如，农民可以成为农业观光活动的向导，介绍农作物种植的知识，带领游客进行农事体验；手工艺人可以开设工作室或工坊，让游客尝试亲手制作并了解非物质文化遗产的内涵。这种高度的社区参与不仅丰富了乡村旅游产品，也使乡村旅游充满了浓郁的地方特色和人文情怀。

由于当地居民直接参与服务提供，游客有机会与当地居民深度接触并交流互动，这极大地增强了乡村旅游的真实性和亲切感。游客通过亲身体验，与当地人民共同分享乡村生活的乐趣，能够深刻感受地方文化和淳朴人情味的魅力。这种人与人的连接和情感交流，使得乡村旅游成为增进城乡沟通、弘扬传统文化、增进民族团结的有效途径。

社区的高度参与还有助于乡村旅游产业的可持续发展。当地居民在提供服务的过程中获得了经济收益，激发了其保护本地资源、维护环境和传承文化的积极性。同时，社区参与还能推动乡村旅游产品的创新和发展，使之更能满足市场需求，进而提高整个乡村旅游目的地的竞争力和吸引力。

在乡村旅游中，社区的高参与度不仅赋予了乡村旅游产品独特的生命力，而且提升了游客的旅游体验，还促进了社区自身的发展，以及乡村文化的传承与保护，实现了多方共赢的良好局面。

3. 服务的灵活性与多样性

乡村旅游不同于传统旅游景区主要依赖固定的建筑景观或人造景点，而是更加注重对自然资源和农业资源的开发利用。

各地因地域差异和气候条件的不同，孕育了种类繁多的农作物，以及特色养殖产品。这些农业资源不仅构成了乡村旅游的核心吸引力，也为开发农事体验、采摘观光、美食制作等丰富多元的旅游活动奠定了基础。但由于这些农业资源具有明显的季节性特点，导致乡村旅游服务业需要具备较高的灵活性和多样性。例如春天赏花、夏天避暑、秋天丰收、冬天滑雪等，每个季节都有不同的自然景观和农业生产活动，乡村旅游企业需要围绕这些季节特征策划相应的旅游产品和服务，如春季举办花海节庆，秋季推出丰收季主题活动等。乡村旅游中的餐饮服务往往以当季新鲜食材为主，如春茶采摘、夏季果蔬尝鲜、冬季特色年货展销等，既体现了时令特色，也保证了食品的新鲜度和原生态品质。

在乡村旅游服务的过程中，乡村旅游区要充分考虑资源的多样性和季节性特点，适时调整产品结构和服务内容，确保在不同时间段都能为游客提供富有变化且具有独特价值的旅游体验。同时，这种灵活性也是乡村旅游可持续发展的重要策略，有助于提高游客的重游率，并保持乡村旅游目的地的生命力和竞争力。

4. 服务设施与标准的差异性

乡村旅游区的服务设施往往保留了乡土气息和原生态特点，如用传统的民居改造而成的民宿，以及农耕工具展示、手工工艺品制作现场等。这些设施虽然可能不及城市旅游景区那样豪华或现代，却能够带给游客更为真实、淳朴的乡村生活体验，满足部分都市人回归自然、寻找乡愁的情感需求。

受制于当地经济发展水平和资金投入，一些乡村旅游地的基础设施建设和维护可能存在不足，例如交通不便、住宿条件简陋、卫生条件有限、餐饮服务不规范等。这些因素导致服务设施的标准参差不齐，难以完全按照标准化旅游景区的要求来衡量。

这种"非标"性也恰好是乡村旅游差异化发展的基础。在国家政策支持下，各地可以结合自身资源特点和文化优势，适度提升服务设施的同时保持其特色。

针对服务设施的短板，乡村旅游区也在逐步进行升级改造，通过合理规划、加大投资、引进先进管理理念和技术手段，提高旅游接待能力和游客满意度。同时，通过培训和指导农户提升服务质量，实现规范化服务与个性化体验相结合，让乡村旅游既有乡土风情又不失舒适便捷。

四、乡村旅游服务的种类

根据不同的分类依据,可以将乡村旅游服务分成不同的类型,具体如下。

(一)按照乡村旅游服务的内容进行分类

可以将乡村旅游服务分为以下六类。一是餐饮服务,包括农家菜肴生产、特色餐饮销售、就餐服务等。乡村旅游区强调为游客提供具有浓郁乡土风味的餐饮体验,推广绿色有机食品,感受宁静的乡土气息,导致餐饮服务也要突出乡土特色、地域文化,强化生态理念,打造乡村旅游的独特魅力。二是住宿服务,包括预订、接待、客房、行李、康乐等多种服务内容。民宿在乡村旅游区住宿服务中扮演着重要角色,民宿通常由当地居民经营,提供个性化和人性化的服务,民宿主人的热情好客,以及本地知识和故事都能为游客带来亲切和独特的入住体验。三是旅游交通服务,包括民航、火车、汽车、游船等服务。乡村旅游由于其特殊的地理属性,在旅游交通的选择上多以旅游大巴、私家车、火车为主。四是游览服务,包括游览线路安排、参观讲解、活动参与等。由于乡村旅游区通常鼓励游客深度参与各种农事活动、手工工艺品制作,以及民俗节日庆典等,实现旅游从"观看"到"体验"的转变,增强游客的参与感和沉浸式体验,这也进一步强调乡村旅游区参与指导服务的重要性。五是购物服务,包括乡村旅游特色商品的设计生产、特色商品的销售推介等。乡村旅游区购物服务的一大特色是提供当地独有的、具有浓郁乡土气息和文化内涵的产品,如原生态农产品、手工工艺品、民间艺术品、传统美食等,游客在乡村旅游区可以亲身体验产品的制作过程,观看或参与手工工艺品制作、品尝并购买现场加工的土特产等。这种互动式的购物体验服务将有效增强游客对产品的认同感和购买欲望。六是娱乐服务,包括乡村旅游经营主体提供的各种文娱、体育、健康,以及满足游客生活需要的各种服务。上述六种服务涵盖了乡村旅游活动中的食、住、行、游、购、娱六大基本要素。

(二)按照从事乡村旅游服务的程度分类

按照从事乡村旅游服务的程度,可以将乡村旅游服务分为专营乡村旅游服务与兼营乡村旅游服务两类。专营乡村旅游服务是指,专门或直接经营乡村旅游业务的企业提供的旅游服务,包括旅行社、旅游汽车公司、旅游商店、旅游饭店等多种企业类型;兼营乡村旅游服务是指,同时为乡村旅游者和非旅游者提供服务的企业或单位提供的旅游服务,如部分乡村旅游超市主要为村民提供便利,同时也满足游客的需要,部分农家乐在满足本地居民需求的前提下,也为游客提供餐饮服务。

第二节 乡村旅游服务质量保障

一、乡村旅游服务质量

服务质量对服务业而言是重要的核心所在,对于由农业转型为服务业的大部分乡村旅游区来说,更是如此。服务质量是指服务能够满足旅游区的规定和游客的潜在需求,也指服务工作满足游客需求的程度。服务质量是一个综合性概念,涉及服务提供者在服务过程中的态度、专业知识、技能、效率,以及其提供的设施设备等硬件的质量。

服务质量在旅游业中体现得更为显著和复杂,不仅包括产品或服务产出的结果性质量,还包含了游客从预订旅行开始到旅行结束体验到的过程性质量。如在旅行过程中,旅游者不仅能够体验地道的地方美食,欣赏美丽的风景,还能体会到工作人员热情好客的服务态度和优质有效的沟通技巧。旅游者不仅是旅游服务的接受者,更是旅游服务过程中的构建者。也恰恰是这个原因,乡村旅游区可主要从旅游者需求和体验的角度理解旅游服务质量,旨在感知旅游者在旅游体验服务前后的需求满足程度,这是建立在旅游者对乡村旅游区服务质量预先设定的心理预期与实际感受到的旅游服务水平的对比之上的。当旅游者在实际旅游体验过程中感受到的旅游服务品质达到或超过其原先对服务质量的期望时,旅游者满意度较高,便会给予该旅游区较高的评价;相反,旅游者在实际旅游体验过程中感受到的旅游服务品质未能满足其期望,旅游者将会给予该旅游区较低的评价。

根据对旅游服务质量的理解可以得出,乡村旅游服务质量是指乡村旅游区为满足游客需求提供的各项服务达到的水平,以及游客对这些服务的实际感受。对乡村旅游区而言,乡村旅游服务强调乡土特色、生态环保、文化体验等内容,在服务质量评价中,除了基础的舒适度和便利性,也强调营造宁静、淳朴、亲近自然的乡村生活气息和主人式、家庭式的个性化服务。

二、影响乡村旅游服务质量的因素

(一)影响期望的因素

1. 个人因素

游客自身的个人因素在乡村旅游服务质量评价中起着至关重要的作用。这些因素不仅影响了他们对旅游信息的理解和接收方式,还决定了他们在选择乡村旅游目的地时的偏好与标准。如游客过去的旅行经历、文化背景和生活经验会影响他们对乡村旅游活动的认知和期待;游客的学历和职业会影响其对服务品质的需求,以及对乡村旅游产品和服务内容的理解深度;游客的性格差异会影响他们选择乡村旅游活动和服务体验的类型和内容;游客的年龄和家庭生命周期会影响他们的旅游动机和休闲需求,进而影响他们对服务质量的评价等。

2. 市场信息传播因素

信息技术的发展使乡村旅游区通过各种媒体渠道,如抖音、微博、小红书、电视、报纸、杂志等方式广泛传播。精心设计的市场宣传内容(包括旅行社的产品手册、网站宣传资料等)能够生动地展示乡村旅游区的田园风光、民俗文化、个性服务等内容,从而激发潜在旅游者的消费动机,并形成相应的旅游期待。同时,在线旅游平台、社交媒体平台上丰富的用户评价、评分系统,以及问答社区互动也进一步影响游客对乡村旅游区服务质量的判断和期望。因此,高质量且准确的市场传播信息有助于树立乡村旅游区的良好形象,提高游客的旅游期望值,进而影响游客对乡村旅游服务的感知和评价。

3. 旅游目的地因素

根据活动内容的不同,乡村旅游区可被细分为多种类型,如观光游览型、休闲度假型、农事体验型、文化传承型、研学教育型、体育运动型等。根据设施配套、服务质量，乡村旅游区可被划分为不同的等级，如高等级的乡村旅游区提供更多元化的产品和服务、更完善的基础设施；低等级的乡村旅游区在保持乡土原貌的同时，仅能提供较基础的服务设施和相应服务。按照经营方式的不同，乡村旅游区可被划分为农场庄园、休闲景区、民宿度假村、特色社区等类型。游客一般根据自己的旅游需求选择相应类型、等级的乡村旅游区，并产生与之相符的旅游期望。

此外，乡村旅游区的旅游产品价格、文化差异、风俗习惯、居民好客程度、政府的规范化管理程度等也将直接影响游客对旅游体验的期望。

（二）影响旅游服务体验的感知因素

游览过程是游客体验当地服务质量的核心环节。在这个过程中，游客接触到的人、事、物及所处的每个环节，都是其体验当地旅游服务的内容。游客对旅游服务的感知结果直接影响着他们对当地旅游服务质量的评价。

1. 旅游产品本身的质量

旅游产品本身的质量主要包括乡村地区是否拥有独特的自然风光，如田野、山川、湖泊、森林等原生态自然景观；是否拥有与之融合的农业景观，如果园、茶园、花海等；是否拥有体现当地历史文化底蕴和民俗风情的古村落、传统民居、祠堂庙宇、历史遗迹等文化资源；乡村旅游区的旅游产品是否具有鲜明的乡村特色和文化内涵，能否充分展示当地的自然风光、民俗风情、农耕文化、生态资源等的独特性，以及是否有丰富的活动项目供游客参与体验等。

2. 旅游服务设施的质量

旅游服务设施的质量主要包括步行道、观景台、标识系统等游览设施是否保持良好的运营状态，是否安全舒适，是否易于辨识和使用；公共卫生间是否清洁卫生、数量充足，并具备基本的配套设施；停车场、无线网络覆盖、无障碍设施等是否完备、数量充足；游客服务中心是否拥有完善的硬件设施和高质量的服务内容；民宿和农家乐提供的餐饮是否具有地方特色，食材是否新鲜，卫生条件是否达标；住宿环境是否安静舒适、充满乡土风情等。

3. 旅游服务态度与技巧

旅游服务技巧包括接待人员的专业知识水平、服务技能，以及解决问题的能力。如他们是否熟悉当地的文化、历史、景点特色，以及各类活动内容；是否具备良好的沟通技巧和人际交往能力；能否快速、准确地解答游客的疑问，处理突发情况，确保游客在整个旅行过程中得到及时有效的帮助。

当地居民的热情好客与友善程度对营造温馨、和谐的旅游氛围至关重要。当地居民的态度和行为直接影响着游客对乡村旅游目的地的整体印象。当游客感受到当地居民的热情和真诚时，更容易产生情感上的共鸣，加深游客对乡村旅游区的认同感，并通过口碑传播吸引更多游客前来体验。

4. 旅游服务传递的顺畅性

旅游服务传递的顺畅性是指从游客接触乡村旅游产品或服务开始，到最终完成整个旅游活动体验过程中，各个环节的服务是否能够无缝衔接、高效运作，并且确保游客在每个阶段都能获得满意的体验。旅游服务传递的顺畅性主要包括乡村旅游管理者是否进行了科学合理的旅游区规划布局,使各类景观资源得到合理配置和展示;是否形成了连续而有节奏的游览线路,满足游客观赏、体验、学习等多种需求;游客到达景区前后的交通接送服务是否便利快捷;线上线下的预订渠道是否畅通无阻;乡村旅游区是否提供了及时有效的旅游咨询解答;景点参观排队等候时间是否控制得当;乡村体验活动是否安排有序且内容丰富有趣;活动实施过程中有无延误或意外情况发生,能否根据实际情况灵活调整。

5. 旅游服务的个性化与创新性

差异化服务和产品定制化是现代乡村旅游发展的重要趋势,它旨在针对不同游客群体的个性化需求提供有针对性的服务。如考虑到不同游客可能有不同的饮食习惯、健康状况(如素食者、过敏体质、糖尿病患者等),以及文化背景差异,乡村旅游区能否提供丰富多样的餐饮选择,确保满足各类游客在口味、营养和安全方面的特定要求;是否定期收集并分析游客的反馈意见和市场需求变化,不断改进现有旅游产品和服务的质量和内容,创造出新的旅游元素和主题活动,以适应市场的快速发展和游客多元化的需求;是否设计适合家庭亲子互动的游乐设施和教育体验活动;是否开发适合老年人参与的休闲养生项目,例如健康讲座、农耕体验、传统文化课程等。

6. 旅游服务理念与管理

旅游服务理念与管理是旅游业中指导服务提供、提升服务质量,以及维护游客满意度的核心思想和管理体系。它涵盖了从服务设计、执行到评估改进的全过程,旨在确保旅游目的地能够为游客提供优质的旅游体验。旅游服务理念与管理主要包括乡村旅游区是否制定并实施严格的质量标准体系,具体表现在硬件设施质量、服务流程规范、人员素质要求等方面,确保各环节的服务达到或超过游客期望;面对突发状况,如天气变化、游客受伤或其他紧急事件时,是否有应急预案并能迅速、妥善处理,降低对游客旅行体验的影响;是否收集游客的意见和建议,建立有效的投诉处理机制,并能够基于游客反馈进行服务质量的持续改进。

三、提升乡村旅游服务质量的策略

(一)旅游产品提升

1. 保持"村味",保证原生乡村风貌和自然环境

原始的自然景观、淳朴的民风民俗、独特的乡村文化共同建构了乡村旅游区的核心魅力,并成为乡村旅游区区别于城市旅游和传统景区旅游的独特卖点。这就要求我们要在乡村旅游区发展过程中注重维护乡村原有的生态环境,合理利用乡村自然资源,确保乡村环境的可持续性和生物多样性;在乡村旅游建设过程中,尊重并保留村落的历史建筑风格和乡土特色,保护村落浓厚的生活气息和文化底蕴;鼓励当地居民积极参与到乡村旅游发展中来,传承并发扬本地乡土文化。

2. 围绕"主题",全方位打造乡村旅游活动

乡村旅游活动是乡村旅游区吸引游客的关键,同时也是传播乡村特色文化和传统技艺的重要载体。乡村旅游活动设计的核心在于提供深度的参与性和沉浸式体验,如通过采摘蔬果、制作手工艺品、参加民俗节庆活动,使游客从单纯的观赏者转变为参与者,这将有效

提高游客在旅途中的投入感和满意度。为提高乡村旅游区的核心竞争力,乡村旅游区应围绕明确的主题如农业文化体验、民俗风情展示、生态休闲度假等设计丰富多样的旅游活动及服务项目,营造既满足游客需求又保持本土特色的旅游环境。

(二)村庄环境提升

1. 保持村落原有肌理,美化乡村景观环境

乡村旅游区要根据村落原有机理,充分考虑村庄的地形地貌、历史文化、生态环境等因素,对村庄进行科学合理规划。对村庄的房前屋后、道路两侧、空地荒地等空间进行绿化,增加村庄的植被覆盖率;开展村庄环境整治行动,健全垃圾分类收集与处理系统,清理卫生死角和陈年堆积垃圾,完善村庄污水处理设施,规范养殖业排污方式和排污标准;美化村庄村容村貌,对房屋进行外立面改造、围墙整修、规范广告牌匾等。

2. 完善村庄公共设施,合理布局乡村景观

乡村旅游区要尽可能在保留原有道路格局的基础上,优化村庄道路,村内的行车道路尽量做到人车分离,行车道两侧设步行通道和自行车通道。道路两侧种植本土植物,如果树、花卉、绿篱等,根据道路情况,适当布置当地景观小品、观景平台、休息座椅等,打造道路节点空间供游客欣赏风景和短暂休息。村庄公共用地,可结合乡村文化设计广场、公园等,提升居民生活品质和游客体验感知。利用农田景观、果园景观等打造集生产、生态、生活于一体的多功能乡村景观。

3. 促进社区参与,提供友好型社区服务

乡村旅游区要鼓励乡村社区积极参与到乡村旅游发展进程中,让社区居民在旅游发展规划中拥有发言权;在乡村旅游发展中提供旅游接待、导游解说、餐饮住宿、手工工艺品制作等旅游服务;乡村社区通过组织开展乡村传统节日、艺术表演等,建设友好型社区环境,这样既可以为游客提供原汁原味且富有深度的旅游体验,也能增强社区居民对旅游发展的积极性和归属感。

(三)旅游设施提升

1. 完善旅游服务设施,优化服务内容

随着乡村旅游的不断发展,乡村旅游区的服务设施也需要逐步完善。如建设融咨询服务、票务服务、导游服务、安全信息服务和信息展示服务等于一体的游客中心,为游客提供周到、及时的服务;建设乡村旅游区旅游解说系统,包括导览标识、解说员、展览馆等,便于游客及时了解当地的自然生态、历史文化、民俗风情等;有序布局乡村旅游区交通设施、卫生安全设施和生态环保设施,如租赁自行车、低碳游览车、停车场、厕所、垃圾箱、安全警示牌、消防栓等,便于游客安全游玩和乡村旅游区可持续发展;开发乡村旅游区户外娱乐设施、文化体验设施,如儿童游乐场、户外拓展基地、健身步道、垂钓园、手工工艺坊等,丰富游客的娱乐活动。

2. 丰富旅游产业业态,提升接待质量

乡村旅游区要合理布局乡村旅游区民宿、农家乐、土特产商店等旅游业态,提升接待质量,如民宿提供舒适的床铺和床上用品,确保房间干净整洁,空调、热水供应充足且稳定,无线网络覆盖全面;农家乐研发具有地方特色的菜单,既保留传统乡村风味,又注重满足现代

人对健康饮食的需求,适时举办美食节等活动以增加乡村旅游区的吸引力;旅游商店挖掘和打造具有本地特色的旅游纪念品、手工工艺品、土特产品等,注重商品质量和包装设计,使之成为传播乡村文化和吸引游客购买的独特符号。同时,注重产业融合,创新发展其他多元化产业业态,如非遗体验基地等,利用电商平台、微信小程序等搭建线上销售渠道,方便游客随时随地选购,也可通过O2O模式引导游客线下体验和消费。

(四)服务管理提升

1. 健全管理制度,加强规范管理

相关管理部门要加强乡村旅游区的服务管理,完善现有《乡村民宿服务质量规范》等;加强乡村旅游区的安全管理,对经营者、管理者、社区村民进行安全教育,提高他们的安全意识和防范能力;建立完善的投诉机制,对游客反映的问题和建议快速响应和妥善处理;协调解决乡村旅游区出现的矛盾与纠纷,维护村民和游客权益;增强制度的可实施性,加强监督管理,维护制度的有效实施,真正做到乡村旅游发展有法可依、有法必依。

2. 开展标准认证,提升服务水平

政府相关部门要积极开展全国休闲农业和乡村旅游示范县、中国美丽休闲乡村等的认定工作,按照认定标准有计划、有目标、有组织地引导具备条件的乡村开展、创建相关旅游活动,提升管理和建设水平,提高乡村旅游目的地的知名度和影响力。另外,市级管理部门还可以积极开展市级休闲农业示范园区、村点、经营户的创建,在政策允许范围内加大扶持力度,提高标准化水平。乡村旅游区也可以自己组织形式灵活的示范创建活动,配合相应的奖励措施和宣传渠道,鼓励商户创业、创新。

3. 开拓网络平台,注重形象管理

乡村旅游区可开发网络资源,建立宣传、管理的网络平台,更好地开发客源,拓展营销路径。在营销传播方式上,乡村旅游区要向市场提供尽量全面的旅游信息、服务信息,结合自身的资源条件和产品特色开展营销活动,以整合营销传播的方式向游客传送当地的旅游信息,这样有利于游客形成合理的期望。另外,乡村旅游区还可提供一站式预订服务,包括门票购买、民宿预订、农事体验活动报名等,方便游客提前规划行程。在网站上建立顾客信息反馈系统,设立游客反馈平台,以便乡村旅游区不断修复管理和服务的缺陷,调整服务内容,提供能够满足游客需求的服务。

(五)服务技能提升

1. 以游客为中心,提高服务意识

在乡村旅游运营和管理过程中,乡村旅游区要始终坚持"以游客为中心"的原则,无论游客的身份如何、背景如何,都应一视同仁,充分尊重他们的需求和选择。乡村旅游区旅游活动丰富,游客与社区居民、工作人员互动交流多,乡村旅游区应抓住这一优势,在旅游服务中,随时关注游客的需求、期望和满意度,倾听他们的反馈和建议,及时调整和改进服务质量,如根据游客口味准备特色餐饮,或者安排符合他们兴趣的文化参与活动等。

2. 重视服务技能培训,提高人力资源水平

乡村旅游区从业人员是游客感受乡村文化和民俗风情的第一窗口,他们的服务态度、专业知识和服务技能将直接影响游客的体验质量和对该旅游目的地的整体印象。因此,培养

高质量的乡村旅游管理团队和一线服务团队对乡村旅游区的高质量发展至关重要。培训内容主要有旅游专业知识的培训,如工作人员需要深入了解并熟练掌握本地的历史文化、民俗传统、农业特色等,并通过角色扮演、现场演示等方式将这些内容展示给游客;客户服务技巧培训,如培养从业人员有效沟通、问题解决、投诉处理、紧急救援等方面的能力,保障旅游服务快速响应,确保游客的安全;服务理念和服务态度培训,如培养从业人员积极主动的服务意识,做到尊重游客、积极热情、耐心细致、诚信待人等;社会责任感培训,如培养从业人员在传播地方文化、保护生态环境、推动乡村振兴等方面的社会责任感,以推动乡村旅游区的可持续发展。

第三节　乡村旅游从业人员培训

一、乡村旅游从业人员培训的内涵

培训是指为了适应行业发展需要和业务发展需求,相关单位通过有组织、有计划的教学和实践活动,提升从业人员的知识结构、专业技能、职业素养和行为规范的过程。

乡村旅游区从业人员培训主要是针对乡村旅游这一特定领域,结合乡村旅游的服务和管理特点,设计系列教学活动和实践操作活动,帮助从业人员更新知识体系、提升专业技能、培养职业素养,以适应乡村旅游行业发展需要、企业业务需求变化和职务工作需要的过程。

二、乡村旅游从业人员培训的重要性

(一)加强乡村旅游从业人员培训,有利于提高乡村旅游企业的竞争力

乡村旅游区每天都面临着大批来自各地的游客,到乡村旅游区游玩的游客不仅需要景区员工精良的服务技术,而且需要亲切的语言、和蔼的态度、高度的责任感和高尚的道德情操等。通过培训,景区员工能够提升对旅客的义务感和责任感,有利于培养员工的道德情感和意志,也有利于养成员工的良好工作作风、工作态度、工作能力等。景区员工的职业素质和职业技能提高有助于旅游企业效益和竞争力的提升。

(二)加强乡村旅游从业人员培训,有利于提高乡村旅游从业人员的综合素质

旅游业是一项复杂、精细的行业。一个人经过专门的、扎实的旅游专业知识学习,只是具备了成为旅游景区工作者的基本条件,还不能成为一名全面合格的旅游从业人员。因为要想成为一名全面合格的旅游从业人员必须具备各方面的素质,即职业素质。职业素质教育不仅能帮助从业人员正确认识从事旅游工作的意义,而且有助于他们树立正确的人生观、价值观和道德观,培养他们在错综复杂的社会生活中,提高正确处理问题的能力,有利于他们处理好与游客的关系。企业通过对从业人员的思想政治素质、科学文化素质、职业道德素质、专业技能素质、社会交往素质等各方面的职业素质教育,能够提高旅游从业人员的综合素质。

(三)加强乡村旅游从业人员培训,有利于促进乡村旅游业的全面发展

在乡村旅游区开展培训,能够使从业人员的实际供给与旅游者的实际消费需求同步。

站在游客的立场上,想他们所想,忧他们所忧,有利于进一步促进旅游事业的发展,推动旅游相关企业经济的发展,提高并完善旅游基础设施建设和提高服务质量,在旅游消费者心中树立起良好的行业形象,为我国旅游业的规模化、国际化、标准化目标的实现起到重要作用。

三、乡村旅游从业人员的培训内容

(一)职业素养内容

1. 思想政治素质

思想政治素质指从业者在政治认识、思想觉悟、世界观、价值观等方面的素质。思想政治素质是职业素质的灵魂。

2. 职业道德素质

职业道德素质指从业者在从事的职业活动中能够遵守职业规定的各种道德规范,包括对道德的认识、道德的修炼修养、行为规范、纪律强化、坚定的意志等方面的素质。职业道德素质是职业素质的根本。

3. 科学文化素质

科学文化素质指从业者对自然、社会和思维科学知识掌握的状况和水平。科学文化素质要求从业者要具有丰富全面的知识。乡村旅游区对从业人员的文化知识、文化素养具有较高的要求,乡村旅游区是游客间接获得知识的地方,所以要求从业人员必须具备扎实的基础知识。另外,乡村旅游从业人员要能运用专业知识和掌握的新知识来与游客沟通交流,并从对方那获取所需要的知识。

4. 身心素质

身心素质是一个人成长、成才的基础素质,其内涵包括健康的身体素质和心理素质。身体素质指体质和健康(主要指生理健康)方面的素质。心理素质包括对事物的认知和感知,个人的兴趣、爱好、习惯,个人丰富的想象力和情感,个人的气质和能力等方面的素质。

5. 审美素质

审美素质是指从业者具备的审美经验、审美情趣、审美能力、审美理想等各种因素的总和。审美素质既体现为对美的接受和欣赏能力,又体现为对美的鉴别和创造能力。

6. 社交方面的素质

社交是每个人在这个世界上都要面临的活动,人与人之间的接触都要通过交往来实现。乡村旅游景区员工只有具备较高的语言表达能力和社交能力,才能与游客友好共处。

7. 工作创新方面的素质

创新是一个国家的灵魂,只有创新才能不断进步。一个企业要有时时创新的精神,才能在市场竞争中立于不败之地。创新精神也是一个人创造个人价值的一种表现形式,创新包括知识的创新、方法的创新、能力的创新等。乡村旅游景区员工要在具备扎实的基础知识上继续学习、终身学习,在学习中追求创新。创新素质要求乡村旅游景区员工要有创新意识、创新精神、创新能力。当代社会正在飞速发展,社会的发展也是一个不断创新的过程。在以高新技术产业为支柱的知识经济时代,创新素质已成为衡量新型人才的重要标志。

(二)专业知识内容

1. 法律法规与政策解读培训

乡村旅游区通过开展培训提升从业人员对法律法规和国家政策的认知水平,为推进乡村振兴和乡村旅游产业发展提供坚实的法律保障和政策保障。法律法规与政策解读培训内容具体包括:解读国家层面的针对乡村振兴、乡村旅游的支持性政策,如土地使用政策、设施建设标准、投资优惠政策、财政支持政策、金融信贷服务、项目申报流程等;结合乡村旅游区实际情况解读乡村旅游发展规划、管理办法或细则,以及各个地方在民宿管理、景区运营、非物质文化遗产利用等方面的特殊规定等;解读乡村旅游市场监管体系、投诉处理机制、违规处罚标准等,保证乡村旅游活动健康、有序开展。

2. 乡村旅游理论知识培训

通过培训,乡村旅游区从业人员能够学习乡村旅游发展的基础理论知识,从而更好地参与到乡村旅游产业发展中。乡村旅游理论知识培训内容具体包括:介绍乡村旅游发展的国内外成功案例,学习他们产品开发和经营管理的成功经验;分析乡村旅游的市场需求变化、未来发展方向等内容,培养从业人员的旅游发展思维;帮助从业人员认识并评估当地的旅游资源等,使其学会合理开发利用这些资源,设计特色的旅游产品或服务项目;理解乡村旅游规划的原则、方法、步骤、思路等,使乡村旅游从业人员能够有效融入乡村旅游发展进程。

3. 旅游服务规范与服务管理培训

通过培训,乡村旅游区从业人员能够提升服务意识,明确旅游服务规范,掌握相关服务知识,为游客提供专业、友好的旅游服务。旅游服务规范与服务管理培训内容具体包括:讲解国家及地方关于旅游服务的法律法规、行业标准和服务质量要求;讲解乡村旅游服务涵盖的具体内容,以及不同类型服务的具体要求、相应标准;讲解服务过程中人性化关怀的重要性,鼓励从业人员在日常工作中挖掘和满足游客的个性化需求。

4. 乡村旅游区地方性知识培训

通过培训,乡村旅游区从业人员能够对乡村旅游区及周边地区有深入的了解,提升了他们对乡村旅游区的归属感和自豪感。游客在与当地居民、自然环境的互动中建立深厚的情感纽带,这样他们才会更积极地传播和推广乡村旅游区。只有乡村旅游区从业人员了解当地的历史背景、文化特色、民俗风情,才能在接待游客时提供翔实有趣的故事,为不同类型的游客提供个性化服务;只有乡村旅游从业人员对旅游资源和区域经济社会发展有充分的了解,他们才能够在日常工作中更准确地解答游客的问题,结合市场需求推出富有地域特色的旅游活动等。

5. 文化传承保护与生态教育培训

乡村旅游区从业人员作为乡村文化的传播者和生态资源的守护者,他们只有意识到乡村文化遗产和生态环境的重要性,才能采取实际行动参与和推动环保措施的实施。比如,只有他们了解本地传统文化、民间故事、生态资源,他们才会对这些资源怀有敬畏之心和热爱之情,才能理解、保护传承地方文化、生态环境保护和绿色发展的重要意义;只有他们熟知这些资源的重要价值,才能更积极主动地向游客介绍并展示乡村的非物质文化资源和自然生态环境,让游客感受到乡村的魅力;只有他们理解这些资源在人类发展进程中的重要意义,他们才愿意守护和传承这些乡村文化资源和生态资源,并在乡村旅游发展过程中保护这些资源。

6. 产业发展与市场推广培训

通过培训,乡村旅游区从业人员能够对当地的产业资源和乡村旅游产业发展有清晰的了解,只有这样才能将这些资源与旅游发展结合,策划出富有市场吸引力的旅游商品、旅游活动、旅游服务等。随着互联网技术的发展,抖音、小红书等自媒体平台已经成为宣传和营销乡村旅游的重要工具。乡村旅游区从业人员可以通过学习掌握这些自媒体营销技巧,利用短视频、图文等形式实时分享乡村旅游区的日常活动、季节变化、节庆活动、自然风光、历史人文、特色项目、优质服务等,提升乡村旅游区的知名度和影响力。同时,乡村旅游区从业人员可以在平台上开展民宿预订、农家乐预订、景区门票销售等活动,也可以在电商平台上销售乡村土特产品,拓宽销售渠道。

7. 社区参与和利益共享机制培训

乡村旅游区从业人员中很大一部分是当地村民,他们对社区参与的具体内容、方式,以及如何通过社区增权更多地分享乡村旅游发展带来的福利等还存在认知不足,这在一定程度上阻碍了他们更有效地推动乡村旅游产业的发展。因此,乡村旅游区可以组织并开展关于社区参与和利益共享机制的培训项目,帮助村民更好地理解并融入乡村旅游发展进程中,提高他们的参与度,保证他们能够充分参与决策过程,享受旅游发展带来的经济利益,共同推进乡村旅游的繁荣与发展。

(三)职业技能内容

1. 旅游服务技能培训

在乡村旅游服务过程中,优质的服务技能能极大地优化服务流程,缩短服务响应时间,提高服务效率;能避免因操作失误导致的重复劳动和资源浪费,从而降低企业的运营成本;能够增加游客对乡村旅游区服务质量的认可,有效提升游客满意度。旅游服务技能培训内容包括:服务仪态、服务着装、服务流程、服务方法、服务要求,以及个性化服务等方面。如,培训员工保持良好的姿态,微笑服务,始终展现专业、友好且热情的服务态度;详细解析服务的各个环节,以及标准化的操作流程,并保证员工能够熟练掌握和执行;提升员工对细节的关注,并要求员工严格按照各标准执行;培训员工根据游客需求、喜好和特点提供灵活服务,为游客创造独特体验的能力。

2. 沟通与人际交往能力培训

对乡村旅游区的从业人员来说,良好的沟通与人际交往能力是提供优质服务的基础。他们需要学会倾听游客的需求和期望,用友好、专业的语言进行沟通,解答游客的各种疑问,并能根据游客的兴趣爱好和需求特点,给出个性化的旅游建议和方案。在遇到投诉或突发事件时,员工应具备妥善处理问题的能力,以确保游客权益得到保障,维护景区的良好形象。

3. 活动组织技能培训

在乡村旅游区,丰富多彩的旅游活动是吸引和留住游客,提升游客体验的关键。为了确保这些活动能够成功举行并产生预期效果,乡村旅游区从业人员有效协助、组织和引导游客参与活动的能力至关重要。这种能力主要体现在通过高效有序的活动组织,充分调动游客

参与活动的积极性,增进游客对乡村文化的深入了解;有效协助和引导游客,及时解决活动参与过程中出现的各种问题,满足游客个性化需求,进一步增强游客满意度。

4. 应急处理与安全管理培训

对乡村旅游区来说,从业人员的应急处理能力和安全管理能力是确保游客安全和满意的关键,也是维护乡村旅游区正常运营秩序、提升品牌形象的核心竞争力。因此,从业人员具备快速响应并妥善解决突发事件的能力至关重要。应急处理与安全管理培训内容包括:帮助从业人员了解和识别乡村旅游区可能存在的各类安全隐患,预防事故发生;开展专业的急救培训,如摔伤、烫伤、中暑等,能够在第一时间为游客提供初步救治,减轻伤害程度;定期组织从业人员进行实战演练,保证在真实情况下从业人员能够迅速启动应急机制,高效地完成疏散、救援等工作。

5. 乡村旅游创新创业能力培训

在乡村振兴战略背景下,乡村旅游作为推动乡村经济多元化、激活社区活力的重要引擎,鼓励并期待当地居民及从业人员能够积极挖掘创新潜力,寻找新的发展机会与创业机遇。为此,开展乡村旅游创新创业培训显得尤为关键。乡村旅游创新创业能力培训的具体内容包括讲解涵盖多元业态的商业实践模式,如民宿经营的个性化服务、特色餐饮的乡土美食推广、农事体验活动的设计实施等,以激发从业人员的创新思维。通过培养从业人员的创新意识,他们能够敏锐捕捉到乡村旅游项目中的新机会和潜在创新点,从而顺应市场趋势,满足游客日益多元的消费需求。

四、乡村旅游从业人员培训策略

(一) 政府引导

乡村旅游人才的培养需要政府的引导和支持。政府要高度重视对乡村旅游人才的培养,制定相关的人才政策,并将其纳入各级旅游总体开发的规划中,在政策、经济和技术上给予长期支持。由政府出面,通过各种渠道组织培训,这样有利于提高农民对培训作用的认识,从而调动农民参与培训的积极性。例如,农村劳动力转移培训"阳光工程"是2004年由农业部、财政部、劳动和社会保障部、教育部、科技部和建设部共同启动实施的由财政支持的农村劳动力转移培训项目。其具体内容是对有转移到二三产业和城镇就业意愿的农民,由政府财政补贴,在输出地开展转移就业前的职业技能短期培训。

(二) 加强培训

随着乡村旅游的不断升级,市场竞争越来越激烈,乡村旅游从业人员通过耳闻目睹和亲身经历,也深切地感受到了提高服务水平和自身综合经营管理能力的重要性。因此,在培训态度上,多数从业人员对培训都有比较强烈的需求,参与培训的积极性很高,培训目的明确。

1. 培训形式多种多样

乡村旅游从业人员整体素质的提高必须坚持长期培训与短期培训相结合、联合培训与独立培训相结合、集中培训与分散培训相结合、自学与面授相结合的形式,可以采用以下四种培训方式。

(1) 本地基础性培训。

本着"从业人员需要什么就培训什么"的原则,积极开展各种形式的乡村旅游实用技术培训。利用生产经营淡季和闲暇时间,集中某类型的从业人员开展有针对性的培训。这种形式的培训适合非紧迫性内容、工作必需性内容的培训,一般以公开知识培训和操作技能培训为主。

(2) 外地专项培训。

外地专项培训主要适用于专业技术知识培训、经营管理知识的系统培训、休闲娱乐知识培训等。

(3) 从业人员自学。

从业人员最了解自己需要学习什么,且主动性强,可以通过自己购买书籍阅读、收听收看广播电视、登录互联网等形式,参加远程教育与培训,培养一批有知识、懂技术、信息灵、善经营、会管理的新型乡村旅游从业人员。

(4) 参观考察学习。

相关机构可组织人员赴一些农业旅游示范点或其他乡村旅游开展得好的地方学习,便捷直观,学用结合,效果很好。

2. 有针对性地选择培训内容

乡村旅游从业人员因素质不同、目标要求不同,参加的培训项目和培训内容也不同,各位从业者可以根据自己的实际情况选择培训内容。一般的培训项目与内容有以下三方面。

(1) 公共知识的培训。

公共知识的培训主要是服务礼仪、卫生与环保、消费心理学、家政筹划、组织纪律、法律常识、经济常识等方面的培训。

(2) 专业操作技能的培训。

专业操作技能的培训主要包括茶艺、厨艺、铺床、餐巾折法、果树修枝、蔬菜果树的栽种与护理、农场机械操作与维修等。

(3) 专业技术知识的培训。

专业技术知识的培训主要包括旅游企业管理知识、乡村旅游产品开发知识、市场营销知识、电子商务知识,以及其他乡村旅游方面的专业知识。

对于素质较低的乡村旅游从业人员,其培训内容的选择要注重实例分析,注重实效,可采取成功案例的分析、实地考察等培训方式;对于素质较高的乡村旅游从业人员,其培训内容的选择应侧重旅游规划、产品开发等理论性知识。按照从业者的意愿分阶段、分层次对不同文化程度的乡村旅游从业者开展培训。

3. 选择培训机构和培训师资

可以在高等院校、中等专业学校、中等职业学校和其他培训机构中选择一批教学管理规范、积极性高、培训实力较强的单位作为乡村旅游人才的培训基地。另外,还可以根据各类人员的培训要求选择不同地域、不同层次的院校开展培训工作。抓好乡村旅游专业师资队伍的建设,选拔、建立一支专业知识扎实、实践能力强、素质较高、乐于奉献、能够满足乡村旅游人才培训要求的师资队伍。

经典案例解读

 思考与练习

(1) 为什么要进行乡村旅游从业人员培训？

(2) 乡村旅游从业人员培训与提高旅游服务质量的关系有哪些？

参考文献 References

[1] 规划实施协调推进机制办公室.乡村振兴战略规划实施报告(2018—2022年)[M].北京:中国农业出版社,2022.

[2] 北京巅峰智业旅游文化创意股份有限公司课题组.图解乡村振兴战略与旅游实践[M].北京:旅游教育出版社,2018.

[3] 张骏,尹立杰,常直杨,等.田园游憩——乡村旅游开发与经营管理[M].北京:高等教育出版社,2019.

[4] 中华人民共和国文化和旅游部.新时代旅游扶贫面对面 实务教学篇[M].北京:中国旅游出版社,2019.

[5] 中华人民共和国文化和旅游部.新时代旅游扶贫面对面 典型案例篇[M].北京:中国旅游出版社,2019.

[6] 尤海涛,马波,陈磊.乡村旅游的本质回归:乡村性的认知与保护[J].中国人口·资源与环境,2012(9).

[7] 龙花楼,刘彦随,邹健.中国东部沿海地区乡村发展类型及其乡村性评价[J].地理学报,2009(4).

[8] 郭焕成,韩非.中国乡村旅游发展综述[J].地理科学进展,2010(12).

[9] 何景明,李立华.关于"乡村旅游"概念的探讨[J].西南师范大学学报(人文社会科学版),2002(5).

[10] 刘德谦.关于乡村旅游、农业旅游与民俗旅游的几点辨析[J].旅游学刊,2006(3).

[11] 肖佑兴,明庆忠,李松志.论乡村旅游的概念和类型[J].旅游科学,2001(3).

[12] 冯淑华,沙润.乡村旅游的乡村性测评模型——以江西婺源为例[J].地理研究,2007(3).

[13] 高曾伟,高晖.乡村旅游资源的特点、分类及开发利用[J].金陵职业大学学报,2002(3).

[14] 李爱兰.山东省乡村旅游资源调查与生态旅游规划探究[J].中国农业资源与区划,2016(1).

[15] 游洁敏."美丽乡村"建设下的浙江省乡村旅游资源开发研究[D].杭州:浙江农林大学,2013.

[16] 陈志永,吴亚平,李天翼.乡村旅游资源开发的阶段性演化与产权困境分析——以贵

州天龙屯堡为例[J].热带地理,2012(2).

[17] 鄢志武,刘玲,王艺卓,等.基于MEC理论的乡村旅游动机研究[J].国土资源科技管理,2020(3).

[18] 粟路军,王亮.城市周边乡村旅游市场特征研究——以长沙市周边乡村旅游为例[J].旅游学刊,2007(2).

[19] 熊元斌,邹蓉.乡村旅游市场开发与营销策略浅析[J].商业经济与管理,2001(10).

[20] 沈雪瑞,李天元,曲颖.旅游市场营销[M].3版.北京:中国人民大学出版社,2022.

[21] 伍海琳.体验式乡村旅游产品设计研究——以湖南长沙县团结乡为例[J].邵阳学院学报(社会科学版),2011(1).

[22] 蔡碧凡,俞益武.乡村旅游产品的设计思路及应用[J].资源开发与市场,2009(3).

[23] 韦鑫,谭启鸿.陕西省袁家村景区旅游产品设计策略分析[J].全国流通经济,2021(4).

[24] 颜五一,江后梅.乡村绿道规划建设带动乡村的复兴与发展——以南京美丽乡村江宁西部示范段(绿道)环境景观规划设计为例[J].环境与发展,2017(9).

[25] 彭梅琳.基于3S技术的江苏"团"区域乡村绿道规划研究——以姜堰区特色田园乡村绿道规划为例[D].南京:东南大学,2019.

[26] 吴丹.城乡统筹背景下旅游产业导向型村镇规划研究[D].重庆:重庆大学,2012.

[27] 刘栋子.乡村振兴战略的全域旅游:一个分析框架[J].改革,2017(12).

[28] 于洁,胡静,朱磊,等.国内全域旅游研究进展与展望[J].旅游研究,2016(6).

[29] 孟秋莉,邓爱民.全域旅游视阈下乡村旅游产品体系构建[J].社会科学家,2016(10).

[30] 吴海琴,张川.大都市近郊全域旅游型美丽乡村规划探索——以南京市汤山村为例[J].小城镇建设,2015(11).

[31] 毛峰.乡村全域旅游:新时代乡村振兴的路与径[J].农业经济,2019(1).

[32] 谢茹.发展乡村旅游业的几点思考——以浮梁县瑶里镇为例[J].江西社会科学,2003(9).

[33] 郭焕成.发展乡村旅游业,支援新农村建设[J].旅游学刊,2006(3).

[34] 檀艺佳,李嘉.乡村振兴战略下的乡村旅游业发展研究文献综述[J].中国林业经济,2021(5).

[35] 陆林,李天宇,任以胜,等.乡村旅游业态:内涵、类型与机理[J].华中师范大学学报(自然科学版),2022(1).

[36] 陆林,任以胜,朱道才,等.乡村旅游引导乡村振兴的研究框架与展望[J].地理研究,2019(1).

[37] 朱世蓉.以"全域乡村旅游"理念整合农村产业结构的构想[J].农业经济,2015(6).

[38] 陶涛.以乡村旅游为导向的村庄规划策略研究[D].杭州:浙江大学,2014.

[39] 张永辉.基于旅游地开发的苏南传统乡村聚落景观的评价[D].南京:南京农业大学,2008.

[40] 袁媛.田园综合体目标导向下乡村旅游区规划建设——以思良江乡村旅游区规划(2017—2021)为例[J].规划师,2017(12).

[41] 李星群.乡村旅游经营实体创业影响因素研究[J].旅游学刊,2008(1).

[42] 谢雨萍,李肇荣.乡村民居旅馆的开发与经营初探——以桂林阳朔为例[J].经济地理,2005(3).

[43] 史云,杨相合,谢海英,等.农业供给侧结构性改革及实现形式——田园综合体[J].江苏农业科学,2017(24).

[44] 卢贵敏.田园综合体试点:理念、模式与推进思路[J].地方财政研究,2017(7).

[45] 黄震方,李想.旅游目的地形象的认知与推广模式[J].旅游学刊,2002(3).

[46] 卞显红.旅游目的地形象、质量、满意度及其购后行为相互关系研究[J].华东经济管理,2005(1).

[47] 李蕾蕾.旅游地形象的传播策略初探[J].深圳大学学报(人文社会科学版),1999(4).

[48] 程金龙,吴国清.旅游形象研究理论进展与前瞻[J].地理与地理信息科学,2004(2).

[49] 卢志海.乡村振兴背景下佛山乡村旅游与文化创意产业融合发展路径研究[J].经济师,2019(6).

[50] 苗学玲.旅游商品概念性定义与旅游纪念品的地方特色[J].旅游学刊,2004(1).

[51] 吴克祥.旅游商品开发与文化因素[J].旅游学刊,1994(3).

[52] 李厚忠.基于校企合作一体化的应用型旅游人才培养探讨[J].教育探索,2014(8).

[53] 刘涛.基于SERVQUAL模型的乡村旅游服务质量提升研究[J].资源开发与市场,2011(6).

[54] 李湘云,杨占东,郭璇.基于体验视角的北京乡村旅游服务质量提升对策研究[J].经济研究导刊,2015(14).

[55] 程兴火,周玲强.乡村旅游服务质量量表开发研究[J].中南林业科技大学学报(社会科学版),2008(3).

教学支持说明

为了改善教学效果,提高教材的使用效率,满足高校授课教师的教学需求,本套教材备有与纸质教材配套的教学课件和拓展资源。

我们将向使用本套教材的高校授课教师免费赠送教学课件或者相关教学资料,烦请授课教师通过电话、邮件或加入旅游专家俱乐部QQ群等方式与我们联系,获取"电子资源申请表"文档并认真准确填写后发给我们,我们的联系方式如下:

地址:湖北省武汉市东湖新技术开发区华工科技园华工园六路

邮编:430223

电话:027-81321911

E-mail:lyzjjlb@163.com

旅游专家俱乐部QQ群号:758712998

旅游专家俱乐部QQ群二维码:

群名称:旅游专家俱乐部5群
群　号:758712998

电子资源申请表

填表时间：_____年___月___日

1. 以下内容请教师按实际情况写，★为必填项。
2. 相关内容可以酌情调整提交。

★姓名		★性别	□男 □女	出生年月		★职务	
						★职称	□教授 □副教授 □讲师 □助教

★学校		★院/系	
★教研室		★专业	
★办公电话		家庭电话		★移动电话	
★E-mail（请填写清晰）			★QQ号/微信号	
★联系地址		★邮编	

★现在主授课程情况	学生人数	教材所属出版社	教材满意度
课程一			□满意 □一般 □不满意
课程二			□满意 □一般 □不满意
课程三			□满意 □一般 □不满意
其 他			□满意 □一般 □不满意

教 材 出 版 信 息		
方向一		□准备写 □写作中 □已成稿 □已出版待修订 □有讲义
方向二		□准备写 □写作中 □已成稿 □已出版待修订 □有讲义
方向三		□准备写 □写作中 □已成稿 □已出版待修订 □有讲义

请教师认真填写表格下列内容，提供索取课件配套教材的相关信息，我社根据每位教师填表信息的完整性、授课情况与索取课件的相关性，以及教材使用的情况赠送教材的配套课件及相关教学资源。

ISBN（书号）	书名	作者	索取课件简要说明	学生人数（如选作教材）
			□教学 □参考	
			□教学 □参考	

★您对与课件配套的纸质教材的意见和建议，希望提供哪些配套教学资源：